牟宗三先生全集⑲

認識心之批判（下）

牟宗三　著

目　次

第三卷
超越的決定
與
超越的運用

第一部　順時空格度而來之超越的決定

第一章 有向量與無向量

吾人旣知時空由超越的想像而直覺地被建立，建立之以應用於知覺現象而限定之。此種限定吾人名曰超越的決定。在此超越的決定中，吾人言以下四義：一、廣度量，二、強度量，三、有向量，四、現象之數學。

第一節 廣度量

超越的想像應「覺現歷程」而如此建立時空以爲理解之格度，即於其如此建立也，復返而效用於知覺現象而限定其所現之歷程。此種限定，即爲一般之限定。此一般之限定所成者，只表象此歷程爲一具有時空相之平板，亦即可云此歷程表現而爲一空時之平板。吾人單注意此由空時限定而成之空時平板，而抽去其物理關係，或抽去其生成歷程之具體關係，則此平板即爲一「廣度量」。依此，廣度量純由時空限定而成就，此爲先驗而定者，亦可先驗而知者。如是，吾人可說：每一知覺現象，因時空之超越決定，而有一廣度量。

此廣度量隨直覺的統覺所及之範圍而成就其範圍。每一知覺現

象，因直覺的統覺之綜攝故，必爲一歷程之完整體。是以自某義而言之，每一覺現必爲無邊無界者，此即一圓滿無漏體。廣度之量即隨此無邊無界之圓滿無漏體而成就其爲一平鋪量。此平鋪量之界限即以統覺之圓滿無漏爲其無界之界，無限之限。統覺覺至何處，時空即隨而限至何處；限至何處，此廣度之量即延展至何處。吾覺一花瓣之色面，吾不但有此色面之平板，吾且有此花瓣之全體之平板。無論色面之平板，或花瓣之全體之平板，此時皆視爲一平鋪量。此只爲隨時空之如此限定而成者，無有屈曲，故其限定爲一般之限定，而其所成者亦爲一廣度量。

廣度量有「有向」「無向」之別。吾人此時只言其無向義。知覺現象爲一歷程之完整體，吾人將以終始律而述之。一言終始律，則其歷程必有一最低度與一最高度，必有其肇始與終成，此即言其爲「有向」。然時空之隨此歷程而直接限定之以成廣度量，則不注意此「向性」。而此終始之向性，此時只注意其爲一圓滿體，由之而決定廣度量與夫延展之範圍，如上所述者。是以當時空爲一般之限定而成廣度之量時，其直接所成者必只爲無向量，此只爲一如此如此之平板，無有屈曲迴互可言者。此無向量之廣度量名曰絕對量。有向量將名曰相對量，或關係量。

以上所言之限定，爲一般之限定。此隨時空之超越決定直接而來者。此一般之限定所成之廣度量，只爲一平板，亦必只爲一整全，對此整全量進一步再作特殊之限定，如此，方可說有部分，方可分割以及隨分割而來之無窮的部分，無最小的部分等觀念。但這種特殊的限定如何可能？曰：必須通過吾人由純理所已明之數學之外在化而可能。對此特殊限定言，純數學之外在化當即是數學中之

某些基本概念，如單一、基數等之外在化。此等基本概念，吾人名曰成就此特殊限定之超越決定之「型範」。時空格度，通過此型範而成為特殊之超越決定。亦惟因此先驗的型範，故其決定亦得為超越的決定。惟須知，此特殊的超越決定所成者仍是廣度量。又應知，由分割而成之無窮部分與無最小部分等觀念，只是對於一整全之邏輯的分解。對於一全量，當然可以無窮地分，因而有無窮的部分，因而亦當然無最小的部分。但卻不可說，此全量即由此無窮部分而構成。此似只可以向下分，而卻不能返回來即由此所分者以構成。一條線可能無窮地分，但卻不能說由無窮的點而構成。此即為不可逆原則。見下。

第二節　強度量與終始律

每一直覺的統覺所現之實事，或知覺現象，因時空之超越決定，其自身亦具一強度量。

強度之量亦名質量，或單言強度。強度云者，因時空著於事，表象事之現發為一限定之生長歷程。此生長歷程，因時空之限定，表現而為有彈性之終始歷程，即據此具有終始之彈性，名曰強度。據此終始而為一歷程，名曰強度之量。

所謂「因時空之限定，表現而為有彈性之終始歷程」，非言此歷程因時空限定而始有，乃言因時空限定而始釐然表現於吾心。此歷程本為事之生發所自具，此乃客觀而實有。終始律所述者即每一覺現實事，其現發也，為一終始之歷程。此一歷程，為直覺的統覺所現，法爾如此，吾心（即覺）經由感覺而直接與之遇。時空以著

於事而限定之。然須知此著於事而限定之之根據，即在此歷程之終始，非漫然而截斷之。其限定也，隨此歷程之終而終焉，隨此歷程之始而始焉。自事之自身言，只為一終始歷程。此為終始律所描述。此如其事之相而言也。今據此歷程而言量，則不能不注意時空之限定。吾如就事之自身而單言其為歷程，則此歷程只為飄忽而過焉。然「知性」之固執必把住而留之。其把住也，必隨直覺的統覺所現之終始而亦為一段終始而把住。吾已言：終始律之成立必基於「感覺亦為統覺」。煞那感覺不足以知之。統覺即綜攝。自綜攝而認識此歷程，而知性即隨此綜攝而亦為一段歷程而把住。其把住而使之為一段，知性之固執也。而其所以如此固執，則在知性起用必附帶其自身所自立之條件。時空格度即條件之一也。把住而使之為一段，即時空之限定也。因此把住與限定，吾人始可目此歷程為一段。既為一段矣，始可就此一段歷程而言量。此把住而限定之功效，即在使飄忽而過之歷程留而為一平鋪之歷程。如飄忽而過之歷程為動態，則此平鋪之歷程為靜態。靜態亦曰「站態」，言可以停留而站住也。如只飄忽而過焉，吾不能有知識。如徒冥證此飄忽而過焉，吾亦不能有知識。吾之知識之可能，單基於此把住。把住而為一站態，即飄忽之動態之象徵也。站態對動態，自現在所說之量言，為一一相應之關係。

　　如吾單言因把住與限定而成之一段之自身，即為廣度量。然此時吾言一段，就其為一具有彈性之終始歷程而言之。此時吾不只注意其為一段，且注意其為一彈性歷程之一段。故不只為廣度，且亦為強度。言廣度，吾只注意時空平板之自身；言強度，吾則經由時空限定而注意一彈性之歷程。是則廣度指時空自身言（著於事之時

空自身），而強度則指時空限定所表現之實事之生發言。

　　此強度量之決定實爲先驗而定之，吾人之知之亦爲先驗而知之。單就直覺的統覺所現之事言，雖爲一歷程，然其生發也，飄忽而過焉，不得謂之爲一強度量，即吾知其爲一歷程，而不能知其爲一強度量。若自因感而知之「知」言，則此只爲一純經驗事之感知，所謂因感之經驗而知之，此所知者只爲一覺有（即因感而覺一事之有），而不能成一強度量。強度量之表現必因知性之把住而始然。知性之把住即以心覺自身所立之時空格度而限定之。故此限定得使歷程爲一段，實爲先驗之限定。因此限定而知強度量，亦爲先驗而知之。因感覺而給予以實事，此非可先驗而知者。所給之實事爲何實事？具有何種特殊物理質？此亦非可先驗而知者。惟因時空限定而得表現一強度量，則爲先驗而定，亦可先驗而知。其故即在強度量必因把住與限定而後然。是以強度量雖然所以言彈性之歷程，而言之標準必據時空之限定。康德名此爲知覺之預測；言強度量可因時空之先驗表象預測而知之也。此義吾亦承認之。

　　惟吾言強度量與康德所不同者有二事。第一、康德繼承休謨之煞那感覺而言之，吾則自直覺的統覺而言之。此爲兩兩不同之總前提。第二、自煞那感覺而言之，則強度量可以分爲一連續之級系，即漸增或漸減之級系。其言曰：於經驗直覺中，與感覺相應者爲實有（眞實），與無感覺相應者（即無感覺可應）爲虛無（零）。惟每一感覺可以減消，故因遞減而漸至於消滅。於現象領域中，實有與虛無間，有許多可能之居間感覺，而成一連續之級系。其間任何兩感覺間之差異總可較小於一定感覺與虛無（零）之間之差異。換言之，現象領域中之眞實，總有一量度。此承煞那感覺而言也。如

是，每一強度量不但可以分爲無窮感覺之連續級系，且由此無窮感覺所成之連續級系而規定也。如是，每一強度量不但可以分爲無窮感覺之連續級系，且由此無窮感覺所成之連續級系而規定。然而此種數學之分割以成級系，於強度量之認識，不惟不必要，且亦有大礙。何以謂不必要？設吾聞一聲忽而生起，忽而消逝，吾之覺其爲一彈性歷程，爲一整全之呈現而覺之（無論言此覺爲統覺或感覺皆不妨）。知性起而把住以時空限定之，亦隨其爲一整全之呈現限定之而爲一整全之一段。吾即由此整全之一段彈性歷程而認識其爲一強度量，吾不須分成連續級系始能認識之，故爲不必要。且即分成連續之級系，亦未必即能成此強度量。依此而言，不惟不必要，且亦不充分。如一觀念對於所欲認知之觀念，既不必要，亦不充足，即爲無與於此觀念，吾人可置而不問也。聲如是，色亦然。何以言有大礙？無窮分割乃爲永無底止者，此只可用之於一數學量（視之爲一單位），而不能用之於物理之強度量。用之於強度量，吾已將此強度抽離而空懸，已純爲抽象者，而不復有具體之意義。吾將其殺死之，而永不能復活者。吾無窮分割之，無有底止，此本不能放下者。即平鋪而放下之，視爲一堆無窮數之分子，然亦不能復返而構成此具體之強度量。即列之爲一連續之級系，而亦徒爲一數學之連續，此純爲邏輯者，而決不能成一實際量度之連續，此爲物理者。此其所以有大礙也。依此，依煞那感覺而言連續級系，決不足以明強度量。是以必須起自直覺的統覺也。自直覺的統覺而言之，吾由一具有彈性之終始歷程而明之。每一如此之歷程，皆須自其整全而識之。強度量之根據在「終始律」，不在連續之級系。吾之認識終始律所述之歷程，一如其一忽而頓起，故亦如一整全而直會。

知性把住而限定之，即爲一整全之強度量。此強度量之終始依該一
忽而起之歷程之終始而爲終始。一忽而起之歷程爲一終始歷程。自
歷程之終始處而言之，不但可分，且實已分，此謂分之際，簡名分
際。此一忽而起之歷程爲一首尾完整之歷程，時空限定之而成一段
強度量亦爲如其分際而爲一首尾完整之一段強度量。一忽而起之歷
程，自其爲一歷程而言之，名曰生長歷程。電光一閃爲一生長歷
程，鴻鵠起落爲一生長歷程。一葉之姿勢，一花瓣之形狀與色面，
一聲之音節，皆爲一生長歷程。一棵樹爲生長歷程，根幹枝葉又各
爲一生長歷程。自其爲歷程而言之，有其發育之階段：終始微盛，
生長本末是也，漢易家所謂始壯究是也。自此階段而言之，則曰可
分。可分而實未分。依其可分而分之，則曰生長之區分，簡名育
分：言自其發育階段而區分之也。如其歷程已圓滿而爲一終始之完
整體，則自其實分之分際而言之，曰形態學之區分，簡名形分：言
其成形而有定，各立而有對也。或亦曰座標之區分，簡名向分（此
向分之向與有向量之向義不同而不無相當之關係）：言其成形而完
整，可以縱橫軸而標誌之也。強度量之可分不可分，依此而定之。
大抵大而複雜之歷程，其育分較顯明，而小而簡單之歷程，如一葉
一花瓣，則其育分即爲不必要。此猶從寬而言之，若嚴格衡之，則
凡終始歷程，無論大或小，簡或複，皆可自育分向分（或形分）而
識之。育分明其可分而未分，向分明其可分而實分。育分明其爲一
歷程，向分明其爲一整體。每一強度量皆爲一彈性歷程之完整體。
康德不明強度之理，於育分之可分而視爲已實分，分而爲無窮部分
之連續系，則大謬。

　　以上二事辨訖。今復應言，強度量亦有有向無向之分。然自超

越決定之直接所成者言，則爲無向，即此基本之強度量，當爲無向
者。設如康德所言，強度量爲一流，由時間而表象，而時間之流近
人復喜以矢頭表之，則強度之量又可說爲有向量。然有向量實自實
事自身之爲動態而言之，即其一忽而過也，有其向前之流，有其所
至之向，儼若一矢然。惟如是而觀之，謂其爲言量，不如謂其爲言
變。變（動）固有其向也。然吾已言之，一忽而過之歷程必把住而
限定之，始可謂一段強度量。吾人此時所注意者爲靜態之強度量，
而非動態之變也。矧康德之言流，由其成級系而爲連續，又目之爲
等速之動，而等速之動實即不動，則固又自靜態而言之矣。吾人解
康德當取此義。吾言此強度量爲無向量，亦必自靜態而言之。凡因
把住而平鋪爲一段，則即不注意其變動之向，而單注意其逕挺之自
立。且因把住而停立，則動相已不見，向性泯而爲無向。是以超越
決定直接所成之強度量爲無向量也。譬如一弓，順其弧而觀之，則
有屈曲之向，然自其爲一整體之自身而觀之，則其緊漲之強度量，
逕挺自立，即爲無向。一忽而過之始終歷程，其變之終始爲有向。
而因把住而成之一段強度量之終始，藉以界限此一段，則即爲一段
之自呈，而爲無向量。有向無向，動態靜態之別也。吾藉時空之限
定而把住此一段，吾只就其爲一段而目之，而所先驗而知者亦只此
一段，吾此時不知亦不必問其對他之種種關係也。無關係之顧及，
故爲無向量。

　　廣度量爲數學量，強度量爲物理量。此兩者之基本型態皆爲無
向量。後來種種量（吾將名之曰有向量），皆以此基本型態爲底
子，通過純數學純幾何之外在化而成立。見下。

　　今且合言廣度量與強度量。吾人已知廣度量只爲因時空限定而

成之平板，此則偏就時空言，故云平板，實即一段時空也。而強度量則爲因時空限定而把住之一段彈性歷程，此則偏就物理言。今觀「因時空限定而把住之一段彈性歷程」一語之所示，則知此言實爲廣度強度合一之陳述。於此整義中，單就「因時空限定而把住之一段」言，則爲廣度量；若就其爲「一段彈性歷程」言，則爲強度量。是以強度量之爲段與廣度量之爲段。必相凝而一致。蓋廣度量只爲時空限定而成就之平板。而限定也則依一歷程之終始；而此終始間之一段彈性歷程，即爲強度量。是以兩者必凝一。然而廣度量究只爲形式（空架），而強度量則爲一物理量。依廣度量之爲形式而言「公」。每一覺現歷程，自其生發言，爲私爲自，爲主爲己；言其隸屬於主觀，個個特殊，而又忽然而過。而其廣度之形式則使個個殊特，忽然而過之生發，因知性而把住，因時空而限定，遂爲貞靜而停留，是即賦予以公性；故廣度之形式實表象一生發歷程之爲公爲客也。是即爲超越決定所成之知覺現象之客觀化。公性賦加於私性，私性充滿於公性，而「強度之量」於以顯。是以強度者，生發歷程局緊於形式中之謂也。局緊之，即規矩而繃緊之。形式規矩之，而生發之事處於形式中受其規矩，遂見繃緊之象。即於此繃緊而言「強度」。強度量亦公共而客觀者也。此爲就假（時空爲假立故）以定眞，運虛（時空限定爲虛象故）以處實，而使知覺現象之客觀化爲可能者也。若夫超知性而起智照，冥觀生成之如如，終始之條理，則公與私又自不同。

第三節　有向量與規約原則

　　廣度量強度量因時空之超越決定而成立。茲再通過純數學或純幾何中某些基本概念之外在化而爲型範以言超越決定中之有向量，即關係量。

　　每一事一忽而過，不容暫住。每一事極其殊特，個個不同。然每一事皆與他事發生關係。以關係故，事與事間，成一結構，此謂物理結構。理解起，將其一忽而過者把住之，時空往而限定之，遂依物理結構而成幾何格局。每一事單一不可分，然依其物理結構而可分。每一廣度量單一不可分，然依其幾何格局而可分。物理結構隨事生起而呈現，隨事消失而變滅。理解起而把住之，實未把住之。把住者留其影子之謂也。此如金蟬之脫殼。所留者即其所脫之殼也。所脫之殼，自時空限定而成幾何格局言，曰形式，曰數量之關係；自其事之組織而成物理結構言，曰實際，曰物理之關係。幾何格局爲至變至殊之事之「數學之公性」，物理結構爲其「物理之公性」。依物理之公性而成物理律（自然律）。依數學之公性，物理律可表而爲數目式。然物理公性是通過數學公性而客觀化，而數學公性則是因時空之超越決定而始然。

　　今且就幾何格局而言有向量。有向量之處於幾何格局中，亦猶緣起事處於物理結構中。緣起事爲關係事，有向量爲關係量。有向量亦可隨廣度量與強度量分爲廣度有向量與強度有向量。屬物理結構者曰強度有向量，如質量、密度、運動、速率等。屬幾何格局者曰廣度有向量，如時距、空距以及種種圖形（幾何者）等。然無論

屬廣度屬強度，皆賅之以有向量，亦即皆可目之爲關係量。是以每類有向量皆可分解爲向量系。依此而關係邏輯詳焉。一斤重不曰一斤，而曰正一斤，此即言一質量甲對一質量乙之關係，其關係爲甲之過於乙爲一斤。是以所謂一斤者，吾意其爲某質量對於其質量爲零者有正一斤之關係（此例取之羅素）。一尺一寸亦如之。是以有向量之爲關係量，亦猶序數之爲關係數。孟子曰：謂一鈎金重者，豈謂重於一輿羽哉？輕重起於基於一定標準之比較。因而爲關係也。

　　數有基數有序數，量有無向量有關係量。無向量單名曰「量」，關係量可名「量度」。量度者度中之量也。表示度之基本關係曰大於，曰小於，曰等於。甲大於乙，乙小於甲，即謂甲之量度比乙大，乙之量度比甲小。甲等於乙，乙等於甲，則謂甲與乙有相同之量度。其量度之自自相，平鋪特立而觀之，曰「量」，或無向量。對他而比觀之，則謂「量」之自他相，此即曰量度。一標準尺之自身曰量，對此尺而曰甲有一尺長，則爲甲之量度。對此尺而曰乙有五寸長，則爲乙之量度。甲大於乙一倍，則曰甲之量度大於乙之量度一倍，而乙之量度小於甲之量度一半。是則量度必在關係中而顯示，而量則唯是逕庭自立也。量變而爲量度（關係量），則成爲可分解者。可分者，大於、小於、等於之量度可排成系列也。蓋一言大於，必依比較而顯，而大於非最後之大於，必有更大於者。小於亦無最後之小於，必有更小於者。等於之關係，雖不可如此說，而等於之關係爲傳遞，則「等於」關係中之量度仍爲關係量，是即仍爲可分也。是以可分者，關係量所固具之性德，即依其爲關係而言也。由此可分性而成者爲數學之向量系。若在一幾何格

局中，每部有向量即表示此格局之可分，分而爲個個有向量。此個個有向量之關係即組成此幾何之格局。而每一有向量處於一關係中，即依其關係而有可分性。由此可分性而成者則爲幾何之向量系。此兩種屬於知覺現象之向量系，皆由通過數學或幾何中某些基本概念外在化而爲型範所成之時空之超越決定而成立。如大於、小於、等於，即純數學中之基本概念也。此等基本概念外在化而爲型範，即使形成向量系之超越決定爲可能。時空之超越決定直接所成者爲無向之廣度量與強度量。若成爲有向量，則必依據純數學中之基本概念以爲型範而後可。此爲時空通過「型範」所成之超越決定。

設「有向量」之分解爲行之於關係中之分解，則每一幾何格局中之各部不可分之無向量皆可爲有向關係之起點或終點（此各部不可分之無向量因此有向關係得以爲有向量）。是以每一幾何格局皆可分解爲一向量系。而此向量系中，又順各部無向量所發生之各類有向關係，而得以分解爲各類向量系：如大於小於系、在前在後系、封閉系、開啓系、直線系、曲線系以及種種之幾何形系（即空間關係系）。設自大於小於系而言之。設於一向量系中，特定任何兩點如 X 及 A，又定一任何向量 R（R 是此向量系中之一分子），此時即有 R 之某次方如 R_v，而且如 A 有此 R^v，則「A 之 R^v」即大於 X。此即爲亞幾默德公理。言此向量系服從亞幾默德之公理。此公理又可如此述：於一向量系中，設起自任何特定點，吾人可將任何特定有向量，施以充分（足夠）之有限重複數（重複一次又一次其次數須有限），即可使我人獲得一有向量大於任何其他指定點所有之特定有向量。又：設於一向量系中，有一向量 R，則此時即

有一向量 S，而且如 S 之次數 v 不爲零且爲歸納數，則亦可有「S^v等於 R」之情形。此即言：每一有向量可以分爲與之相等之有限部分量所成之有向量。此爲「可分公理」，亦言此向量系服從可分公理也。譬如一尺之量度可分爲二乘五寸之量度，或一尺六寸之量度可以分爲四寸平方之量度。因可分公理而成向量之系可名曰副積系（副屬之乘積系）。此言可分亦行之於關係中之分解：蓋其所成之副積系仍爲向量系也。〔服從亞幾默德公理及可分公理之向量系，如嚴格言之，自須有相當之條件爲限制。今只略言，不詳鋪陳。讀者須讀羅素《數學原理》第六部論量及其中 B 節論向量系。羅素之分解給吾人以規模。本原處及分解之方法，雖不必贊同，而其分解之規模要爲功不在小也。〕

　　有向量之分解而爲向量系，所以備測量也。測量者數學中之比例及實數之應用於量度也。設有一向量系，如其中含有一單位 T 爲其分子，而且任何其他分子 S 對於 T 有一比例或實數之關係，則此向量系即爲可測量。是以測量者施行於量度，非施行於量也。測量之時，吾人欲極其準確，且亦欲極其細微，故有向量系之分解。於此分解時，吾可施用邏輯之方法，隨順向量之種種形態，而列爲種種「極其可能」之系列。極其可能者，有邏輯之嚴格性、窮盡性與圓滿性。每一系列當如其起而起焉，當如其止而止焉；當如其有始或無始而如之，當如其有終或無終而如之；當如其連續而爲連續，當如其不連續而爲不連續；當如其有窮而爲有窮，當如其無窮而爲無窮：當如其種種形極其可能而陳之。此種陳列即爲邏輯之陳列。因時空之超越決定而成之量度，皆爲相當疏闊、一般，而不能極其細微者。然而所貴於邏輯之陳列，即在於使疏闊者爲精確，

使一般者極盡其曲折。而邏輯之所陳亦即為實際量度測量之軌範。
一遇實際，此邏輯之軌範不能不受限制，然而此邏輯之規範又實足
以規約而籠罩之。是以吾人施用邏輯法，順向量之形態，而造為種
種邏輯陳列之向量系，皆只為主觀之軌約形式（或系列），而非客
觀之構造形式（或系列）。吾人所以造此規約形式，即在備數學之
應用而成為極其準確之測量。至其所測量者則固不必盡如此邏輯陳
列所成之軌約形式也。純數學中之系列或序列，其觀念與形成極簡
易，此則無與於實際之量度。至若就種種量度而成之向量系之系
列，皆當視為規約之形式。吾為此言，蓋所以防閑無窮之假定與夫
無窮之平鋪論（構造論）。吾人既不以「類」定數，故亦不以平鋪
之無窮定無窮數。吾無此平鋪無窮之概念，亦無此假定之必要；吾
亦不能界說而構造之，亦無界說之與構造之之必要。於數如此，於
量度亦然。設某一向量系依邏輯之陳列，其系列可以無窮者，亦應
如吾論數時所定之無窮向，而吾此時視此向量系之為無窮系亦只視
為規約形式，而非構造形式。此即一系列之形式乃只為吾邏輯分解
之構造（或陳列），以為測量而達準確之軌範，非謂某一量度自身
即函此無窮之成分，復反而由此無窮之成分而構成此量度。譬如一
條連續線，或一段連續運動，吾人亦可視之為有向量，然吾人並不
謂此連續線或運動即含有可思議可構造之無窮類，而復反而為此無
窮類所構成。如此而論，即不視邏輯陳列之系列為軌約形式，而已
視為構造形式。如為構造形式，則必有無窮之假定與夫無窮之平鋪
論。此為吾之說統所必遮防者。遮防之原則即為視之為規約形式而
非構造形式。軌約形式即含「不可復原則」。即一條線，雖可以無
窮的分解，然不能再返回來即由此無窮分解所成的無窮數的點而構

成也。

軌約形式既遮防無窮之平鋪論（吾邏輯書中亦曰無窮之實在論），而復由產生無窮之原則爲規約原則（非構造原則）而獲得。凡依規約原則而言者，皆不視無窮爲有積極之存在（即客觀而平鋪之存在）。規約原則之形式有三：一曰亞里士多德之形式，二曰洛克之形式，三曰康德之形式。亞氏之形式，吾曾述之於吾邏輯書中。約略言之，亞氏之形式乃爲劈分無止之形式，即其視無窮只顯示於無止劈分之連續中。此只爲一無窮之發展，而此發展乃不能停止而平鋪，平鋪而爲一完整體者。是以亞氏以爲吾人不能視無窮爲一客體而實現之或概想之。依此而言，產生無窮之原則只爲規約原則，而非構造原則。

此義於洛克之形式中，述之又較確。洛克有「空間底無限」與「無限的空間」之分。此老雖瑣碎而絮叨，而論此則甚警策而精要。「空間底無限」爲「數底無限」所誘導。數底無限亦非言有「無限數」。數之繼續增加無有底止，數之劈分無有底止。「數底無限」之概念，即由此無底止之前程而規定。此爲吾心獲得「數底無限」之方法。對數而言之，吾只有此無限之觀念。吾不能有積極的「無限數」之觀念，如言「無限數」，則爲有一實際存在之客體名曰無限數，此爲不可概想者。數如此，數所測量之時間空間亦如此，空間底無限，即由數所測量之空間單位（有限空間）之繼續增加或擴大而導引。於一尺長之空間，可繼續反覆此一尺空間之觀念而爲二尺三尺，乃至千尺萬尺，無有窮極：吾不能有一點可爲反覆之終點。此即謂「空間底無限」爲「數底無限」所誘導，亦爲一反覆發展之無有底止也。此種反覆之發展，可離物體之廣袤而自行申

展，以至無窮。此時無窮只為虛示詞，而非實指詞。吾有此虛示詞所示之無窮之觀念，並不因而即有實指詞所指的積極的「無限空間」之概念。洛克言：「心所由以獲得無限空間之觀念〔實即空間底無限之觀念〕之方法大不同於吾心是否有一如此實際存在之無限空間之觀念之考察。蓋吾人之觀念常非事物存在之證據。」此言甚善。又言：「吾人無限之觀念，雖起於量之思考，及心於量上可作成無盡之增大，然如討論或推究一無限量，例如一無限空間或一無限時間，則必陷吾人之思想於混亂。蓋吾人無限之觀念，如我所想，乃一無盡發展之觀念；然而心所有任何量之觀念，俱時必即局限於該觀念而不能越。〔因不論其若何大，總不能大於其自己。〕故賦之以無限，實是使一定量適應一無盡之發展。故吾區別空間底無限與無限的空間，並非苛察繳繞也。空間底無限只為吾心對於一定量之無盡反覆之前程。但如言吾心實有一無限空間之觀念，便是假定吾人對其反覆之一切空間觀念，已盡閱歷，且實經觀察。然而反覆無有底止，故此無盡反覆所反覆之一切空間觀念亦不能盡數現於心中。是以無限空間之觀念實為一矛盾之觀念。」又言：「數之無限，已知其增加無有終點，即其加之終點永不能為吾人所接近。然數之無限之觀念，雖明晰，而一無限數之存在之觀念卻甚荒唐。吾人心中所有任何空間時間或數之積極觀念，無論如何大，總為有限者。……蓋因假使一人隨其所欲構成任何大之空間或數之觀念於心中，而心亦必終止於此觀念，而此觀念，無論如何大，卻總與無限之觀念為相反。是以吾以為當吾人論證或推究無限空間或時間之時，即為最易陷於混亂之時。」（參看洛克《人類理解論・無限章》）依此而言之，產生無限之原則亦只為規約原則，而非構造原

則。

　　規約原則與構造原則兩詞爲康德所用。今再略言康德之形式。
康德此兩詞之建立，乃在對於背反之批判，渠以爲理論理性有隨理
解條件之條件而追求無條件之條件之本性。然此追求永無已時。此
追求而成之系列亦無止時，乃永不得完成者。吾人可因此追求而獲
得超越之理念（如無條件之條件即絕對之綜和或第一因或肯定世界
有限或無限），然不能因此即獲得一實在之對象。由此方法或原則
只可以使吾人獲得超越之理念，故其爲原則亦只爲主觀之軌約原
則；言如軌道然，可依之而獲得一觀念。卻並不能由此獲得一實
在。論者隨順理解，亟亟然以爲此世界是有限或無限，有第一因或
無第一因，皆將只爲軌約原則者視爲構造原則也。視爲構造原則，
即將本不能放下之系列，卻放下而平鋪，平鋪而外陳。此實爲系列
之誤置。

　　吾人本以上規約原則之三形式，可免無窮之假定與夫無窮之平
鋪；而吾人論數學亦必根本翻轉，使不涉及此。復擴而大之，視一
切邏輯陳列之向量系之系列皆爲軌約形式，而非構造形式。

第四節　幾何第一義與超越決定及現象之數學

　　吾前於〈純理與幾何〉章，由「純理位區」而構造點線面體，
視點線面體皆是模型，不是結聚。若就歐克里所定之點線面而言，
吾人亦可再進一步說它們都是界限概念，而不是有體有量之存在。
如此，即皆可視爲模型，而不可視爲結聚。歐克里定點爲無部分無
量度，定線爲無寬，定面爲無厚。此明是一界限概念，爲一型式。

然復謂由點以成線，由線以成面，由面以成體，此思想即為自相矛盾者。蓋無部分無量度之點，何以能構成有長度之線，無寬之線何以能構成有寬之面，無厚之面何以能構成有厚之體，此皆不可解者。一條線若作量度看，當然可以分出無窮數的點。但既是無窮數的點，則即不能返而構成一定量度之線矣。一寸一尺之線皆可分為無窮數的點。在無窮上是同同而一如的。何以此一堆無窮構成一寸，彼一堆無窮即構成一尺耶？此皆由於不知軌約原則及不可復原則之故也。所以吾人首先視點線面體為一界限概念，為一模型或型式。進一步，線面體若作量度看，則固可以作邏輯分解而成系，然必須知此無窮分解所成之系只是軌約形式，而不是構造形式。如是，則「由點以成線」中之不可解之矛盾，即解消矣。

軌約原則與不可復原則，無論在純幾何上（即由純理位區所解者，即幾何第一義），或透過時空之超越決定所成之量度上，皆可適用。

時空之超越決定，其直接所成者為無向廣度量與無向強度量。若再通過純數學或純幾何中之某些基本概念之外在化以為型範，則可以決定出有向量。無向量與有向量之經由時空之超越決定而成，即為純數學與純幾何應用之通路。純數學與純幾何應用於外界，吾人可隨康德，名曰現象之數學。（此數學是廣義的，含有幾何在內。甚至在此即可以幾何為主，而名曰現象之幾何。）當吾人由時空之超越決定，能決定出有向量時，則現象之數學即算成立。而有向量之決定，則必依純數學或純幾何中之某些基本概念之外在化以為型範，始可能。依是，成就現象之數學底基本概念必即同於成就純數學或純幾何之基本概念。吾人若籠統言之，則現象之數學必只

是純數學或純幾何通過時空之超越決定而來之外在化。

　　現在且就幾何方面而言之，因為算數學方面很簡單。幾何不只是歐氏幾何，可有好多系統。然則究竟那個系統可以應用，那個系統不可以應用？全應用乎？抑不能全應用乎？吾於〈純理與幾何〉章已明：幾何系統不能無限多。假若幾何系統中之命題是可以實構的，則幾何系統不能無限多。所謂 n 度幾何乃只是邏輯上的一個空名詞，實際上是不能實構的。依是，吾有如此之推言，即：任何幾何系統，假若是可實構的，譬如歐氏的，或非歐氏的，則即原則上都可應用，即都能實現於現象上。

　　幾何究竟不能離空間形體。縱使當吾由純理位區論幾何時，可不涉及空間，但實由純理位區以言空間形體之模型。此種空間形體之模型，以由純理位區而先驗地被構造，即函：幾何系統不能無限多，而每一系統皆可實構也。一個具體的事實可以無限的複雜，而單注意位區之形體乃至空間之形體，則不能無限複雜。表層的形式或形體之觀念，即是有限之觀念。假若在純理上是有限的，而且皆可實構的，則每一系統皆可應用，所以凡不矛盾的皆是可能的，而可能不必現實，故可能範圍大於現實，此只是一種空頭的邏輯言詞。若落在幾何上說，則由純理外在化之布置相而言純理位區，由之以構造幾何系統，則幾何系統不能無限多，而且所謂可能的，必須是可實構的，始可。不矛盾所決定之可能，自一般情形言之，必對一現實之物而言，如現實的龜無毛，兔無角，太陽從東出。而龜有毛，兔有角，太陽不從東出，都是不矛盾的，所以也都是可能的。而可能不一定現實。此種以矛盾律所決定的可能，只是形式的可能。若由純理位區以言幾何，則每一系統，不但是不矛盾，有形

式的可能，而且須是可以實構，有眞實的可能。否則，不成一可作
成之系統，即不得謂爲一幾何系統。此即表示，以矛盾律決定可能
實在須受範圍之限制，須看其落於何種範圍以定其意義。否則，只
是一種空頭的邏輯言詞，並無眞實意義也。線不直是可能的，兩點
間無最短線亦是可能的。但這些可能，如就其成系統言，必須是可
以實構的。而不只是一種邏輯言詞，即可以決定出無定數多的幾何
系統，由之以推言可能的不一定現實的（即不一定實現於外界物質
現象上）。此種空頭的邏輯言詞並不負眞實的責任。眞實有二義：
一、其本身可以實構，二可以實現於外界。就幾何系統言，凡可以
實構的，皆可實現（可應用）於外界。邏輯言詞常是一條鞭的邏輯
思考之主觀方面的一種姿態。若以邏輯爲準，它實可以涵蓋籠罩一
切，甚至上帝也在其內。譬如來布尼茲說上帝有種種可能的宇宙，
而只實現一個最好的給我們。此即以邏輯言詞中的可能與現實思考
上帝也。將上帝的本性及行動也納在這種邏輯言詞的姿態中思量
之。實則如眞了解上帝之本性及行動，則上帝並無可能。上帝只是
如此，只是無限的呈現。它並無邏輯言詞所撐起的種種交替，種種
間架，與夫種種曲折與跌宕。此義即可使吾人明白由純理位區以言
幾何系統之所以不能無限多，與夫其皆可以實構與皆可以應用。此
即明：除邏輯言詞以矛盾律決定可能一標準以外，還須顧及「存在
學的有」一標準。純理即體性學上之有也。純理外在化之布置相以
及純理位區，皆體性學上之有也。純理外在化之布置相所成之純理
位區與物質現象之「擴延外形」相應。是以每一可實構之幾何系統
皆可透過時空之超越決定而實現或應用於外界。

　　一個存在的物質現象之具體內容可以無限的複雜，而其「擴延

外形」則必有定然而不可移者。此定然而不可移者即其「體性學上的有」之意義限之也。物質之所以爲物質，從其擴延外形上說，不能有無窮的複雜與變換。依是，由純理位區所構成之幾何系統（此亦有其體性學上的有之意義所限之定然而不可移者），必與物質現象之擴延外形一一相應而俱實現於外界。所謂實現是有層次的，或方面的。譬如自粗線條或靜態的觀點看物質現象之擴延外形，則歐氏幾何即可適用。若至於致曲而自細微而動態之觀點看擴延外形，則非歐幾何即可適用。譬如進到宇宙曲率或球形宇宙，則其擴延外形即相應非歐幾何。物質之擴延外形本有此若干方面或層次，故能容納各種幾何系統，而不見其有矛盾。並非實現某系統，即不能再實現其他系統也。但擴延外形雖有方面與層次，而其方面不能無限多，亦猶由純理位區所構造之幾何系統，不能無限多也。現象之數學必隨擴延外形走。擴延外形無論如何微而曲，然總是物質現象之擴延外形，依是，亦必總在時空之超越決定的範圍中。知性中純理之外在化而爲數學與幾何與物質現象之擴延外形是相應而爲同層者，故透過時空之超越決定而得以實現於外界之擴延外形上而成爲現象之數學。此現象數學之範圍，再加上具體的物理關係，即成功吾所謂命題世界也（見下第四卷第二章）。

　　然現象之數學可以經由超越的決定而形成，而具體的物理關係則必由經驗而發見，經由思解三格度之超越的運用而暴露。故於時空，則言超越的決定，以其只著眼於擴延外形故，而於思解三格度，則言超越的運用，不言決定也。此即本卷下部之所論。

　　吾於時空之超越決定所言者大義只如此。但此一理路，若經過

對於康德的時空與數學觀之疏導，更易見其顯豁。故以批評康德所論之時空與數學附錄於此，而爲第二章。

第二章　時空與數學

第一節　空間與歐氏空間及歐氏幾何

康德常以數學命題，（廣義的，至少內含三支：一幾何的，二算數的，三力學的。）尤其歐氏幾何命題之必然性之說明為其主張「時空為直覺之先驗形式」之理由。然吾以為此乃不可執持者。茲單就空間與歐氏幾何之關係而言之。康德云：

「一切幾何命題之必然確定，以及其先驗結構之可能性，即完全基於空間之先驗必然性。假定空間之表象是自經驗而來的一概念，或自外部一般經驗而引申出的一概念，則關於『數學決定』之許多第一原則必只是知覺。依是，此等原則亦必因而皆具有知覺之偶然性；而兩點間只有一直線亦必不是必然的，而只是經驗常常告知吾人是如此。凡從經驗而引申出者只能有比較的普遍性，即，只是經由歸納而得到。依是，吾人只能說；依照現在所已觀察者，尚未見有空間能多過三度者。」（《純理批判‧超越感性‧論空間》第一版中第三條。）

又云：

「幾何命題，譬如一三角形兩邊之和大於第三邊，決不能從線與三角形等一般概念中而引申出，但只是從直覺而引申出，而此便是先驗者，且具有必然確定性。」（同上第二版第三條末句。）

依是，當有三事須說明：第一、歐氏空間是否是必然？依康德，a.歐氏空間確有必然性；b.而且一說空間即必為歐氏空間；c.而且即依此必然性與唯一性，始主空間必為直覺之先驗形式，且其自身必為純直覺，即歐氏空間之必然性與唯一性作為「空間為先驗形式」之理由。關此，吾俱作相反之答覆：a.歐氏空間並無必然性與唯一性；b.空間與歐氏空間非一事，說空間不必即是歐氏空間；c.歐氏空間亦不能作為主張「空間為先驗形式」之理由，此兩者間並無必然之聯結，此是由 b 而來者。第二、歐氏幾何命題之必然確定性如何說明？依康德，一言空間必為歐氏空間，此即表示歐氏空間之必然性與唯一性（對人類言）。而此具有必然性與唯一性之歐氏空間必須是直覺者，必須為感性之先驗形式，其本身必須為一純直覺；而且如不是直覺者，即不能說明歐氏空間之唯一性與先驗性。歐氏空間既因直覺而具有必然性與唯一性，故歐氏幾何命題亦必具有必然確定性（此時唯一性自不須說），而此必然確定性亦復不能由概念分析而明之，而必須由直覺綜和而明之，此即言亦必須以直覺而明其必然確定性，即歐氏幾何命題之形成及其必然確定性亦必須是直覺者。依是，空間之為直覺者等於歐氏空間之為直覺者，而歐氏空間之為直覺者即函歐氏幾何命題之為直覺者：此兩直覺有必然之關聯：前一直覺保證歐氏空間之為必然，後一直覺保證歐氏幾何命題之為必然：兩者函義雖不同，而必須相關聯；然就此必須相關言，吾人亦實可謂其為同一直覺也，蓋直覺既保證歐氏空

間實亦即保證歐氏幾何命題也。關此，吾作如下之陳述：（a）空
間與歐氏空間非是一事，空間爲無色者，而歐氏空間則爲有色者。
無色者爲一般之普遍形式，未特殊化；有色者則爲一決定之形式，
已特殊化。（b）無色之普遍形式可爲直覺者，而有色之特殊形式
則非直覺者（或至少亦不只是直覺者，即決不只是直覺所能明）。
（c）直覺爲直而無曲，其所能證明者只是無色者。直覺以其直而
無曲，故無概念之辨解，亦無屈曲於其中。其所證明之無色者，以
其爲無色，故亦不含概念之決定，亦無屈曲於其中。（d）依是，
凡以直覺明者，必爲無色（普遍之形式），必爲最後者。以其爲無
色，故無特殊之決定；以其爲最後，故非一辨解之概念，以辨解必
有根據，此即非最後。依是，以其爲無色而最後，吾人謂其爲直
覺。直覺只能領納其如此，不能保證其如此。吾人似只能說：因其
是如此，故吾必須直覺地領納之；而不能說：因其爲直覺，故必須
是如此。直覺只是對於一對象之允可。（e）有色者必有足以使其
爲有色者；既有屈曲於其中，必有足以使其有屈曲於其中者；既爲
特殊之決定，必有足以使其爲特殊之決定者。此使其爲如此如此者
即是概念也。此則決非只是直覺所能辨。以直覺所能領納而允可者
必須是無色者。依是，如空間是直覺者，必不函其即是歐氏之空
間。直覺只能領納無色之空間，而不能證明其是何種之空間。依
是，反之，歐氏空間亦不能作爲「空間爲直覺者」之理由。歐氏空
間既爲有色者，即無唯一性。縱然即在理論上（不必事實上）只承
認歐氏空間之存在，然既爲有色者，既有屈曲於其中，則亦非只直
覺所能明所能盡，亦必有足以說明其爲屈曲者，其爲有色者。依
是，亦不能使吾人即說：如不是直覺者，何以必是歐氏之空間？直

覺不是「一事物如此」之理由，理由即在該事物自身中。如該事物
爲最後者，則其所以如此之理由即在該物之自己。直覺只是如如相
應而印可之。依是，歐氏空間以及歐氏幾何命題縱有須於直覺，亦
必非只是直覺所能明。直覺只能擔負說明無色之空間，不能擔負說
明有色之空間。（ f ）有色之空間，既有特殊之決定，既有屈曲於
其中，則即有須於概念。概念之連結系統即形成其特殊之決定，即
貫注於其中而形成其屈曲。此一概念之系統的連結、網狀的結構，
即是該有色空間所以如此之理由。依此，此系統的連結、網狀的結
構，即是客觀而實在之理。假定此理，在開始時，已決定空間爲某
種有色空間，譬如歐氏空間，則凡隨此決定而來之一切屈曲，即是
形成此有色空間之系統的連結、網狀的結構，亦即是屬於此有色空
間之一切幾何命題。此一切幾何命題既即是該系統的連結、網狀的
結構，故亦即是一理之貫注。既爲一理之貫注，因而成一系統的連
結或網狀的結構，則該一切幾何命題即組成一分解之系統。依是，
每一幾何命題是一「概念之屈曲」，是一客觀之理，是一分解者。
連結或結構即是屈曲，即是客觀之理，即是分解。依是，每一幾何
命題之必然確定性即是理之必然，概念連結之必然。然每一幾何命
題皆必隨有色空間之決定而來者，是即皆必隸屬於某一有色之空
間，故其「必然」必是某一有色空間內之必然，隸屬於一系統內之
必然：理之必是此系統內之必。即使在理論上（不必事實上）只有
此系統，其理之必亦是此系統內之「理之必」，以其爲有色故，以
其因特殊之決定而然故。既爲系統內之「理之必」，即有所圍而無
唯一性。此一事實必須由概念之決定而說明，直覺不能擔負此責
任。依是，兩點間只有一直線，或兩點間之直線是一最短線，是隨

概念之決定而來者，是一系統內之「理之必」。是一客觀之理之貫
注而形成之屈曲或結構。徒從「兩點」之分析，固不能得出一「直
線」，「直線」之概念全是增加者；徒從「兩點」與「直線」之分
析固亦不能得出「最短線」，「最短線」一概念固亦是增加者。然
無論如何「增加」，且因增加而形成此命題，要必有隨概念之決定
而來之「理之必」，即：如此增加之而連結於一起，要必有一隨概
念之決定而來之「理之根據」。如此增加決非隨便者，亦決非只是
直覺所能明。直覺固可以明綜和（即連於一起），故云直覺綜和，
而康德亦云：只有因直覺之助，綜和始可能。然所以如此綜和，則
非直覺所能明。直覺只能擔負綜和（無色），而不能擔負「如此綜
和」（有色）。依是，直覺既不能擔負歐氏空間之說明，亦不能擔
負歐氏幾何命題之必然確定性之說明。直覺擔負無色空間之說明；
於幾何命題，擔負「無色綜和」之說明。（g）依是，直覺綜和只
是主觀之「用之流」，而概念之必然連結則是客觀之骨幹，即是剛
骨之理之貫注。直覺綜和只是相應一「屈曲」而即可之，而實現
之。此即所謂「直覺之構造」，此構造即實現義。直覺構造相應邏
輯構造（此即剛骨之理）而印可之，而實現之。直覺直而無曲：乃
為同質之用：乃為不孕者：只為一通過之印可，而不能產生一物
事。直覺所不能印可而實現者，理之構造亦無必。凡理之必然而可
構造者，直覺綜和皆可印可而實現之。此即言直覺於「理屈曲之形
式」不能有擔負。康德之錯誤，不在其於幾何命題言直覺言綜和，
而在其言直覺綜和之擔負，即在其言直覺綜和乃期望其能擔負歐氏
空間之說明，乃至歐氏幾何命題之必然確定性之說明。誠如此，則
直覺真成一神祕之怪物。須知直覺與邏輯，對於幾何與算數學，無

一而可廢，而邏輯一面為尤重。言邏輯而不言直覺無大礙，徒言直覺而忽視邏輯則不可通。康德固云每一數學命題（無論幾何或算數學），皆有雙重性。一是分析的，一是綜和的。然彼以為自一數學命題之已經形成言，則固可為分析的，遵守矛盾律而不背，然此是自表面言，自已經形成言，要不能作為說明數學命題之「原則」。是以自「形成之」之過程言，自背後之根據言，要必是綜和的，直覺的，此方是說明數學命題之「原則」。誠如此，則直覺是根本，而理之骨幹反由之而產生而出現：此乃不可極成者。吾之分疏，俱予承認，而異其用，而理之骨幹要為客觀之實體，直覺之綜和只為「主觀之用」：依是，直覺雖有其用，要不擔負「理之屈曲」之產生。此為一大綱領，於幾何與算數學皆可用。（應用時之說明自有差異。）康德所言，實是過分，而今之斥康德者又多不究其實，故分疏弊竇所在如上。

第三、直覺與概念之關係為如何？以上說明概念之重要。康德固亦知概念之重要，固亦知其為不可少。然彼實是將概念隸屬於直覺，將分析隸屬於綜和：直覺綜和在概念分析之下而為其底據，而使其為可能。概念分析只是將直覺綜和所已形成者，呈現而明之而已耳。是以概念分析不能作為說明數學命題之一原則。不特此也。直覺證明歐氏空間之先驗性必然性以及唯一性，而且證明歐氏幾何命題之必然確定性：此兩層俱由直覺而說明而保證。概念分析只能在直覺所已定者之下而進行。超越感性論所論之數學是從直覺到概念，概念不能越乎直覺所已確定者；超越分析論所論者是從概念到直覺，概念仍回歸於直覺所已確定者，不能離直覺之指導而獨有其他可能之決定。依是，直覺擔負歐氏空間之形成，以及擔負歐氏幾

何命題之形成，而概念反而不能擔負之，只順直覺所確定者而呈列之而已耳。關此，吾義恰相反：直覺不能擔負之，擔負之者在概念。從空間決定為歐氏空間需要概念；從歐氏空間之決定，因而形成歐氏幾何命題，亦全依原始概念之決定。直覺不能籠罩之，只能順概念之決定而實現之而印可之。概念可有多方之決定，因而可有多方之空間，可有多方之幾何。依是概念並非蜷伏於直覺所確定之唯一形式下而只作順承之呈列。概念有指導之作用、形成之作用，因而形成一「理之骨幹」。直覺從而印可之，實現之。吾如此說，純為邏輯之辨解，而仍與既成事實相諧和；然卻並不開始即就既成事實而責斥康德，而成就己義，然而康德卻似單就當時既成事實而立義，是以其理論之辨解多有無根之滑過。關鍵只在過分看重直覺之擔負。故吾單從邏輯上即可指證其辨解之不如理。依吾義，空間為吾心隨統覺之直而無曲之把住而建立，其建立非由理論之辨解而成立，非由經驗而抽撰，故就其自身言，吾人亦可謂其為純是直覺者。然空間是直覺者，而歐氏空間不必是直覺者，故吾人從未以歐氏空間作為「是直覺者」之理由，吾人亦從未以「直覺」說明歐氏空間之必然性與唯一性。邏輯上言之，無論歐氏空間是否為唯一，而直覺要不能擔負之。復次，吾人說從空間決定為歐氏空間須概念，而又知歐氏空間不能由直覺而擔負其說明，然則決定其為歐氏空間之概念如何論？吾人不能說：歐氏空間不是直覺所能確定的，因而即謂歐氏空間是由經驗而得來，甚至因而即謂空間是由經驗而得來。空間固非自經驗來，歐氏空間亦不必即是自經驗來。設暫置「空間」一層而不論。歐氏空間不是直覺的，亦不必因而即是經驗的：此兩者間並無一矛盾之關係，因此兩者可以不相干，可以是兩

回事。依此，就純粹幾何論，決定空間為歐氏空間之概念，可以純是邏輯的，吾人之決定之，可以純是邏輯地決定之。依是，以上之辨論，可作如下之陳述：

1.無色空間與有色空間須分別論。

2.無色空間是直覺的，有色空間則賴概念之決定。

3.凡幾何命題皆必隸屬於某一「有色空間」下，依是每一幾何命題皆是隨「原始概念決定」而來之必然連結或結構。依是皆有一系統內之「理之必」。

4.直覺綜和為主觀之用，概念分解為客觀之理（體）。

5.直覺不能擔負「有色空間」之說明，概念擔負之。直覺綜和不能說明隸屬於某一有色空間下之幾何命題之必然確定性，概念連結或結構之「理之必」說明之。

以下引士密斯語以資了解，且略予指正。

士密斯云：「康德固知其他有限存在所有之直覺形式不必與人類所有者同。但此卻並不函：康德即因而主張其他空間形式之可能，即非歐空間之可能。此兩者並非一事，然而人常誤解，以為康氏之主張已函有多種空間之可能性。實則非也。康德早期思想（非批判期）曾將空間之三度性視為引力之結果；但既經認識引力律自身並無必然性，所以他歸結說：上帝，以其建設不同之吸引關係，他可以予空間以不同之特性，不同之度數，即不必是三度，亦不必是歐氏的。故云：『所有關於此等可能空間之科學，無疑必是極高度之工巧，即有限存在之理解在幾何範圍內所作之工巧。』但是，及至一七七〇年，康德採取批判觀點時，視空間為外感之普遍形式，他似乎又決定否認此一切可能性。空間，如其真是空間，必須

是歐氏的。空間之一致性是幾何科學之先驗確定性之預設。」

　　案：士密斯以上所云無問題。

「但是康德雖不認識其他空間之可能性，卻非即是其主張之嚴重缺點。即使承認其他空間，亦非重要之困難。即，其他空間之承認與其基本主張相融洽並非困難。康氏承認：其他有限存在可以經由感性之非空間形式而行直覺；他亦很可承認：其他有限存在之直覺形式，雖不是歐氏的，而仍可以是空間。康氏主張之可以批評實不在此，而在另一方面。康氏相信：在直覺中所給予吾人之空間，其性質決定是歐氏的。他因此又函說：吾人之直覺及思維（當反省空間時）皆圍於歐氏空間之條件，且爲歐氏空間之條件所限制。即在此正面之預設（不只是在其不承認其他空間之可能），康氏始與現代幾何之主張相衝突。因爲在作此正面假設時，康氏主張：吾人覺知物理空間是三度；並主張：吾人不能從思想中依據概念之運用而更改之而說『平行公理不成立』。康德因而又函說：歐氏空間是作一『本有形式』而給予，一切概念構造不能變更之。如果視空間爲完全獨立於思想，而且定爲是完整的，則思想自不能有所事事於其上。但是現代幾何學家不願承認：直覺的空間，如離開其被攝取時所經由的概念，而能有任何自然上的一定性及準確性。是以彼等至少可以允許：當吾人概念釐清時，空間可以見爲完全不同於其開始時所表現之形式。總之，概念之完整（圓滿），在其對象上，必有某種結果。現代幾何學家復進而說：即使吾人之空間，經過分析及經驗之研究，已決定證明其在性質上是歐氏的，然而其他可能性在玄想之思想上仍然可保留。因爲縱然直覺與料之本性迫使吾人經由此組概念以解析之，而不經由彼組概念以解析之，然而許多相競

爭之概念組，亦將在現實所已實現之概念組之外，表現而為真正之可能性。

案：士密斯此段所述大體亦甚是。尤其述康德正面之預設可證吾前文解析及辨論之不謬。此正面預設，如士密斯所述，可列為五命題：一、直覺所給予吾人之空間，其性質決定是歐氏的：二、吾人之直覺及思維皆圍於歐氏空間之條件，且為歐氏空間之條件所限制；三、吾人覺知物理空間是三度；四、吾人不能從思想中依據概念之運用而更改之；五、歐氏空間是作一「本然形式」而給予，一切概念的構造不能變更之。此五命題與吾前文所述不相背；實則除此五命題外，尚須增加一命題。依是，六、概念之活動只能在直覺所確定之歐式空間形式下進行之。士密斯所述雖甚是，然而未能在原則上依邏輯之辨論以批其謬，如吾前文所辨者。士氏未能辨清：一、直覺並不能擔負有色空間之說明；二、無色空間與有色空間須分別。復次，士密斯以為唯此正面之預設始與現代幾何學之主張相衝突，而不在其否認其他空間之可能。吾以為此正面之主張與反面之否決並非不相干。如所謂「其他種可能」是指人類存在以外之有限存在言，或者可以不相干；但若仍限人類言，則其否決其他可能與主張歐氏空間為唯一可能實必然相連結。此實一事也。依是，正面反面皆與現代相衝突。康氏所否決之其他可能實就人類感性言，至其他有限存在則康氏固不必否認之，然亦無從肯定之。即不否認之，亦不能成就多種空間之主張；即全否認之，亦不能消滅多種空間之主張。是以其他有限存在感性之

形式為如何，與空間之一多問題可謂不相干。蓋今日之主張
「多」實仍就人類而言也。是以若不加「其他有限存在」一
限制，而謂「即使承認其他種空間之可能，亦非困難之所
在」，則即不恰矣。蓋若在人類範圍內承認之，則正與康氏
自己之主張相衝突，而自今日言之，康氏亦可無難矣。是即
明康氏終於視歐氏空間為唯一空間也。歐氏空間既不可變，
則一切概念活動只有在其下而進行，既不能更變之，復不能
越過之。康氏並非不認識概念之重要，唯以為必在直覺所確
定之形式下而活動耳。是以若徒證明康氏逐漸認識概念之重
要。即謂其漸與時下之主張相一致，則仍為不得要領也。從
直覺到概念，從概念到直覺，康德已明言之，何嘗不識概念
之作用？然而吾人又何能即謂其與時下相一致？士密斯於此
不了然矣。試看下文：

「依是，康德主張之缺點是在其將『感性中之先驗』孤離於
『理解中之先驗』。因其如此視為獨立不依於思想，故空間始認為
範圍而且限制吾人之思想，即以其原來表象之不可更變之本性限制
吾人之思想。不幸這個主張，康德始終執持而不舍。即其後雖逐漸
認識於種種數學科學中必有概念之運用，而此主張仍不變。……在
《形上學序論》中，康德有以下富有意義之文字：『此等自然律本
藏在空間內，吾人之理解只因努力將藏於空間中有結果之意義發見
之，如此以研究之乎？抑或是附藏於理解內，而且附藏理解「依
照綜和統一之條件而決定空間」之方法（路數）內乎？（所謂綜和
統一即是一切理解概念所指導而向往之的統一。）空間之為物如此
其一致，而關於其所具之一切特殊性又如此其不決定，所以吾人決

不能自此空間內尋出此堆自然律。反之，將空間決定成為圓圈之形式，或決定成為圓錐或其他之圖形者，乃是理解。只要當理解函有關於此等構造底統一之根據，它即能決定此等形式或圖形。是以彼只為直覺之普遍形式，所謂空間者，必須是「可決定為特殊對象」之一切直覺之底子，而此等直覺之變化性及可能性之條件自然亦必須即含在此底子中。但是此等對象構造之統一只是為理解所決定，而且亦實是依照恰當於理解本性之條件而決定之。……』（三十八節）。依此文觀之，康德顯然依其自己思考之自動發展漸趨於與時下主張較相一致之主張，而且亦完全改變其以前所形成之『感性與理解間之嚴格之區分』。就所引之文觀之，對於空間似已允許其有一可塑性，此即足以承認在概念過程中可有重要之變更。但是如吾上所已述，此並不能使康德捨棄其從其以前之主張而引出之結論。」（以上所引全文，參看《純理批判解》117頁至120頁）。

　　案：士密斯此段之分疏不得要領。吾早已言之，康德並未否認概念之重要，感性與理解，在本性上雖有嚴格之區分，然在說明數學上，亦不妨礙兩者之交用，而康德亦實知其交互為用之關係；又此兩者本性上之區分亦並不函「感性中之先驗」即孤離於「理解中之先驗」；此皆非康德之缺點，亦非其不一致。康德實是主張直覺所確定之空間形式籠罩理解之活動。理解中概念之決定只有順承直覺所確定者而活動。無論如何構造，不能越乎此範圍。即士密斯所引《序論》中一段文，亦並不能證明「理解之決定」可以不受直覺所確定之空間形式之限制。惟其中有「直覺之普遍形式」、「底子」及「特殊特性」、「特殊對象」諸名詞。如作為

「普遍形式」或「底子」之空間是吾所謂「無色者」，則士密斯所謂「可塑性」可成立，而康德所謂「特殊特性」或「特殊對象」（指幾何的言）之決定則即吾所謂有色者，因而亦即函有多種空間之可能，亦可謂漸與時下之主張相一致。然依吾觀之，該段全文似全不能作此解。若謂其重視理解之決定，則康德本未否認理解之作用也。是以士密斯之疏解可謂全不得此中問題之要領。

第二節　時間與算數學

空間與幾何之關係甚清楚，而時間與算數學之關係則不明。吾人須討論之。康德云：

> 關於「時間之關係」或「時間一般」之公理之關係之必然原則之可能性亦必須基於此種先驗必然性。時間只有一度；不同時間並非共在，而是相續。（恰如不同空間並非相續，而是共在。）此等原則不能從經驗而引出，因經驗既不能給吾人以嚴格普遍性，亦不能給吾人以必然確定性。吾人只能說：公共經驗告吾人是如此，但不能告吾人必如此。（〈超越感性論·時間之形上解析〉，第三條。）

此並未說及算數學。又云：

> 在此，我復進謂：變化之概念，以及與之相俱之運動之概念

（地位之變更爲運動），只有經由而且在時間之表象中始可
能。如此表象不是一先驗（內在）直覺，則無有概念（不論
其是何概念），能使變化之可能性爲可理解，即能使兩「相
矛盾地反對」之謂詞在同一對象中之結合爲可理解。（譬
如：同一物在同一地位之「有」與「非有」即爲兩相矛盾地
反對之謂詞。）只有在時間中，兩相矛盾地反對之謂詞能在
同一對象中相遇合，即此在彼後。依是，時間之概念可以解
析顯示於運動通論中之先驗綜和知識之可能。（〈時間概念
之超越解析〉。）

此亦未涉及算數學。依據適所引證之兩段文，時間所使爲可能者如
下：

　　1.時間只有一度；

　　2.不同時間相續而非共在；

　　3.時間使變化運動乃至兩「相矛盾地反對」之謂詞在同一對象
中爲可能。

　　依此，士密斯云：「時間之超越解析說明二事：（a）只有經
由時間之直覺，任何變之概念，及因之而有之運動之概念始可作
成；（b）因爲時間之直覺是一先驗直覺，所以運動通論中之先驗
綜和命題始可能。此兩點皆可轉而言之。關於（a），可如此反
陳：設不涉及時間，運動之概念必自相矛盾。關於（b），在一七
八六年，《自然科學之形上的第一原則》一書中，康德曾將『一般
運動學』之基本原則發展出。於一七八七年，乘《純理批判》第二
版之機會，他又重新如此陳述之。其函義是如此：運動論對於時間

之關係恰如幾何對於空間之關係。〔案：士密斯所述之函義不恰。蓋時間之超越解析使運動為可能，並非即謂運動學即是時間之學，如幾何之為空間之學然。〕康德在時間之超越解析中如此說，或是答覆 Garve 對於《純理批判》第一版所作之反對，即並無一種科學基於時間之直覺之反對。（萬興格如此暗示。）但有二理由可以衝破力學與時間及幾何與空間之類比：第一、運動概念是經驗的；第二、運動之預定空間與預定時間同。康德顯然在別處又捨棄『運動科學基於時間』之觀點。實則在《自然科學之形上的第一原則》中已如此表明出。在此書中，康氏曾指示：因時間只有一度，故數學不能應用於內感之現象。〔案：此句不明。〕就內感現象言，於所已述兩公理外〔案：即「時間只有一度」及「不同時間非共在而相續」兩公理〕，吾人至多能決定『一切變化是連續的』一律則，康德在其 *Uber Philosophie überhaupt* 一書（大約在一七八〇及一七九〇之間，很可能在一七八九），曾有以下之語句：『時間通論，與純空間論（幾何）不同，並不能為一整個科學供給充足之材料。』然則，在一七八七年《純理批判》第二版，康德何以又如此其不一致而遠離其自己之主張？關此，吾不能有答覆。」（《純理批判解》127頁至128頁。）

　　實則並無若何不一致。一、時間對於運動為必要，但不必為充足。二、時間使運動為可能，並非謂運動學即專論時間，或為時間之學。三、運動學之基本原則從時間模式而推出並無可疑。四、須知康德對於時間之效用極廣泛極重視，整個之「原則之分析」幾全以時間為論證之關鍵。關此無須多論。惟由以上所述觀之，時間之超越解析只使運動為可能，並未涉及算數學。普通解康德者，皆謂

算數學是時間之學，必基於時間而論之。力學與時間不能與「幾何
與空間」相類比，而算數學與時間可以與之相類比。然康德本人於
超越解析中又無一字提及算數學。然則時間眞不能形成任何科學
乎？士密斯由以上所述之「時間不能形成運動學」，復進而剝落
「時間對於算數學之關係」，以爲算數學決非時間之學，甚至亦並
不基於「時間之直覺」。此則頗須討論，未易遽斷。

　　康德於超越感性之範圍內，或感性之先驗形式即時空上，論數
學（廣義的），此爲不可疑之事實。即其論理解範疇時，亦云量質
兩類屬於數學者。此大頭腦，已經確定。然於上文所引關於時間之
超越解析，只涉及純力學（運動通論），而未涉及算數學。即當言
時空爲先驗形式，爲純直覺，亦常以空間與幾何之關係爲例以證
之，而從未舉及時間與算數學。試看下文：

　　　讓吾人先設定時間與空間自身是客觀的，而且是事物自身之
　　可能性之條件。吾人須知，關於時空兩者，吾人有許多先驗
　　必然而且綜和之命題。此點特別在空間上是如此。故吾人將
　　注意於此而論之。因爲幾何命題是先驗的綜和的，並且已知
　　其爲必然之確定，所以吾當問：汝於何時得到如此之命題？
　　理解在其努力得到如此絕對必然之眞理，而且普遍有效之眞
　　理，是依據在什麼物事上？依吾觀之，不過兩路：或經由概
　　念，或經由直覺。而此亦復或爲先驗，或爲後驗。如是後
　　驗，即作經驗概念看，以及自此等經驗概念所依據者言，再
　　作經驗直覺看，則無論概念或直覺決不能給吾人以任何綜和
　　之命題，除非也只是經驗者。（即所給者只是經驗命題，如

是綜和，亦是經驗綜和。）而亦正因此故，所以亦不能有一切幾何命題所具有之必然性及絕對普遍性。如是先驗，即：在先驗樣式中，或經由概念，或經由直覺。依是，如是經由概念，須知自只是概念上，只有分析知識可以得到，而無綜和知識可以得到。譬如，「兩條直線不能圍一空間」，若只有「兩條直線，無有圖形是可能者」。此兩命題，汝想望自「直線」及數目「兩」之概念中而引申出。或如：「設有三直線，一圖形是可能者。」此命題，汝亦想自「直線」及數目「三」之概念中而引申出。然而汝之想望俱是徒勞。如是，汝必然要歸到直覺。你給你自己以直覺中之對象。但是，此種直覺是何直覺？是純粹先驗直覺，抑是經驗直覺？如是經驗直覺，無有「普遍地有效」之命題能從其中生出，必然命題亦同樣不能，因為經驗從未有此。依是，你必須給你自己以直覺中之先驗對象，而汝之綜和命題即基於此。如果在你這主體中無先驗直覺力量之存在；如果主觀條件自其形式上說不能同時亦是普遍之先驗條件（只有在此條件下外部直覺之對象始可能）；如果對象（三角形）是某種在其自身之物事，對於你這主體無任何關係：則你如何能說：該必然存在於你這主體中而為構造一三角形之主觀條件者必須屬於該三角形自身乎？你決不能將任何新物事（圖形）加於你之概念上（三條直線之概念），而作為某種必須與該對象（三角形）相遇之物事；因為此個對象（依據此觀點），在汝之知識前即給予，而非因著知識始有之。依是，如果空間（時間亦然），不只是汝之直覺之形式，含有先驗之條件

（而且只有在此先驗條件下，事物始能爲汝之外面之對象，
而且若無此主觀條件，外面對象在其自身必一無所有），則
汝即不能對外面對象，在一先驗而綜和之樣式下，決定任何
物事。依是，空間與時間，作一切外部及内部經驗之必要條
件看，只是一切吾人直覺之主觀條件，而且在關聯到此等條
件中，一切對象因而只是現象，而非作爲物自身而給予：此
個思想不只是可能的或概然的，而且是不可爭辯地確定的。
因此之故，當關於現象之形式能有許多事物可以先驗地說之
時，則對於居於現象下之物自身即無任何可說者。（〈超越
感性之一般考察〉，第Ⅰ段中文。）

此一大段，目的在明：時空若存於物自身，則純數學知識不能
說明。但康德說：特別在空間上是如此，故此段單就空間與幾何之
關係而論之。並未涉及算數學與時間之關係。幾何是空間之學，此
爲已定者。康德所以特別就空間論，以及所以一論及時空之超越推
述或解析便喜以空間與幾何之關係爲例證，蓋因空間與幾何之關
係，對於其時空之主張之辨論比較爲顯明。空間爲歐氏空間，幾何
爲歐氏幾何，此皆爲有色者，爲有屈曲者，於說明空間之爲感性之
先驗形式比較分明而豁朗。假若歐氏空間與歐氏幾何眞爲唯一者，
則康氏之主張或可爲最可極成之主張，而其取此以證明空間爲先驗
形式亦可謂爲有力之理由。關此吾人已辨之於上。然無論如何，如
其康氏當時已認定「空間即是歐氏空間」「幾何即是歐氏幾何」，
則由之以明空間爲感性之形式，爲純直覺，並由其爲感性之形式或
純直覺以明歐氏幾何之必然確定性，即甚豁朗而易爲據。然而時間

與算數學之關係，則並無此豁朗性與便利性。時間之為感性之先驗形式與「2＋2＝4」似乎並無顯明之關係，而「2＋2＝4」對於時間之為感性之先驗形式似亦不能有根據上之助成。一算數學命題豈待時間之為先驗形式而後然耶？時間之為先驗形式又豈待一算數學命題之說明為理由而極成其必然如此耶？吾人甚至尚可說：算數學與時間可謂全無關。既全無關，又何暇顧及其為先驗，抑為後驗，其為形式，或非形式？如兩者間無關係，即有關係，而無必然之關係，則康德之「時間之超越解析或推述」，於算數學方面即落空，或甚至可說全倒塌。（吾信是如此，且依吾之說，不但時間方面為如此，空間方面亦如此。）時空儘可為先驗形式，然不必能擔負數學知識之說明。然在實理上說，不能擔負，而不妨康德之哲學主張其能擔負。依是，時間與算數學無關係，或似乎無關係，而不妨康德以為其有關係。縱於例證時空之為先驗形式，算數學不及幾何之豁朗，因是康德常取幾何為例，不取算數為例，然此不過表示取例之有便與不便，並不能因而在邏輯上即謂時間與算數學無關係，或即謂算數學不就時間論，或謂算數學不基於時間之直覺。康德將全部純數學知識皆基於時間與空間之直覺上，而算數學是純數學之一支，其純亦並不亞於幾何，更不亞於力學，自當隸屬於此一定之範圍內而不能逃，而康德亦實未將其提出於此範圍外單獨而論之。而且康德雖於前所引之各段文字未涉及算數學與時間之關係，然而並非全無此種關係之表明。關此士密斯亦知之。以下吾願取士密斯之引證與討論為根據以明此問題之究竟。

　　士密斯云：「在 *Dissertation* 中，又在《純理批判‧論規模》一章中，康德又提示另一觀點，即：算數學亦論及時間之直覺。

Dissertation 中有以下一段話：

> 純數學在幾何中論空間，在純力學中論時間。然對此復須加
> 上一概念。此所需要增加之概念其自身純是理智者，然對其
> 具體實現言，則又要求時間空間此等輔助之概念（即連續增
> 加中之時間及眾多之鄰接中之空間）。此所增加之概念即是
> 算數學中所論之數目。（A）

此個關於算數學之觀點，在兩版《純理批判》中皆可發見。算數學
依於理解之綜和活動；概念之成分乃絕對重要者。《純理批判》則
又有如下之語句：

> 吾人之計數是一種依照概念之綜和（此在較大之數尤顯
> 然），因為它是依照一種統一之公共根據而施行，譬如依
> 照十進數。憑藉此種概念，雜多之綜和統一始成為必然
> 者。（〈理解之純粹概念或範疇〉）（B）
> 一般感覺之一切對象之純圖像是時間。但是量範疇之純規
> 模則是數。數是一種結合『齊同單位――連續增加』之表
> 象。依是，數目不過是一般齊同直覺中之雜多之綜和統
> 一，――此統一即是由於吾在直覺之領納中產生時間自身
> 一事實而成之統一。（〈規模章〉）（C）

超越方法學中亦有相同之表示。不過吾可看出，此等文字中無有一
段足以表示算數學是『時間之科學』，或甚至是基於『時間之直

覺』。但是，在一七八三年，《形上學序論》中，康德又在極含混之字句中表示其自己，因其言辭函有幾何與算數間之平行論。其辭如下：

> 幾何是基於空間之純直覺。算數學則經由時間中單位之連續增加而產生其數目之概念；而純力學則又『特別』是只有因時間之表象始能產生其運動之概念。（§10。）（D）

此段話並不顯明。『特別』一詞在康德似乎指示「他所給予算數學之描述並不真正滿意」。〔案：此實深文周納，並無道理。〕不幸，此種偶然不慎之陳述，雖然康德在其任何其他著述中未再重複，然而卻為舒爾慈（Johann Schultz）在其康德教授《純理批判略解》一書中所發展：

> 因為幾何有空間作其對象，算數學有計數作其對象（而計數只有因時間才可能），所以顯然可知幾何與算數學，即純數學，在何種樣式下才是可能的。

大體言之，自舒爾慈後，此個觀點變為對於康德主張之通行之解析。算數學之本性，如此解析之，又為叔本華所擴大。其辭如下：

> 在時間內，每一瞬皆為其前者所制約。依是，存在之根據，如承續律，實最簡單。因為時間只有一度，而且不能有關係之複多可能於其中。每一瞬皆為其前者所制約；所以只有經

由在前之瞬，始可以得到在後之瞬；只有因為在前之瞬已逝或剛逝，在後之瞬始存在。一切計數是基於時間部分之此種結聚；計數之言詞只是用以標識該連續中簡單之步位。此即是算數學之全部。此門學問，除其計數上方法之簡約外，徹頭徹尾一無所說。每一數預定在其前之數為其存在之根據；我只有因經由一切在前之數而達到之（即任何數），而且亦只有因見到其存在之根據，故當有十個數時，吾始知亦曾有八、六、四級等數。

可是舒爾慈又即刻指出：此不真是康氏義，而其所說之一段話，如上文所引者，乃是康德『數之規模』之界說。〔案：**此語有誤。康德只云量之規模是數，並未云數之規模。**〕……然則，在數目之領納中產生時間，康德此語究是何意？豈真意謂：在計數歷程上時間乃必要者乎？計數是一歷程，經由此歷程，數目關係可以被發見。計數亦無疑要佔有時間。但是須知一切領納歷程皆是如此，在幾何之研究中亦是如此，不獨算數學為然也。是以以上所述決非康氏意，甚至亦非舒爾慈所欲執持者（縱然其顯明之陳述似乎是如此），此事實可由一七八八年十一月康德給舒爾慈之信而表明。信中之表明，舒爾慈曾說及之：

時間，如你所說，在數之特性上並無影響（數目作純粹之決定看）；它可以在量之變化之本性上有影響；此種之變化只有與內感之特殊特性及內感之形式（即時間）相連結始可能。縱然承續是每一量之構造所要求者，然而數之科學總是

一純粹理智之綜和，此個綜和吾人在思想中表象給自己。但是，當量是數目地被決定，則即必須在以下路數中而給予，即：吾人能在承續之秩序中領納關於此等量之直覺，因而關於此等量之領納亦必附從於時間。……

是以在算數學中，與在其他學問範圍內同，雖然吾人之領納歷程附從於時間，然而為算數學所決定之量之關係卻是獨立不依於時間，而實是理智地被領納。」（以上參看士密斯《純理批判解》128頁至131頁）。

以上士密斯陳述康德於正面亦主張算數學與時間之關係。後則指出從時間論算數並非康德意。並云於所引康德各段文字中如 A，B，C 各段，無一足以證明算數學是「時間之科學」，或甚至基於「時間之直覺」。而 D 段（即所引《序論》中之一段），則士密斯又謂其為偶然不慎之陳述。關此，吾暫不作斷案，先作以下之分解：

1.所謂算數學是「時間之學」，不如說算數學「就時間論或立」。幾何學是空間之學，但不能說算數學是時間之學。第一、空間有屈曲，有內容；而時間無屈曲，無內容。第二、以空間有屈曲有內容，故可以研究之，而成一關於空間之學問；然而時間則既無屈曲之內容，吾人不能說研究時間而成一關於時間之學問，即成一算數學。吾人固可研究時間，說明時間，譬如本章即於空間外說明時間，研究時間，然不能說本章是算數學。雖不能說是時間之學，但可以說就時間論或立。就時間論或立即是說就純時間自己以定數或立數。數既經定訖或立訖，則算數學即是關於數之學問。是以就

時間論或立，是「算數學原理或哲學」之事也。是以自邏輯上言之，研究算數學原理者，就時間以定數或立數乃一可能之理論，此恰如就「類」以定數或立數亦爲一可能之理論。如其康德謂算數學是時間之學，吾意當指此義言。以康德之明智當不至謂其爲研究時間也。

　　2.吾人亦不當說純力學是研究時間之學。時間使運動之表象爲可能。時間爲先驗形式，故其超越解析，應用於實際經驗事實上，即首先可以使運動變化爲可能。運動可能，始能研究運動，因而成就關於運動之學問，是即是純力學。是以力學研究運動，而非研究時間。縱然時間爲運動之基本條件，因而形成運動之最基本之原則，而仍不能謂力學爲時間之學也。蓋運動需時間爲其條件，豈不亦需空間爲其必要條件乎？譬如希臘原子論者之論運動即以空間爲主也。吾人將見如其以力學爲時間之學，不如以算數學爲「時間之學」爲更切近而有義蘊也。蓋時間自身無屈曲之內容，而算數學除只是演算數之關係外，亦無其他可說者，是以如其一旦就時間以定數，則全部算數學即圓滿而成立，自足而無待。然而純力學則必須於時間外研究運動之屈曲，此運動之屈曲非只就時間自身所能定出者（縱然時間使運動爲可能）。復次算數學爲純粹先驗之學問，而力學，無論如何純，總不免有經驗之成分：以其總屬於物質之現象，而算數學則可以爲純形式之學問，而完全不涉實際之存在。依此而言，純就時間自身論算數學，可以滿足算數學之純先驗性及純形式性，然而徒有此卻不能成就力學也。吾人可如此說：時間之超越解析，就其自身之爲純形式而定數，因而成就算數學；就其應用於實際之現象，使運動變化爲可能，因而成就純力學。然而康德對

於時間之超越解析，卻只提及運動與變化，而未提及算數學：此實是一漏洞。時間與運動變化之關係甚顯明，而與算數學不顯明。正以其不顯明，始需有解析。然而康德於此不顯明而又極重要之關頭，反默然無一言，此豈非一大漏洞乎？如不能說明之，豈不衝破其「以時空綜攝一切數學知識」之大前提？此實是一重要之關頭：將牽連康德關於時空之超越解析之全部。

3.依第一條，說算數學是時間之學，吾人已明其並非研究時間。現在吾人尚須指明：說算數學是時間之學，亦並非謂算數學中之數是在現實的時間中，數當然無時間性，數之關係即一算數學命題亦當然無時間性。復次，計數歷程固需時間歷程，然一切實際動作皆是如此，說算數學是時間之學豈是此意耶？決不然矣。即使康德真主張算數學是時間之學，何至如此稚氣？實際計數「數」，並非說明「數」。算數學是時間之學並非指「計數『數』占有時間」言。上引康德四段話中（即 ABCD 四段），無有表示此意者。康德於 B 段說「計數是一種依照概念之綜和」，此云計數實在說明「綜和」。譬如「七加五等於十二」，康德即明其是一種「直覺之綜和」，是綜和，而綜和必須求助於直覺圖像（或具體圖像或視覺圖像）。設七為已定，吾人必須將五表象於具體圖像中（或五指或五點），然後將此表象於具體圖像中之五個單位一一連續加之於「七」上。此即康德所說求助於直覺之綜和，亦即所謂「計數是依照概念之綜和」中之「計數」。此旨在說算數命題為綜和者，非分析者。非在明吾人之計數占有時間因而算數學是時間之學也。所謂具體圖像不必五個指或五個點，即指五個時間單位言，吾人亦非謂計數此五時間單位占有時間歷程，因而謂算數學是時間之學也。如

指五個時間單位言，吾人可明「算數學是時間之學」之眞義。時間
爲先驗形式，爲純直覺，其中之純雜多即時間單位，吾人可就此定
數或立數，乃至就此以明算數命題即數之關係式。此即「時間之
學」之確義，因而亦即等於「就時間論數或立數」。所謂「基於時
間之直覺」亦當如此解。依是，舒爾慈所謂「算數學有計數作其對
象，而計數只有因時間始可能」，此語實模糊而不情，至少亦非康
氏義之確解。若如士密斯之說明，謂計數數或領納數佔有時間，則
全成無謂矣。康德義何至如此無聊耶？（所引叔本華一段文較妥
貼。讀者細會便知。）

　　4.依是，「就時間論數或立數」與「數是理智的」，此兩義不
相衝突。「是理智的」並不妨礙其「就時間論」，亦不能衝破其爲
「時間之學」。此義甚重要。士密斯之辨論幾全以「算數學是理智
的」爲其「提出算數學於時間之外」之理由。吾意其並無是處。

　　5.依是上引 C 段中「量範疇之規模是數，數是一種結合『齊
同單位——連續增加』之表象。數目不過是一般齊同直覺中之雜多
之綜和統一」。以及 D 段中「算數學則經由時間中單位之連續增
加而產生其數目之概念」。凡此，吾人皆可視之爲康德對於「數」
所下之定義，而如此所定之數卻就是「就時間論或立」。然則，C
段中末句即：「此統一即由於吾在直覺之領納中產生時間自身一事
實而成之統一」一句如何解？此中「產生」一詞實即「重現」義。
時間爲先驗形式，吾人就時間中之純雜多時間單位綜和而成數，同
時亦即是重現一段時間之綜和。就時間自身言，此即純直覺與純雜
多之關係。明乎此，則該句無難矣。

　　6.上引康德文 A 段中：「數目自身純是理智者，然對其具體

實現言，則又要求時間空間此等輔助之概念」。此語作何解？此亦是重要關鍵之所在。士密斯握住「純是理智者」之一義，而謂算數學非時間之學，甚至亦不基於時間之直覺。如果純是理智者之數目要求時間空間爲其具體實現之所在，則此語指兩層言。數目可以實現於時間甚至空間中，而數目卻不必就時間論。如是，成就或規定數目自身必屬於另一範圍，而旣經成就再須時空爲其具體實現之所在，則又屬別一範圍。如是，時間（甚至空間），只是數目系列之具體表示，而並非成就或規定數目之所在。如是，算數學可以完全獨立不依於時間；依是，又必完全提出於超越感性之外：此則與康德所已確定之範圍全相違，吾人不能謂全部數學知識皆自超越感性上而論之：此將是對於康德系統之一嚴重之衝破。復次，成就或規定數屬於另一範圍，試問是何範圍？依何定之？如何成就之？謂其爲「理智的」並不能指示一「依何定之」之確實範圍，亦復不能視爲一定義。「理智的」不過是一特性，不能視爲一定義。

　　依是。此範圍尚是一空虛：康德未曾進於此而確定之，亦從未想另闢一範圍而明數；而士密斯亦從未意識及：如與時間無關，則在康德系統內，將如何而定數。依是，算數學成爲一無歸宿無著落之遊魂。吾固非主張算數學必就時間論。然在康德系統內，如不就此論，將依何而論之？汝試替康氏一思之。康德雖屢明空間與幾何之關係，而未細細表明時間與算數學之關係，然而亦常略有所道及（如上引康氏文 CD 兩段），亦曾決定以「超越感性論」籠罩一切數學之知識；然而卻無一語道及算數學可以屬於另一不同之範圍，亦從未想爲算數學另闢一新範圍以明之。依是，兩者相權，吾仍主張康氏實以算數學屬於超越感性論（此是大範圍），亦實必視算數

學爲時間之學，就時間論，基於時間之直覺。縱然康德於此無甚顯明之說明，而吾人如此論（且可以代康德弄顯明），則可以使之與其系統相融洽。依是，數目雖是理智的，而與「就時間論或立」並不相衝突。而所謂「數目自身純是理智者，而對其具體實現言，則又要求時間空間此等輔助之概念」，此語吾人可不視之爲兩層。「具體實現」，可視爲就時間而成就之或規定之：實現之即是就時間而直覺地構造之。否則，何必要求時間與空間？如爲兩層，則數目豈必實現於時間與空間？豈不可以實現於個體與類名？如康德說此語時不必眞如此，則吾人須知此段本是康德早期之文字。若以《純理批判》及《序論》爲標準，則吾人可定康氏之主張必如此。

7.如果「純是理智者之數目」與其「要求時間空間爲其具體之實現」爲一層，則算數學既爲時間之學即就時間論，何以又必要求於空間？此豈非空間對於算數學之重要並不亞於時間耶？此實比較麻煩之問題，蓋因康德本人對於算數學與時間之關係即無確切顯明之說明。正因其不確切不顯明，康德留下一漏洞，而此漏洞卻足以衝破其「超越感性論」之藩籬。關此吾人可作以下之說明：（a）雖亦需要空間，而時間仍爲必須；（b）即使只是時間，亦並無不足處，即只就時間論亦可以即必須又充足；（c）因爲算數學只是數量之關係，而對於數量之決定與構成，時間雖可以既必須又充足，而不必限之於時間；（d）然而無論或「時間或空間」，或「時間與空間」，要皆仍屬於超越感性之範圍：空間本與時間不必有嚴格之分離，而如將空間亦納之於其中，則吾人此時即只注意空間之部分，因而成量度，而不注意其圖形，依是，權而言之，說算數學是時間之學仍無礙：總之，吾所注意者，如此而論之，可以不

離超越感性之範圍（理智在此範圍中進行並無礙，從直覺到概念，從概念到直覺，康德固未偏廢也，然必定在同一範圍中），只是時間或帶空間，則固不相干也。（康德或即是此態度，其所以不確切不顯明或亦正因其於此不必要確切，不必要顯明，然而大範圍則康德卻已確切而顯明，是以吾人不能因其是理智者，即提出之於時空範圍外。）然而即使如此解，亦不能保證康德關於時間之超越解析之應用於算數學之必然性。最後之問題只在此，決定吾之時空論，數學論，以及全部系統與康德不同者亦在此。依是，關此問題，康德實可陷於以下之二難：

A・如果純是理智者之數目與其具體實現為同層，亦不能保證時間之「超越解析或推述」應用於算數學方面之必然。

B・如果純是理智者之數目與其具體實現為異層，則不但不能保證，甚至整個推翻「時間之超越解析或推述」之應用於算數學。

康德無論取 A 端或 B 端，皆足以影響其「超越感性論」之真確性。士密斯之疏解向 B 端趨，然彼未曾知此於康德之系統主張之影響尤其惡劣也。且引其言於下（直接上引士密斯文）：

「但是，如果以上關於康德主張之心理學解析不成立，則其主張將如何規定之？吾人必須謹記於心中，即康德在前批判期所發展之數學主張是如此：數學知識之不同於哲學知識是在其概念能有一具體的個體形式。在《純理批判》則表示此差別於以下之陳述：只有數學科學始能其自己構造其概念。而當數學是純粹數學科學，此種構造須因空間及時間中之先驗雜多而成立。然而現在雖然康德對於其心目中所意謂之空間中幾何圖形之構造有十分確定之觀念，而對於算數學及代數之構造之本性，自其處處所表現之口氣而觀之，

似乎從未想達到任何準確之觀點。從上面所已引 *Dissertation* 中之一段文而斷之，可知康德視空間對於數目之構造或直覺其必要並不亞於時間。理智之數目概念於其具體實現上要求時間與空間此兩輔助之概念。與此相似之觀點又出現於《純理批判》A 版140＝B 版179，及 B 版15諸處。但是，因為想與其規模之一般需要相契合，康德遂於規定數目之規模時專涉及於時間；而且正因此規定，舒爾慈遂主算數學是計數之科學因而亦是時間之科學。吾人可看出，此個規定至少指示康德已覺察算數學與時間之間有某種連結之形式存在於其中。但是，即照此點言，康氏如此主張或許亦只是從其數學科學之本性之一般觀點，尤其是從其幾何之觀點（幾何是一切其他數學科學之佳例），而得來之一推論。數學科學，自其本性言之，是基於直覺，算數學是其一支，所以亦必基於直覺。但是，算數學所據以為源泉之直覺之本性，康德從未想規定之。吾人予以同情之解析，可說：康德之陳述可以視為暗示以下之事實即：算學是『系列』之研究，而系列可以於承續時間之秩序中尋得具體之表示。」

案：此末句所謂同情之解析，實含有危險。此屬於上列二難中之一端。士密斯復繼續引伽西爾（Cassirer）一段話，中有：

「……須知康德只是討論時間概念之超越的決定，依此決定，時間表現為一有秩序的承續之典型。罕米爾頓曾採取康德之主張，規定代數為『純時間或進級中之秩序之科學』。算學概念之整個內容能從『不破裂之發展中之秩序』一基本概念而得到，此事實完全為羅素之解析所確定。是人當反對康德學說時，吾人必須注意以下之事實：並非時間直覺之『具體』形式形成數目概念之根據，反之，純粹邏輯之承續概念及秩序概念實早已隱藏於而且具形於該

『具體形式』中。」

加西爾此解亦屬於上列二難中之 B 端。士密斯復有一綜結如下：

「茲綜結以上之討論。雖然康德在純理批判第一版已說及數學科學基於時間與空間之直覺，然而並未將任何分離之數學訓練單基於時間上。規模論章，所作之數目定義，可以認為算學之概念性，而其與時間相連結則只在間接之樣式中。《序論》中之一段是康德著作中唯一的一段似乎主張算學與時間之關係恰如幾何對於空間之關係，然而其言詞亦極簡單而不確定。此種算學觀點，在純理批判第二版中，決找不出。時間之超越解析，第二版所增加者，只提及純力學，而未提及算數學。此足示康德《序論》中之陳述乃措辭之不慎。若再加反省，康氏可以見出其自己決不能如此論算學。……算數學是概念之科學；雖然在有秩序之承續中，可以尋得其直覺之質料，然而並不能因此即規定算數學為時間之科學。」（以上所引共三段，參看《純理批判解》131頁至134頁）。

士密斯與伽西爾俱想援引現代之數學思想以解康德。如以為此是解析康德之思想，吾不同意此解析；如以為此是批評康德之缺點，則此解析與康德之思想相刺謬。二人俱有以下之謬見：

1.以為一說算數學是時間之學，便以為是計數歷程中有時間之流逝，便以為是心理學之解析。須知此甚無謂，康德決不如此幼稚。

2.復以為因算數學是理智之科學，概念之科學，故非時間之學，因而與時間全不相干：其所以不相干乃因其不相容，其所以不相容乃因其視時間為心理學之解析。然依吾而觀之，則以為所謂時

間之學乃是指自超越感性以明數學言，即自時空之爲先驗形式以明數學言。復次，吾人復以爲「是理智之科學或概念之科學」與「就時間論數或立數」並不相衝突。康德亦並非不知其是理智者，是概念者。自超越感性與超越分析而言之，此是「從直覺到概念」與「從概念到直覺」之關係之問題。自直覺與概念而言之，此是綜和與分析之關係之問題。兩者何以必不相容耶？「是理智之科學」豈是以爲提出於時間以外之理由乎？超越感性以及其中之超越解析乃先驗而必然之數學知識之所以可能之原理，此必須注意者。然而士密斯等人不能記住此大頭腦。所以因此二謬見，遂以爲：

3.算數學是純粹邏輯之承續概念或秩序概念之學，而此只能實現於時間空間中，或只能於時間空間中找得具體之表示，而並非時間直覺之具體形式形成數目概念之根據。

吾人所注意者即此第三點，因其是最後關頭之所在。如誠如此，則算數學即不在超越感性中，而其中之超越解析或推述亦不能負責說明算數學知識之先驗而必然。此則與康德思想大相違。算數學只於時空中得到具體之表示，則算數學本身之成立必別有所在，必可以純理智地純邏輯地成立之。伽西爾即已提及羅素矣。康德並未進至此，羅素特就此而興起。然則汝等欲使康德舍棄其自己之立場而歸於羅素乎？抑歸於希爾伯之形式主義乎？吾意決不可以如此也。

然而如歸於吾之解析，即上列二難中之 A 端，則誠可以維持康德之立場，然亦不能成就超越解析之必然性。吾人雖可以就時間論數或立數，然爲先驗形式之時間卻似與算數命題之必然確定性並無若何關係（不必說必然關係）。而算數命題之必然確定性之說明

亦不必依賴時間必為先驗之形式。依是，時間之超越解析，於算數學方面之應用，可謂全無著落者。是即示算數學可謂全跳出超越解析所確定之範圍以外矣。時間太無色，算數學亦無色：雙方皆無色，乃不能建立若何之關係。康德所以只提及力學，而不提及算數學，或即以此乎？其所以雅言幾何與空間，而不解算數與時間，亦或即以此乎？吾人雖可以直覺之綜和明算學命題，然與先驗形式之時間無必然之關係也。其所綜和之數目雖可以就時間立，然不必就時間立，任何其他可以說量者皆可由之以立數。縱皆可由之以立數，而於算數命題之必然確定性又皆不能由之以說明：可以就時間立，而時間自身不能說明之；可以就任何他處立，而任何他處亦不能說明之。假若康德所說之直覺綜和足以說明之，而直覺綜和非時間，亦非任何其他處。而何況徒是直覺綜和亦未必能明之。如是，如此等任何處皆不能說明算數命題之必然，則必有可以說明者。如有可以說明者，則算數學即不在此等任何處。雖可於此等任何處找得具體之表示，而儘可不必自此等任何處以明算數學。縱然自此等任何處可以成立數，則亦不過自此等任何處找得算數學所運算之符號；然如算數學不能由此等任何處以明之，則其所運算之符號亦不必自此等任何處而取得。如是，此等任何處只可視為算數學之具體表示處，具體實現處，而算數學自身之成立與說明則必不能自其具體表示處而成立而說明：蓋一言具體表示，彼自身即早已成立也。依是，康德超越感性論所畫之範圍，超越解析所負之責任，於算數學留一大漏洞。即於算數學方面全倒塌。復次，康德雖雅言幾何與空間之關係，然如吾上文論空間與幾何時，已將康德所欲建立之關係全打斷，則其於空間方面之超越解析亦倒塌。如此而倒塌，則康

德之全部超越感性論必改觀，而其中全部超越解析必廢棄。

　　吾前已言之，吾非謂算數學必就時間論，然在康德之系統則似乎必應就時間論。士密斯與伽西爾之觀點乃吾所欲極成者。然須知：此觀點與康德之立場相刺謬，是以決不應視爲此即是康德之立場，亦不應以此作爲對於康德之修補或圓滿，以根本遠離康德之立場故。復次，士密斯與伽西爾之觀點亦非輕易事，吾人必須對之有清晰之概念，必須切實作成之，決非說其是理智者即已足。康德本人未能進至此，而依照其超越感性論，他亦不能進至此：進至此便衝破其超越感性論。康德如於此有憧憬，一經愼審思維，他必能另闢一新天地，而必不是超越感性所確定之範圍。然而康德仍是執持其超越感性論。所以他未能進至此。此是重要關頭。士密斯等人卻於此無所覺。士密斯等謂數目是理智者，而只於時間尋得具體之表示。吾意其對此並無確切之概念，亦未意識及此與康德思想不相容，更遑論其能切實作成之？意識及之，而又能切實作之者，爲羅素。康德留下一漏洞，因而天然留一工作給羅素。然羅素雖能意識及，而又能切實作成之，然未必能如理。「數學歸於邏輯」，即是康德所留給羅素之工作之標識。然此標識，羅素並未能眞正滿足之。算數學固不必就時間論，然亦不必就「類」而論之。如果算數學只能於時間尋得具體之表示，因而謂算數學本不就時間論，則亦可說算數學亦只是於類上尋得具體之表示，因而亦不必就類與關係而定之如羅素之所作。如果時間與類及關係（羅素系統中者）俱只是算數學之具體表示處，則即表示算數學本身之成立決不在此等處，就此等處之任何處而論之皆無必然性，是即明算數學決不能於其所具體表示處而論之。然而羅素卻亦不能免乎此弊竇。是以吾

云：「雖能切實作成之，而未必能如理。」依是，此正另須進一步之極成。康德天然留一工作給羅素，而羅素天然留一工作給本書。此恰是一辯證之發展。

「算數學是理智之科學」，此義如切實作成之，必須跳出超越感性之範圍而另闢一新天地。吾人已明康德在理論上並不能進至此。然而吾人若歸於其超越感性論，則以其於時間與算數學之關係處留下一漏洞，此即函此漏洞本身必然衝破其超越感性論，依是又必歸於另一新天地。如必歸於一新天地，則超越感性論中關於時空之超越解析甚至關於時空之形上解析必全部要改觀。本書時空之主張即應此改變而立也。時間之超越解析因算數學方面之漏洞而破壞；空間之超越解析，雖與幾何有明確之關係，然此關係並不能成立，即以此故，空間之超越解析亦破壞。依是，康德所欲以時空之超越解析說明一切數學知識者，結果乃全不能說明之。依是，時空之超越解析乃至超越決定所能作成者是何事，吾人必須進一步確定之。

第三節　數量範疇與「時間與算數學」以及與「空間與幾何學」之關係

關此問題，吾人集中於「從直覺到概念」與「從概念到直覺」而論之。在純理批判中，超越感性論是「從直覺到概念」，超越分析論（可限於原則之分析即純粹理解之原則），是「從概念到直覺」。康德依此兩歷程說明一切數學知識之全貌。惟吾人前曾表示，此說明數學之兩歷程並非指示兩個不同之範圍，實是同一範圍中之兩來往。至康德於陳述中之不確定，且有時形成不同範圍之誤

引，亦不能衝破其於邏輯一貫上必爲同一範圍也。康德就感性之先驗形式（時間與空間）說明一切數學知識。設此範圍爲已定而不可移，吾人可由此先看「從直覺到概念」。

　　1.時空俱爲感覺之先驗形式，爲純直覺。此言純直覺，指時空本身之先驗表象言。然時間無有屈曲之內容，而空間則有屈曲之內容，以康德言空間必爲歐氏空間故。是以於超越解析，時間則只提及使變化運動爲可能，而無法言及算數學，至於空間，則必謂其爲先驗形式，爲純直覺，而後始能明歐氏空間之必然性，以及隨歐氏空間而來之歐氏幾何命題之必然性。依是，自數學知識而言之，此言純直覺，亦於幾何方面有確定之關係，而於算數學，則不但無確定之關係，甚且根本無關係。此康德之所以常提幾何學，而不提算數學也。如果時間與算數學根本無關係（即無超越解析所欲建立之關係），則決非「不便於舉例」而已也。然而康德卻欲於「時空之爲先驗形式」上說明一切數學知識之必然性。

　　2.數學命題是直覺者。此言直覺指「直覺之綜和」言。直覺之綜和明其並非概念之分解。此「直覺綜和」義，於算數學及幾何學皆應用。然幾何學既只爲歐氏幾何，故必通於唯一之歐氏空間，是則此「直覺綜和」，應用於幾何，必與空間發生必然之連結，然而應用於算數學，則卻與時間無關係：吾人謂「七加五等於十二」是直覺綜和之命題，不必根據於時間而始謂其必如此。依是，自數學知識而言之，此直覺義亦指示空間與幾何之關係爲特顯，而於「時間與算數學」則又不能指示矣。

　　3.時空爲先驗形式，爲純直覺，非概念，而概念之時空，即種種不同時空，則經由限制之決定而成立。此言概念指時空部分言，

此即康德所論之純雜多。此概念義通於時間與空間，亦無幾何與算數之差別。然此有二義必須注意：a·此種概念之時空必隸屬於純直覺之時空，即純雜多必隸屬於純直覺。b·此種概念之時空經由限制之決定而成立，若所謂決定必經由數量範疇而決定，則此概念之時空雖由數量範疇而來，然與數量範疇之為概念卻不同。

　　4.數學命題必依直覺綜和而說明，概念分解只就其已形成而陳列之，要不能作為說明數學命題之原則。是以概念必隸屬於直覺，分析必隸屬於綜和。此言概念亦通幾何與算數，然與數量範疇之為概念亦不同。且兩者亦無若何之關係，故與上條所述者亦有別。蓋上條言部分時空必經由「依照數量範疇而作決定」而始然。然此言概念分解則似與數量範疇並無若何關係也。

　　以上四義，依1與2，吾人可知：

　　一、從直覺到概念，超越感性中之超越解析，於數學知識，只適宜於幾何，不適宜於算數。

　　依3與4，則知：

　　二、從直覺到概念，此中之概念只於部分時空方面與數量範疇有關，而於幾何與算數命題之概念分解方面，則與數量範疇無關。

　　此兩結果甚重要。若「從概念到直覺」，則可得相反之情形。吾人暫列如下：

　　Ⅰ·從概念到直覺，超越分析（原則之分析）中之超越決定（先驗決定），對於數學知識之說明，只適宜於算數，而不適宜於幾何。

　　Ⅱ·從概念到直覺，以經由數量範疇而作超越決定（即決定廣度之量），此中之直覺，亦只於數量方面而與算數學有關，然不於

「空間形」方面與幾何學有關。

此兩情形與上兩情形兩兩相反。若兩相對照，吾人可決定「時空之超越解析乃至超越決定所能作成者是何事」一問題。茲依「從概念到直覺」之歷程，說明如下。

康德云：「但復有若干純粹先驗原則，吾人並不能歸於純理解，因理解是『概念之能』故。此等原則雖為理解所媒介，然並不自純粹概念而引出，卻自純粹直覺而引出。此種原則即是數學中之原則。然雖自純直覺而引出，然當論及其應用於經驗，即論及其客觀有效性，甚至論及此種先驗綜和知識之可能性之推述，則吾人必須回至純理解。是以此處雖暫置數學原則而不論，然所論者卻是數學之可能性及先驗客觀有效性所根據於其上之『更根本之原則』。此等更根本之原則必須視為一切數學原則之基礎。此是從概念到直覺，而不是從直覺到概念。」（《純理批判·純粹理解之一切綜和原則之系統表象》，士密斯譯本頁195。）

此段中所言「從純直覺中而引出之數學原則」當即是「從直覺到概念」一方面所論者，亦即超越感性中之立場。然當回至純理解以論此等數學原則之應用於經驗以及其客觀有效性等，則即是「從概念到直覺」，亦即是超越分析中（原則之分析）之立場。此步工作即是康德所謂必須涉及「數學之可能性及先驗客觀有效性所根據於其上之更根本之原則」。「此等更根本之原則必須視為一切數學原則之基礎」。所謂「從概念到直覺」既即是「超越分析」中之立場，則自大義言之，亦即是「原則之分析」，而原則之分析即在明綜和判斷之最高原則：此原則不外謂「知識可能之條件即知識對象可能之條件」，所謂「條件」即指理解範疇（或概念）言。是則由

此最高之原則進而為原則之分析，其主要目的即在明範疇如何應用
於經驗或現象。範疇有四目，原則之分析亦隨此四目而為四目，此
為原則之系統表象。是以「從概念到直覺」，切實言之，即為由一
原則以明時空之超越決定，由此決定而成量度，以備量範疇之應
用，應用於現象。由此量度之決定，以及量範疇之應用（此皆概念
中事，所謂必須回至純理解），吾人可進而形成數學中之命題，故
曰從概念到直覺，又曰此處所論者是數學之更根本之原則，此更根
本之原則又為一切數學原則之基礎。關此吾人可只以相應於量範疇
之直覺公理（其原則是：一切直覺皆有廣度之量）而明之。且引康
德語如下：

　　當部分量之表象使全體量之表象為可能，而且先於全體量之
　　表象，則吾名此量曰廣度之量。我不能將一條線，無論如何
　　短，表象給自己而不在思想中引出之，此即說：吾必須在思
　　想中從一點起將其一切部分逐一產生之而成就此條線。
　　〔案：此即成一有限廣度量。〕只有如此，直覺始能被得
　　到。在一切時間上，無論如何小，亦是如此。在時間上，吾
　　人只如此想：從一片時到另一片時之連續前進，藉此連續前
　　進，經由時間之部分及其增加，則一決定時間量度即可被產
　　生。〔案：此亦是一有限之廣度量。〕因為在一切現象中，
　　純直覺之原素或是空間或是時間，所以每一現象，自其為一
　　直覺而觀之，皆是一廣度量。只有在關於量之領納歷程中，
　　經由從部分到部分之連續綜和，一個量度始能被決定。依
　　是，一切是當作一集和而被直覺，當作已成之先在部分之複

合而被直覺。此並非言每種量度皆是如此，但只是在廣度之樣式下而為吾人所表象所領納之量度是如此。

空間之數學（即幾何）是基於在圖形之產生中創生想像之連續綜和上。此即是公理之基礎。公理乃為感觸的先驗直覺之條件。只有在此條件下，一關於外部現象之純粹概念之規模始成立。譬如：兩點間只有一條直線為可能，又如：兩條直線不能圍成一空間。凡此皆是公理，而此等公理，嚴格言之，只是關涉於量度之自己。

……關於數目關係之命題誠是綜和者。然一般言之，卻不似幾何中之命題，所以亦不能名之為公理，但只是數目之公式。「七加五等於十二」不是一分析命題。因為無論在七之表象中，或五之表象中，或七與五兩者之結合之表象中，皆不能使吾想及數十二。（兩數相加，自然必須得十二。但此並非此處之問題。因為在分析命題中，問題只是：是否我能實際地想「謂詞即在主詞之表象中」。）但是，雖然此命題是綜和者，卻也只是單一者。吾人現在所論者只在齊同單位之綜和，而此綜和只能在唯一路數中發生，雖是此等數目之應用須是一般者。如果我主張：經由三條線，其中兩者相加大於第三線，因而能描畫成一個三角形，則我只是表示創生想像之機能，藉此創生之想像，該三線可以引畫為較長或較短，因而能使其在任何及每一可能角度中相交遇。可是，另一方面，數目七只有在一條路而可能。數目十二，當其由七與五之綜和而產生時，亦是如此。所以此等命題必不可以名之為公理，因為如其如此，必有無窮數之公理，所以但只可

以説是數目之公式。

此種「現象之數學」之超越原則大能擴大吾人之先驗知識。因爲只有此等超越原則始能使純數學應用於經驗之對象。如無此等原則，此種應用必不能是自明者；而關於此方面實亦有許多思想上之混擾。現象不是物自身。經驗直覺只有因空間與時間之純直覺而可能。是以，凡幾何在純直覺方面所主斷者在經驗直覺方面亦必絕對爲有效。或反對説：感覺對象未見能與「空間中的構造」之規律，譬如線或角之無窮分割之規律，相契合。此皆無謂之反對，必須捨棄。否則，吾人必反對空間之客觀有效性，結果亦必否決一切數學之客觀有效性，而數學爲何以及如何能應用於現象亦必不可解。部分空間及時間之綜和，即一切直覺之基要形式之綜和，即是使現象之領納爲可能，因而結果亦使每一外部經驗及一切關於「此種外部經驗之對象」之知識爲可能。純粹數學在關於「領納之形式」之綜和方面所建立者在所領納之對象方面亦必然爲有效……。

對此段所述者，吾人再引別處一段以相發明：

一個三角形之可能性似乎很可以單從其概念自身而知之（其概念亦確是不依於經驗），因爲事實上，吾人實能完全先驗地給予以對象，此即是說，能完全先驗地構造之。但是，因爲此概念只是一對象之形式，所以亦必只是一想像之成果，而關於此概念之對象之可能性，必仍是可疑者。欲決定其對

象之可能性，某種其他物事乃爲必需者，此即是說：此種圖
形必須在一切經驗對象所基於其上之條件中而想之，而且除
此一切經驗對象所依之條件外，別無其他之條件。現在，空
間是外部經驗之一「形式的先驗條件」，而吾人在想像中構
造一三角形所經由之「形成的綜和」亦正恰是吾人在一現象
之領納中所運用之綜和，即在爲吾人自己製造一個關於此個
現象之經驗概念中所運用之綜和：凡此諸義始能使吾人將如
此一物之可能性之表象與此物之概念相連結。同理，因爲連
續量度之概念（實則一般量度之概念亦然），一切皆是綜和
者，所以此等量度之可能性單從其概念自己亦決不能弄清
楚，但只有當將此等概念視爲一般經驗中對象之決定之形式
條件時始能弄清楚……。（〈經驗思想之設準：論「可能」〉中
文）。

以上所引五段，總持言之，不過說明三事：

1.廣度之量之形成。（第一段）

2.幾何有公理，算數學無公理。（第二、第三兩段）

3.純數學與純數學之應用，此應用即「現象之數學」之形成。
（第四、第五兩段）

吾人已知言廣度之量之形成是從概念到直覺，由此吾人已可知
言廣度之量之目的即在「現象之數學」之形成，而「現象之數學」
之形成則在明純數學與現象數學之合一，亦即「從直覺到概念」與
「從概念到直覺」兩歷程所成就者之合一。故云：「凡幾何在純直
覺方面所主觀者在經驗直覺方面亦必絕對爲有效」。又云：「純粹

數學在關於領納之形式之綜和方面所建立者在所領納之對象方面亦
必然為有效」。然吾人以為康德所論之廣度之量，單就此量之本身
言，無論由時間之超越決定而成，或由空間之超越決定而成，因其
所決定者只是一廣度量，故其直接之效用只適宜於算數學，不適宜
於幾何學。時間有時間之部分，由此部分之綜和而成一時間方面之
廣度量；空間有空間之部分，由此部分之綜和而成一空間方面之廣
度量；若再採取近代觀點而言之，則時空合一而為一四度連續體，
此四度連續體有其時空合一之部分，由此部分之綜和而成一時空合
一之四度廣度量。其直接所決定者只是一個廣度量，所謂只是一
「齊同單位之綜和」，而並無其他之屈曲在其中。然只是一個廣度
量只能適宜於算數學之成立，而距幾何之成立則尚遠，雖於幾何學
廣度量亦為必須者，然只是廣度量要不足以成幾何。於數目及數目
之關係（此即算數命題），只需要齊同單位即足夠，故只有廣度量
亦足夠，然於幾何學則為不足夠。縱如康德之所持，視歐氏空間為
直覺之先驗形式，故在純直覺方面而為歐氏幾何學，在直覺對象即
現象（或經驗直覺）方面亦必為歐式幾何學，此為從直覺到概念，
空間之超越解析中所屢說明者。然此一關係之建立，決非從概念到
直覺中之廣度量一概念所能盡其責。由廣度量至現象方面歐式幾何
之形成，必須增益其他之概念，然此所需要增益之概念決不函於
「直覺公理」中。是以直覺公理中所明之廣度量只適於算數學，不
適於幾何學。復次，由直覺公理以明廣度量，其目的在明量範疇之
應用，即其客觀有效性，而量範疇之三目卻只為一多綜。吾人就此
層而言之，無論量範疇對於算數學恰當否，然要必近於算數學，而
與幾何學可謂不相干。是以量範疇之客觀有效亦只切於算數學之形

成之說明，而不切於幾何學之形成之說明。由是吾人可見，從概念
到直覺，直覺公理中所明之現象之數學，與從直覺到概念，超越感
性中關於時空之超越解析所明之純數學，兩方不接頭。前者適於算
數學，後者單適於幾何學。然前者適於算數學，單是現象之算數
學，而純算數學則於超越感性中又落空而不得解。然則純算數學將
依何而論之？此實是康德系統中一漏洞。由此漏洞，吾人得以下之
出路：

　　甲、吾人必有一領域足以明純粹算數學。

　　乙、時空之超越決定固能給吾人以廣度量，因而亦必能給吾人
以現象之算數學，然而如果甲項得成立，則吾人只說時空所決定之
廣度量只為純算數學應用之通路；而就純算數學之應用言，則於其
所應用處（即廣度之量處）必有足以決定之之基本概念或關係以備
其可應用，此基本概念或關係吾人名之曰決定廣度量之型範；此型
範吾人將不說其為一多綜，吾人將見此型範必須於成就純算數學之
領域中發見之；依是，此型範於純算數學方面與其於純算數學之應
用方面必同一；依是，吾人將見決定廣度量之基本概念或關係必只
是成就純算數學之基本概念或關係之外在化，外在化而決定廣度量
所成之現象之算數學必只是純算數學之外在化，純算數學之應用即
是純算數學之外在化，其外在化之通路之一即是時空所決定之廣度
量，外此一通路則為項與類。

　　此甲、乙兩項為本書系統所欲作成者。甲項吾人已成之於「純
理與數學」。乙項甚繁複。於廣度量方面，吾已明之於「時空之超
越決定」中。於「項與類」方面，則見下部「曲全格度之所函攝」
章。

　　上言「後者單適宜於幾何學」，所謂單適宜於幾何學又只是超越感性中之純幾何，而於直覺公理中所明之「現象之數學」，吾人已明其只適於算數學，不適於幾何學，是則「現象之幾何學」於廣度之量中已落空。康德於直覺公理中已論及幾何學，如云：「凡幾何在純直覺方面所主斷者在經驗直覺方面亦必絕對為有效」，然此中實有許多許多之預設，若單言廣度量，則固不足以成幾何，而量範疇亦與幾何無成就上之關係。純幾何與現象之幾何因兩者間之必然連結而成之圓融合一，在康德之系統中，固較算數學方面為顯明。其所以顯明乃因超越感性中空間之超越解析為顯明。然此關係雖顯明，而直覺公理中所明之「現象之數學」則不能成就此顯明。此亦康德系統中之漏洞。由此漏洞，吾人復得以下之出路：

　　丙、空間之超越解析雖顯明，然吾人已明其不成立。依是，由空間而至歐氏空間即至歐氏幾何，必需有其他之概念以決定之。然此種決定如純是邏輯者，則必有許多可能之決定，因而必有許多可能之幾何。於此，吾人記起康德所言之「幾何有公理，算數學無公理」之主張。吾人須知此主張甚有理據。然康德於「算數學無公理」之說明甚清晰，而於「幾何之有公理」之說明，則甚不明顯。吾人願以理論極成之。吾人何以說廣度量之決定只適於算數，不適於幾何？只是廣度量，而不必有曲屈，此即是「算數學無公理」之根據。（此固自現象算數學方面言，純算數學方面亦如此。）然只是廣度量，而不能成幾何，是則於幾何必須有其他之增益。此其他之增益即是屈曲之所在，以有屈曲，故有公理。此即是「幾何有公理」之說明之基礎。（此固就廣度量即現象之幾何方面言，純幾何方面亦如此。）

丁、由空間而施以純邏輯之決定，因而成就許多可能之空間與幾何，若問此許多可能之空間與幾何誰能應用於現象且必然應用於現象，則＊吾於上章已明幾何系統不能無限多，凡可實構者皆適用。

＊【編者按：本章發表於《學原》第2卷第6期時，此處原有一大段文字，未收入本書。今錄之於下，以備參考。】

不能先驗決定之，依是，康德所欲建立之純幾何與其應用間之必然連結及此兩者之合一必打破。然雖不能先驗決定誰應用，而幾何總是空間學，而空間亦必應用於現象，是以在現象方面必有一幾何，因而可以逆知必有一幾何，或多幾何可以應用之。然無論應用有幾或誰應用，必有其可以應用之通路。此通路即是空間之超越決定所形成之空間量。於此空間量欲決定其為何種形態或幾何，則須有概念以決定之，此即是屈曲之所在，亦是公理之基礎。依是每一幾何之應用，亦是該幾何之外在化。然此外在化乃不能先驗決定者，此與算數學之外在化異。後者之外在化，無論其通路為何，而總是此一算數學。然幾何方面則不如此。依是，在算數方面，成就算數學乃至決定廣度量之基本概念或關係，吾人名之曰範疇；而在幾何方面，成就幾何學乃至決定空間形態之基本概念或關係，吾人名之曰公理。範疇只是一概念或關係，不是一命題，而公理則是一命題。是以凡算數命題皆非公理，而幾何則有公理也。

以上丙、丁兩項，理亦甚繁。吾人亦將詳明之於下卷（時空格度之推述）。

由以上甲、乙、丙、丁四項，關於時空之超越解析及超越決定所能達到者，吾人只能知以下之結果：

　　A、時空之超越解析，其所能說明者，至多如康德所作之時間之超越解析，使運動變化爲可能。

　　B、時空之超越決定，其所能至者只是廣度量。

　　關於 A 項，吾人依本書之系統，變換言詞，已闡明之於上第二節。關於 B 項，則將闡明之於下卷。

第二部　順思解三格度
　　　　而來之超越的
　　　　運用

第一章　因故格度之所函攝

　　因故格度本身之意義，吾已說明於前。茲再進而言其所函攝。其所函攝之全部歷程即超越運用之全部歷程也。吾於時空格度，則言超越決定，以其只適用於物質現象之擴延外形，時空往而限定之，即平鋪於其上，而有構造義，故曰超越決定。至於思解三格度，則對於現象只有軌約義，而無構造義，故言超越運用也。

　　時空格度以只適用於特質現象之擴延外形，故其決定者只是外物之一般的形式特性，而此形式又只屬於時空者，尚不能接觸到物質現象之具體內容。依是，超越決定所成之知識只是一般之形式知識，實亦即先驗知識，尚不能使吾人有經驗知識。吾欲接觸物質現象之實際內容，而成經驗知識，則必須經由思解三格度之超越的運用，穿過時空之超越決定，而透至物理現象之實際關係，始可能。時空格度以只適用於物質現象之擴延外形，故其對於知覺現象所成之客觀化只是形式的客觀化。而思解三格度之超越的運用所成之客觀化則是實際的客觀化。

　　思解三格度之超越的運用實即以因故格度為主脈。曲全二用兩格度則是含於主脈中而抽出，或含於此主脈中而呈用，而見義。其自身不能獨立也。而因故格度之所以能成其為超越的運用，又非其

自身事，必藉「因故，歸結」中所藏之範疇始能見。由「因故歸結」中所藏之範疇起。至其所函之全部形式歷程止，即因故格度之所函攝。其步驟如：三支比量、歸納推理、演繹推理以至於概然，全在其中。是以因故格度之超越運用的全幅歷程即一知識完成之歷程也。

吾人由邏輯以識純理，由純理之外在化以建立數學與幾何，此都可曰純理之自「自相」。順知性之外用而言思解格度之超越運用，則可曰純理之自他相。合自自相與自他相而觀之，則理性之全體大用盡。而此全體大用藉超越決定與超越運用以彰顯，亦無非完成一經驗知識也。

第一節　三支比量：設準形態

知性之了解外物，不惟有時空格度以限定之，且於因故格度處具範疇之運用以解別之。直覺的統覺顯露一實事，理解即當機而了別之。於當機而了別之，即當機而有範疇之運用。範疇為一當機而立之概念。此概念具有原則性。運用者即攜此原則性之概念而論謂當下實事也。是以論謂之，即概念化之，亦即範疇化之。此原則性之概念（即範疇），於理解之解別也，隨「如果則」之假然命題而俱起，亦即由此假然命題而表示。此假然命題實為一普遍之原則命題。以其為普遍之原則命題，故範疇亦有其原則性，亦復有其假然性與運用性。設眼前有一緣起實事，吾論謂之曰：如是所作，即是無常。一緣起實事只是生起流轉，直覺起而綜攝之而取其全。此生起流轉之事之為事，無所謂「所作」，亦無所謂「無常」。惟理解

欲詮表其義，始有所作無常兩義。義者，概念也。所作爲一概念，用之以狀此事。無常亦一概念，用之以狀此事。惟只所作一義，與只無常一義，不足以爲範疇，即不足以爲原則性之概念。所作無常必在一普遍命題之連繫中始見其爲範疇。如是所作，則爲無常。所作無常在此假然命題之必然連繫中，始得爲原則性之概念。是以所作與無常成一整體（實即一整義），而後爲範疇。此爲吾理解之心所假立者，故有原則性。依此原則性之概念（即範疇），吾可以詮表實事而歸類之。歸類者歸於範疇之下而成一義類也。

　　所作無常在必然連繫中。其連繫爲因故連繫。所作爲因故（即根據），無常爲歸結。理解以說出故，即出此因故也。因故爲理解之心當機而自立，亦即爲理解之詮表而建立。依此因故必有此歸結。必有此歸結者，言因故歸結之連繫爲必然連繫也。必然連繫亦言其連繫爲義之連繫也，亦即邏輯之連繫。此邏輯連繫所示之關係得名曰函蘊關係。以其爲函蘊關係，故有此因故必有此歸結，然無此因故，未必無此歸結。所作函無常，即：如所作則無常。但如所作則無常，不函無所作即無無常。是亦即言所作可假，而無常不必假。亦即云所作爲無常之充足因故，而非必須因故也。既只爲充足因故而非必須因故，故不只所作一義成無常、所作外者亦有足以成無常。既爲人，必函其是動物，而動物不函其必是人。是人可以是動物，是牛是馬亦可以是動物。是所作者可以是無常，是緣生者，是勤勇發者，亦可以是無常。是以所作義必函無常義、而所作義實亦含於無常中。是人者必函其是動物，而是人者亦必含於動物中。故無常義爲綱義，所作義爲目義。綱寬於目，目狹於綱。然以目義爲因故，即足以明隨此因故之歸結是綱義。故雖充足非必須，然有

之即然，既有所作即可函無常。所作亦得爲因（因故）也。充足亦
因故，非必必須始得爲因故。假然命題中範疇之運用即此充足因故
之連繫也。有此連繫即足以爲範疇，亦即足以爲原則。每一範疇爲
一原則。每一原則決定實事之成類。然自原則至成類，其間歷程，
猶未可以一二言。正須詳細推明也。

　　以假然命題所立之範疇爲原則，論謂當前一實事。論謂之即概
念化之。然範疇之論謂，只爲正面之肯定。吾欲決定此實事必受此
範疇之論謂，吾須予以反面之否定。肯定即正面之論謂，論謂其屬
於此範疇。否定即反面之論謂，論謂其不屬於此範疇。肯定爲內
含，否定爲排拒。內含爲順向（簡稱同），排拒爲別異（簡稱
異）。如所作即無常，此範疇運用中之正面也。肯定者論謂當前實
事使之屬於「所作無常」一範疇也。否定當爲範疇本身之否定，故
範疇本身一經否定，即是別異。別異者，言某實事異於當前實事，
不落於所作無常一義中也。反落於所作無常之否定所遮顯之原則
中。故別異之異乃由範疇本身之否定所遮顯。非空言某實事異於當
前實事，即爲異也。如其空言，不足成異。言其異，事事皆異。而
此異非一邏輯排拒之異。即非由一範疇本身之否定所顯之別異。故
其異非有邏輯之必然。有邏輯必然之異，即爲範疇本身之否定。而
範疇本身之否定，如爲邏輯之否定，亦只有一途而無他。如是所
作，即是無常，吾欲對此爲一邏輯之否定，吾不能言：如非所作，
即非無常。如此言否定，其否定爲不盡，故亦非邏輯之否定。吾如
爲圓滿窮盡之否定，須如此言：如非無常，即非所作。此則否定已
盡，故亦爲邏輯之否定。此即範疇本身之否定，可以純邏輯形式而
表之者。由此否定所顯之異，即爲邏輯之排拒。由乎此範疇之論謂

以及此範疇本身之否定之反論謂，吾可先驗決定當前實事屬於此範
疇。是以當前實事，理解起而了別之，當機立範疇而論謂之，此當
機而立之範疇乃先驗者。此先驗範疇本身之否定以顯別異，乃為窮
盡之否定，故其異亦為邏輯之排拒，故此範疇本身之否定之反論謂
亦為先驗而定者。論謂與反論謂決定當前實事屬於此範圍，其決定
亦為先驗之決定。每一範疇皆有正反兩行。此由範疇之運用而顯
者。譬言聲是無常，所作性故。此即於一範疇析因故與歸結兩義而
論謂聲一實事。先以無常為歸結而論謂之，次以所作為因故而論謂
之。此根據一範疇之運用而施論謂也。然一範疇自身之否定即衍為
順同別異之兩行。正反論謂，其式如下：如是所作，即是無常，譬
如瓶等。如非無常，即非所作，喻如虛空。順同行之論謂承原範疇
而仍表於「如果則」命題中。別異行之論謂，則由原範疇本身之否
定而為一負範疇，亦表之於「如果則」命題中。俱表之於如果則命
題中，即示其為一普遍之通則。由其為普遍之通則，於順同行，不
只論謂聲，且可決定聲以外之實事與聲同歸於一類，即同隸於一範
疇。於別異行，且可決定某一事屬於負範疇，而為與正範疇相排拒
之異類。與聲同類者，言其同屬於正範疇所定之原則也。同類為同
義類，非同體類，蓋聲與瓶不同體也。與聲異類者，言其不屬於正
範疇所定之原則，而屬於負範疇所遮顯之反面原則。異類亦為異義
類。凡言同類異類，皆指義類言，不指體類言。同類異類，陳那因
明名曰同品異品。正範疇之論謂與負範疇之論謂，陳那因明名曰同
品喻異品喻。喻者對宗因而言也。聲是無常為宗，所作性故為因。
故此為喻。單指範疇之論謂衍為兩行言，無論正負，陳那因明名曰
喻體。喻體者，喻所依據之本也，亦即喻之義理根據也。以其為一

普遍通則也。據一通則而後可徵事取譬。是以所徵之事，所取之譬，譬如瓶等，喻如虛空，皆事例也。而事之所以為例，與其所以可徵可譬，皆據一通則而然也。而徵事取譬，陳那因明，名曰喻依。喻依者喻所依附之事也，即喻之事實根據也。因明欲證所作為無常之因（因故），即所作之必致無常，故設同異例證以為喻。於喻之構成，復有喻體喻依之分。實即自喻依之殊事（以殊事為例證故）而言喻。喻依殊事，不可濫取。必據通則以範圍之，故有喻體之立。以通則為喻體，據通則而徵事，實為陳那之大貢獻。於以知陳那實具邏輯頭腦，如此思維，亦即邏輯之思維。後人鮮有知其義者。而多稱其改五支為三支，實則邏輯義蘊不在此也。吾今自範疇之運用言，明其論謂當下一殊事，於喻依取譬無須多所注意。吾所明者每一範疇之論謂，以其自身邏輯之否定，遂顯為順同別異之兩行，依此兩行而言範疇之正論謂與反論謂。由此正反兩論謂，先驗決定當前實事必屬於此範疇。先驗決定者，超越運用中形式之決定、邏輯之決定也。此先驗決定之歷程，開而示之，恰為因明之三支式：

　　聲是無常──宗。

　　所作性故──因。

　　如是所作，見彼無常（喻體），譬如瓶等（喻依）。──同品喻。

　　如非無常（或言如是其常），即非所作（喻體），喻如虛空（喻依）。──異品喻。

　　此為形式之決定。喻依取譬、隨手拈來而已。如由三支，再開為五支，只須於同異論謂各加一三段式即可。如下：

聲是無常——宗。

所作性故——因。

如是所作見彼無常，譬如瓶等——同喻。

聲亦如是（即聲是所作）——合。

故聲無常——結。

如是其常見非所作、喻如虛空——異喻。

聲不如是（即聲是所作）——合。

故聲無常——結。

同喻三段式為第一格第一式（嚴格陳之即見），異喻三段式為第二格第一式（嚴格陳之即見）。如此五支亦純邏輯之歷程，為純邏輯之推演所決定。（與古因明五支式異，細讀因明者當能辨之。）然於正反兩行，固毫無增益也。開而為五，徒為形式之推演。自論謂言之，此邏輯之推演歷程乃純為先驗而定者。依此歷程決定一實事，亦為先驗之決定。其為先驗乃由於範疇之運用而然也。吾對此實事，理解當機設立範疇而論謂之。範疇之設立為先驗（詮表上之先在），故其正反兩行之論謂，以其為邏輯之開展，亦為先驗也。本段所言，明範疇之論謂。開而示之，與三支比量恰合無間。衍為五支則與古大異。五支即三支之邏輯推演也。（參看吾《理則學》）。復次，吾如此解，雖藉因明三支比量以明範疇之論謂，亦實歸三支比量於理解，明其於全體解析歷程中之機能。此一形態，吾可名曰設準形態。每一設準形態，由其表示範疇之論謂，故亦即表示一「可能模型」。隨此模型而於喻依取譬，則即進於歸納形態矣。合結則為演繹形態。合此三形態而完成範疇論謂之全幅歷程。此歷程之完成即範疇之證實，亦即一知識之完成。

第二節　觀定因果

　　範疇須待經驗而證實。證實者證吾所設之範疇是否有效也。範疇既有待於經驗之證實，故每一範疇為先驗（詮表上）之可能模型。依此而言範疇之假然性。設經驗實事可以證明其為有效，而此可能模型亦實可解別此實事，則可能模型即得而證實。依此而言範疇之定然性。依定然性，復言存在性。存在性者非言此範疇可以外置而為一存在，乃言其可以表示存在也。此為範疇對於當下一實事之存在性。然每一範疇既為一原則，則不只解別當下一實事，且可解別其他事。不只為一事之可能模型，亦且為眾事之可能模型。自其可以統馭眾事言，每一範疇即為成類之模型。依此模型而觀眾事，則眾事歸於此模型而成類。其所成之類，雖前名曰義類，實即亦可曰事類。蓋同義之事類也。每一範疇既為成就事類之模型，是每一範疇即具普遍性。普遍性與普遍化之命題不同。範疇之普遍性為一原則，普遍化之命題，經過歸納而成者，則表一事類。以範疇為模型，據以成事類，亦非先驗而可定，此亦有待於經驗。以其有待於經驗，故事類之成，屬歸納也。歸納者承可能模型考核眾事以成事類之謂也。事類一成，可能模型，即得證實。依此即曰範疇之定然性與存在性。範疇之初立，論謂一實事。據範疇而歸納，則範疇論謂許多事。論（即論謂）一事，則設範疇而定之。吾所注意者在範疇。論多事，則據範疇而歸納，吾所注意者在實事。注意實事，觸類旁通，以成事類。然事實之可以類可以通，須有一邏輯根據為準則。此準則即範疇，所謂可能模型也。惟有經此準則而後始

可觸類而旁通，亦猶惟據通則為喻體而後始可徵事取譬以為喻依
也。設無邏輯之準則，觸類旁通即無邏輯之根據；亦猶設無通則為
喻體，徵事取譬之喻依亦無邏輯之根據。今以範疇之運用為類通之
根據（邏輯的），則吾之類通也，須視事象之關聯，以及由此事象
關聯所蒸成之性質之關聯。性質一詞為普泛之通稱。今對範疇之運
用言，吾於性質有取捨。吾所取者為相干之性質，吾所舍者為不相
干之性質。而相干不相干之標準在乎範疇之運用。相干者為成此事
類之特徵，不相干者即非成此事類之特徵。凡特徵固皆為性質，而
性質不必盡皆為特徵。性質之相干不相干，是對標準言。性質之特
徵非特徵，是對事類言。範疇之運用乃界說而抒義，事類之成就則
描述而指徵（指示特徵之性質）。如是所作即為無常，此範疇之抒
義也。然吾考諸事象之生起流轉，則吾不見有所作一義，亦不見有
無常一義。吾所見者乃一聲音之隨動作而生起，復隨動作之停止而
消滅，或一瓶盆之隨動作而成就，復隨動作而破壞。此種生滅成壞
即事象關係所蒸成之質也。質由事象而蒸成，即以此質描述事。以
特徵成事類，即以此質為描述事類之特徵。然於事類之成也，描述
事類之特徵必與範疇定界之抒義遙相應。範疇抒義為一原則，即以
此原則為選取特徵之指導。順此原則之指導，察識事象之物理質。
依範疇之義連為標準，以明物理質之關聯。隨動作而生起之物理質
與義連中「所作」一義遙相應。隨動作而破滅之物理質與義連中
「無常」一義遙相應。所作與無常，於範疇之運用中，吾已明其為
必然之義連。今即依此必然之義連，察識物理質之事述。義連為因
故歸結，事連為因果關係。因故與歸結可以指導因果，非即因果
也。由此物理質之因果關聯，吾可以依隨動作而生起之物理質而定

事連之因，復依隨動作而破滅之物理質而定事連之果。此其爲定，乃由經驗而定者。由經驗而定者注意乎事之生起流轉也。注意事象，而爲經驗之察識，以明物理質之因果事連，則可爲多方之考核。然所謂多方亦有一定之門徑。設以甲乙表因果事連中之物理質。甲乙物理質既在因果事連中，甲乙必相順而不相違。相順者，甲連乙，乙隨甲也。是謂相續之隨順。相違者甲不連乙，乙不隨甲，是謂有無之違反。表相順者有二句：一曰有甲即有乙，二曰無甲即無乙。表相違者亦二句：一曰有甲即無乙，二曰無甲即有乙。茲就順違四句以觀甲乙之是否相順而不相違，四句復可開爲八句，是即以八句觀因果，所謂多方也。茲列如下：

一、有甲即有乙：觀曰：有甲是否必（此必字就事連言亦無邏輯意，必有即總有）有乙？

　1.曰必有乙：是即：只要有甲即有乙。

　2.曰不必有乙：是即：有時有甲而無乙。

二、無甲即無乙：觀曰：無甲是否必無乙？

　3.曰必無乙：是即：只要無甲即無乙。

　4.曰不必無乙：是即：有時無甲而有乙。

三、有甲即無乙：觀曰：有甲是否必無乙？

　5.曰必無乙：是即：只要有甲即無乙。

　6.曰不必無乙：是即：有時有甲而有乙。

四、無甲即有乙：觀曰：無甲是否必有乙？

　7.曰必有乙：是即：只要無甲即有乙。

　8.曰不必有乙：是即：有時無甲而無乙。

八句中，前四句以順爲準。由順而觀違。如於順中而不全順，

乃至漸見違反，則甲不必爲乙因，而乙亦不必爲甲果。如是吾須修改因果觀念，或另行考察，必至無有違反出現，而歸於甲乙之全順。及其全順，而後因果乃定。是以前四句唯在汰除二四兩句，保留一三兩句。後四句以違爲準。由違而觀順。如於違中而不全違，乃至漸見隨順。復由漸順而推廣之，以至全順，仍可規定甲乙之因果。是以後四句唯在汰除五七兩句，漸廣六八兩句。歸納極致在於除違歸順。八句觀因果，以至全順，即歸納之門徑也，而米爾四術亦攝於其中矣。

　　八句觀因果，歸於一三五七四句，而至於全順。如此因果，何如因果耶？曰因爲唯一之因，果爲唯一之果。唯一之因，其因既充足又必須。如此之因即定唯一之果。故自因言之，有甲即有乙，無甲即無乙。自果言之，有乙即因有甲，無乙即因無甲。故因爲唯一之因，果爲唯一之果。有甲即有乙，甲爲乙之充足因。無甲即無乙，甲爲乙之必須因。自相違言之，如有甲即無乙，甲與乙爲排斥。如無甲即有乙，甲與乙爲窮盡。既排斥而窮盡，甲與乙爲全違。違者排斥而窮盡之謂也。

　　觀因果歸於全順，則由排斥而至於不排斥，即自「如有甲即無乙」，而至於「有時有甲亦有乙」。由不排斥而至於佉其少違以歸於不違，則「有時有甲亦有乙」，變爲「有甲即有乙」，此即全順之充足因矣。復次，由窮盡而至於不窮盡，則自「如無甲即有乙」，而至於「有時無甲亦無乙」。由不窮盡而至於佉其少違以歸於不違，則「有時無甲亦無乙」，變爲「無甲即無乙」，此即全順之必須因矣。由排斥而窮盡之全違而至於不排斥而不窮盡之少違，由少違而至於不違，復由不違而歸於既充足又必須之全順，則嚴格

之因果定矣。此嚴格之因果即一一相對之因果關係也。此由佉其少違而歸於不違以至於全順之成因果也。同時，於順中而觀違以至於全違而否決因果，則由充足者而至於不充足，即自「如有甲即有乙」，而至於「有時有甲亦無乙」，復由不充足漸佉其少順，而歸於全違，則「有時有甲亦無乙」，即變爲「有甲即無乙」矣。此爲排斥之相違而足以否決因果者。復次，由必須者而至於不必須，即自「如無甲即無乙」，而至於「有時無甲亦有乙」，復由不必須漸佉其少順，而歸於全違，則「有時無甲亦有乙」，即變爲「無甲即有乙」矣。此爲窮盡之相違而足以否定因果者。

　　無論成就因果或否決因果，皆須如此觀定。此觀定過程實即一歸納過程。譬如自成就因果言，由排斥而至於不排斥，只要有一事例在其上甲出現而乙亦出現，則「有甲即無乙」一普遍原則（表示排斥關係）即否決。此種否決即是 I 命題之否決 E 命題。但是「有時有甲亦有乙」之 I 命題並不表示「有甲即有乙」之 A 命題即成立。故須順否決 E 命題之 I 命題，多觀事例，累積前進，以至於從無例外出現，則可普遍化而曰「有甲即有乙」此即成立全順之充足因。此種多觀事例，累積前進，即歸納過程也。由窮盡而至於不窮盡，由不窮盡而漸至於全順之必須因，亦然。只要有一事例，在其上，甲不出現而乙亦不出現（此即「有時無甲亦無乙」），則「無甲即有乙」一普遍原則（表示窮盡關係）即否決。此種否決即反稱之 O 命題否決反稱之 A 命題。但是「有時無甲亦無乙」，並不表示「無甲即無乙」之成立。故須順否決反稱 A 命題之反稱 O 命題，多觀事例，累積前進，則可普遍化而曰「無甲即無乙」矣。此即成立全順之必須因。此種多觀事例，累積前進，亦歸納過程也。

自否決因果方面言亦然。譬如由充足而至於不充足，只要有一事例，在其上，甲出現而乙不出現（此即「有時有甲而無乙」），則「有甲即有乙」一普遍原則（表示充足）即否決。此即 O 命題之否決 A 命題。但「有時有甲而無乙」之 O 命題並不表示「有甲即無乙」之 E 命題即成立。故須順否決 A 命題之 O 命題，多觀事例，累積前進，則可普遍化而曰「有甲即無乙」矣。此即至於排斥之相違，而可斷定甲與乙間全無因果關係矣。由必須而至於不必須亦然。只要有一事例，在其上，甲不出現而乙出現（此即「有時無甲而有乙」），則「無甲即無乙」一普遍原則（表示必須）即否決。此即反稱之 I 命題否決反稱之 E 命題。但「有時無甲而有乙」並不表示「無甲即有乙」之成立。故須順否決反稱 E 命題之反稱 I 命題，多觀事例，累積前進，此即歸納過程，由此即可普遍化而曰「無甲即有乙」矣。此即至於窮盡之相違，而可斷定甲乙間全無因果關係矣。

　　以上無論自成就因果或否決因果方面言，皆是自否決普遍原則而觀歸納過程。否決排斥、窮盡，足以成就因果。否決充足、必要，足以否決因果。若從否決事例命題而觀歸納過程亦然。否決不充足、不必要，而至於充足、必要，足以成就因果。否決不排斥、不窮盡，而至於排斥、窮盡，足以否決因果。讀者可順而推之，不再詳列。惟有一點，須注意，即：自普遍原則之否決而觀歸納過程，則歸納過程是順反面普遍原則之否決所顯之正面事例而前進。而自事例命題之否決以觀歸納過程，則歸納過程是順反面事例命題之否決所顯之正面普遍原則以前進。

　　以上是八句觀因果，四句定因果。四句者，充足、必要、排

斥、窮盡之謂也。定因果者，定因果之有或無也。而歸納過程即在此定因果中施行。而此定因果之歸納過程亦即含於前所論之設準型態（即可能模型）中，而即由之以展開也。

第三節　歸納推斷

　　歸納者承可能模型（即範疇之論謂所示之普遍原則）考核衆事以成事類之謂。事類者，注意實事（隨範疇之指導而注意），由事象之關聯察識其所蒸成之性質關聯而歸約於一束之謂。一束即爲一事類。衆事之可爲一束者，其爲事之關聯同爲一模式，其所蒸成之性質關聯亦同爲一模式。今設以物理質之關聯，兼攝事之關聯與其所蒸成之性質關聯而爲一，則物理質之關聯所具之模式即與範疇論謂所立之可能模型遙相應。相應非相同，此非即彼也。物理質之相關，屬於同一模式而爲一束。名曰事類。如此事類而以命題表之，名曰種類命題。（亦即關於事類之命題，衍用杜威名詞。）種類命題爲描述而平鋪者，是即亦爲存在之命題。表象存在之種類命題與範疇論謂處之假然普遍命題，雖相應而迥不同。後者爲前者之根據，前者爲後者之證實。根據者，種類命題必以假然普遍命題爲標準（原則）而後可能也。證實者，即於種類命題而見假然普遍命題之客觀有效也。於此而證實而有效，即前所言範疇之實然性與存在性。於假然命題處言範疇，言定界，言立義。於種類命題處言事類，言描述，言徵象（即特徵之性質）。自範疇至事類，自定界至描述，自立義至徵象，即爲範疇之假然性變爲實然性，可能性變爲有效性（證實之謂有效），運用性變爲平鋪性，超越性變爲內在

性。於此轉變歷程間，歸納即爲其中之關鍵。從可能模型到種類命
題之成立，即超越運用之全幅歷程也。此超越運用之全幅歷程亦可
總曰解析邏輯，而歸納即爲其中之一形態。歸納處此歷程中有其可
能之根據。歸納據其根據考核衆事，以成事類。歸納考核之歷程即
爲歸納推斷之歷程。歸納推斷即爲據範疇之論謂施行自殊推殊之推
斷。自殊推殊之推斷，雖云推斷，實有考核隨之。每一步考核，即
是一步推斷。考核據乎範疇爲準則而考核，故考核有邏輯之根據
（即有普遍原則爲根據）。推斷亦據乎普遍原則而推斷，故推斷亦
有邏輯之根據。自殊推殊，如無普遍命題爲媒介，其推斷即無邏輯
之根據。譬如由範疇之論謂而定聲是所作爲無常。今復據此論謂考
核聲之爲事生滅變動而不常住，與其論謂之模型適相應。復自聲而
推瓶，此爲自殊事推殊事。即於此殊殊相推之中，見普遍命題之重
要。吾如自聲推瓶，必經由普遍命題爲媒介，而後其推斷始有邏輯
之根據，亦即合乎邏輯之程序。即必經由如是所作如是無常之普遍
原則，而後可以自聲而推瓶，即由聲是所作是無常，推定瓶是所作
亦是無常。否則，由聲之爲事之生滅變動而無常，吾無由以推斷瓶
之爲事亦生滅變動而無常。聲與瓶無連繫之媒介，吾何以能由聲之
如何如何越至瓶亦如何如何耶？即有越至，亦是聯想，而非推斷。
即有時或可聯想其爲事亦生滅變動而無常，然亦可不聯想至此，而
聯想及他義，此即無準則也，故不可爲推斷。是以由殊推殊必經由
普遍命題爲媒介。以此爲媒介，吾可以從已知之殊事推斷未知之殊
事。推斷一步即須考核一步。推斷之時乃據普遍命題以預測。自吾
範疇所立之可能模型予已知未知之殊事以意義相同（即屬於同一義
連之模型）之連繫，而爲其間立媒介（即以屬於同一可能模型爲媒

介），然後吾可以自已知之殊事預斷未知之殊事。故云推斷之時爲據普遍命題以預測。考核之時，則爲此預測之證實，察此未知之殊事是否合於此可能之模型。如其合也，吾之預斷爲不謬。如其違也，吾之預斷爲可疑。或吾之考核爲可疑，或吾之模型爲可疑，或前此已知殊事之考核爲可疑。層層推進，攜諸多可能模型所成之統系，考核屬於一可能模型之衆事。如此推進而綜結之，即爲從已知到未知之普遍化。普遍化非一心理之衝動傾向，乃一經由普遍命題爲媒介所成之累積推斷（即層層殊事相推之推斷）之綜結推斷。累積推斷爲層層歸納推斷。由層層歸納推斷而綜結之爲綜結歸納推斷。綜結歸納推斷即爲普遍化，亦曰會通之普遍化。層層推斷非經由普遍命題爲媒介不可能，綜結推斷亦非經由普遍命題爲媒介不可能。普遍化之可能唯在有可能模型爲其根據。米爾自殊推殊，無有普遍命題爲媒介。是即於層層推斷已不成其爲推斷，蓋推斷即預斷，預斷必立一媒介之聯繫。今無媒介之聯繫，其推斷無由成，則只有親身接觸一一歷試之考核，是則只有亂雜之親試，而無統系之預測。是則尚何以言推斷？即云推斷（其實不可云），其推斷又何以有價值？是以層層歸納推斷，米爾未能說明。其言普遍化亦無普遍命題（可能模型）爲根據。徒基於其不足以爲推斷之以殊推殊之前進而言普遍化。其言普遍化實即等於普遍化之自然傾向，亦即只爲一心理之衝動。米爾以爲於由殊推殊之前進歷程中，普遍化之自然傾向即宿於其中而不離。是則其以殊推殊之層層推斷，本無普遍命題爲媒介，徒以普遍化之自然傾向爲推動而前進，而其普遍化亦非以普遍命題爲根據，而徒爲心理之自然傾向。米爾言，吾人因普遍化傾向之衝動而至由已知推未知之結論。此實非推斷也。必謂之

為推斷，亦只羅素所謂生理之推斷，而非邏輯之推斷。以其毫無根據也。以無根據，故其結論亦無保證。（實則此亦不得言結論，與其不足以為推斷同。）至其普遍化，以純為心理之自然傾向，故亦無根據。普遍化之傾向是由殊推殊之層層推斷之心理原因，而非推斷之邏輯根據。心理之自然傾向是普遍化之心理衝動，而非普遍化之邏輯根據。是則米爾於層層歸納推斷不能說明，於綜結歸納推斷之普遍化，亦未能說明也。凡此兩端，皆不能明，是即歸納之基礎不得立。以上之辯解，是由超越運用處之可能模型建立歸納所以可能之根據。此即歸納之原則也。而如此所論歸納可能之根據是從主體方面想，亦即從歸納程序本身方面建立其邏輯根據也。故此根據即得為歸納之原則。至於從客體方面論歸納之根據者則注意因果律。此則吾已論之於首卷首章。而此種根據則不得曰歸納之原則，必須自歸納程序本身建立其所以可能之邏輯根據，方得曰歸納之原則。而因果律方面則是其體性學之根據，是歸納之存在方面的客觀有效之根據，不是其邏輯的客觀有效之根據。而論歸納之原則則必須自其邏輯根據方面而立言。至於客體方面如何如何，則非歸納本身事也。當然，客體方面如無因果關係，如休謨之所論，則歸納程序本身雖甚合法，亦不能獲得經驗之知識。此自不待言。

　　由層層歸納推斷而至綜結歸納推斷之普遍化，即為一種類命題之成立。種類命題表象一事類。種類命題雖由普遍化而成立，究非彼為原則者之普遍命題。由層層推斷，至於普遍化，而綜結之曰：凡事之有所作之性（特性、徵象）者有無常之性，凡事之有人之性者有有死之性。此中「凡」字，雖屬全稱，但無邏輯之普遍義。何者？以其涉及存在，受存在之限制，為普遍化非即普遍也。杜威有

云：此種全稱命題實即一種類命題。表面雖為普遍之全稱，實即一特稱式之命題。蓋據此種類命題（如「凡人有死」）為前提推一新事（如「孔子是人有死」），亦如據一普遍命題為媒介由一已知之殊事推一未知之殊事。如此推進一步，該種類命題即擴大一步。如此推進一步，即須考核一步。如此考核一步，該種類命題之擴大即得其進一步之實然。普遍化不已，而其為普遍化仍自若，仍不能即為邏輯之普遍。蓋涉及存在，永受存在之限制，限於經驗，永不越乎經驗之範圍。故終為種類命題，而不能為普遍命題也。此自歸納歷程以成事類言，故雖普遍化之全稱，而仍為特稱式之種類命題。若自純邏輯言，邏輯為必然連絡之推演系統，則三段推理中之全稱命題不涉於存在，不限於經驗，故即為邏輯之普遍，其本身即窮盡而無漏。此其立論，故不同於此處所言也。以上所言為「解析邏輯」之全程，賅三支比量、歸納推理、演繹推理而為一。

第四節　原則命題之成系列與存在命題之成組

每一範疇雖為當機而立之模型，然於當機而立也，不必只立此範疇，亦不必唯立一範疇。一云範疇為可能模型，即於可能含有「多」義。即言吾人可有許多可能模型。於此許多可能模型中，欲取此而不取彼，其邏輯之決定，即為將此許多可能模型組成一析取之統系。析取云者，或甲或乙之謂。「或甲或乙」即函甲乙俱可，或甲可乙不可或甲不可乙可。但不能俱不可。此之謂析取。於此析取統系中，選甲選乙，遂有邏輯之決定。其選取之形式可依析取推理而行之。於「或甲或乙」析取命題中，甲乙兩項可依排斥與窮盡

否而定甲乙之取舍。甲乙兩項如不排斥，則或甲或乙，今取甲未必
不取乙，取乙亦未必不取甲。但若只有甲乙兩項，甲乙爲窮盡，則
不取甲必取乙，不取乙必取甲。此窮盡而不排斥即析取本身之意
義。亦曰相容之析取。甲乙兩項如排斥而又窮盡，則於其排斥也，
或甲或乙，今取甲，故不取乙，今取乙，故不取甲，於其窮盡也，
則或甲或乙，今不取甲，故取乙，今不取乙，故取甲。此爲矛盾之
析取。以上俱爲析取統系中取舍甲乙之邏輯決定也。但邏輯決定純
爲形式之決定。形式之決定，不必於實際爲有效。欲知其有效否，
須待經驗以證之。然形式決定之義，即在表示於許多可能模型中須
取其一如何可能。於許多可能模型中，吾不能漫然而皆取之，亦不
能泛然而皆舍之。吾須取其一。或取此而不取彼。然如不將此許多
可能模型組爲一析取之統系，吾即不能取其一或取此而不取彼（不
能者邏輯上不能之意也）。析取統系將隨模型之簡單而簡單，繁複
而繁複。是以每一範疇皆爲一析取統系中之分子，皆在析取統系中
而相關。每一範疇，於此統系中，各有其競賽之權利。勝利者脫穎
而出以盡其解析之職責。每一範疇使其處於一析取統系中，猶如椎
之處囊中。毛遂曰：「使遂得早處囊中，乃脫穎而出，非特其末見
而已。」毛遂能脫穎而出，即爲處於二十人之析取統系中，競賽之
勝利者。如不得處此統系中，即毛遂自嘆之不得處囊中，不特不能
脫穎而出，即其末亦不得見。如一範疇（或一原則命題），不爲一
系統中之一分子，而爲獨一無二之寡頭物，則雖能引出與其所定之
條件相契合之結論，而不能排斥結論與其他範疇所定之條件相契合
之可能。析取統系爲一橫面相關之統系。其相關也，依排斥不排
斥，窮盡不窮盡，諸關係而成立。依此諸關係之相關，可以組成層

層謹嚴之析取統系。於謹嚴之析取統系中，所解析之事項如契合此端範疇所定之條件，即可推知其能或不能契合他端範疇所定之條件。如一析取統系全部廢棄，必因該析取統系之於解析事象時，其中諸端，各個解析事象之效力，皆互相矛盾衝突而無有相容處。此即諸多可能模型，無一而可能也。如全部成立，則必因該析取統系之於解析事象時，其中諸端各個解析事象之效力，皆相容而一貫。此即諸多可能模型盡皆可能也。全不可能，時或有之，而不常見。每一可能皆有其可能之效力，此則爲經常之事。盡皆可能，必其析取統系中之諸端皆爲相容之析取，而非不相容（排斥）之析取。相容之析取，於其解析事象時，各個範疇皆有相等之意義。以其意義皆相等，故析取統系中之如許範疇，實即皆可歸於一範疇，亦即以一綜攝性極高極廣之範疇解析衆多實事也。期於皆可能而綜攝於一可能，此爲理解之理想，亦爲知識之進步。此時只有一端，而無析取之兩端。此當所謂最高原則也。析取統系係一橫面相關之統系。其相關之關係爲外在關係。然及乎盡皆可能而爲相容之析取，各個範疇意義皆相等，則本爲析取統系者，今爲函蘊統系，本爲橫面相關者，今爲縱線之相關。以其爲函蘊爲縱線，故本爲外在之相關者，今則爲內在之相關。由此，吾人由析取統系轉而論函蘊統系。

　　原則命題間之推演關係皆爲必然關係，亦即皆爲函蘊關係所連結。函蘊關係所貫穿之命題統系，即謂函蘊統系。函蘊統系之見於純邏輯中者爲一套套邏輯之推演統系，其中每一命題皆爲套套邏輯之必眞，而每一命題之出現或成立，亦皆爲表示套套邏輯之函蘊關係所連結。是以純邏輯之推演統系乃爲無始無終推隱至顯之循環統系。其所表示者即爲純理自己。無所涉，無所說，即其中無有

「所」之成分，無有涉於經驗某物之假定。此即無始之義，無始亦可云「無首」（用九「群龍無首」之無首）。所謂起始之原念，乃爲姑如此定，此爲表達之權變，亦爲成文統系之成立所必須。吾欲說之表之，不能不有一說處與表處。然其所表之純理自己，則爲定然而如是。純理無始，其自身即是始。純理無終，其自身即是終。於此成文統系中，每一命題是始，亦即每一命題是終。此即無始無終。於一成文統系，每一命題皆非有所假借之推出，實爲於原有而明顯之。隱之則退藏於密，即謂理性自己，放之則顯爲長流，即謂理性之開展。此即推隱之顯。於一成文統系中，吾欲表證一命題以顯純理，吾又不能不依據此純理以表證，蓋欲顯此無始無終之純理自己，吾不能借外事以證之，故只以純理自己證純理自己。此即邏輯之統系皆爲循環之統系。今言範疇之函蘊統系，其爲函蘊與此純邏輯統系之函蘊稍異，亦不如純邏輯統系緊密而完整，圓滿而無漏。何者？蓋每一範疇必當機而有論謂故也。以當機而有論謂，故亦有始而有終。亦非若純理之推隱以之顯，故亦非循環無端其若環。每一範疇自身，皆可演爲一系列，此即一函蘊之統系。來布尼茲云：當上帝之造一概念也，其所有之一切可能意義，皆已全函於中矣。此義即爲每一範疇可演爲一系列之說明。譬如範疇之運用，抒義以成界說，藉所抒之義以成吾所欲界之概念，此概念即函此諸義以爲其本質。於此概念中，將其爲本質之諸義，盡抽繹而出之，即爲一函蘊之系列，所謂對此概念施以窮盡無漏之邏輯分解者是也。即如「人」之一念，定爲理性動物。亞氏所謂以綱與差定目也。綱與差爲此目之本質。然綱與差又可分解爲若干性。綱德所具之若干德成一系列，差德所具之若干德亦成一系列。而此兩系列又

皆為目德所必函以成一綜和之系列。而由此綜和之系列又可推演出若干德以擴大此綜和之系列。此推演出之若干德，亞氏所謂撰也。當吾人定「人」之概念也，綱與差即已足，而無須及乎撰。然撰德亦為綱差所定之概念所必函，故亦為本質，特由推而出，故曰撰耳。此一廣大之系列即為此概念成時所已全含之一切可能概念也。盡皆抽繹而出之，即為一函蘊之統系。每一函蘊統系皆為自一界說抽繹分解而成。是即此統系限於此界說之層次而不能逾越。每一範疇為一可能模型，即每一範疇有其一定之層次。

　　界說即隨其所應之範疇之運用而與之為同層。每一界說及其所函之系列皆為同層者。如兩界說雖同為有效，即兩者論謂同一事類，然以為兩界說故，此兩界說亦不得為同層。其各所函之系列亦不得為同層。不為同層，而又論謂同一事類，則諸此論謂即不為等值。兩界說之論謂不等值，兩界說下所屬之系列之每步論謂亦不為等值。等值者可以相代替。不等值者不能相代替。是以凡同一範疇同一層次中之諸論謂皆為等值之論謂，而等值之論謂皆關於同一事類之論謂。雖然，凡同層而等值之諸論謂皆即同一事類之論謂，而關於同一事類之論謂要不皆為同層。同層不同層決乎範疇與界說。同範疇者為同層，否則非同層。同界說者為同層，否則非同層。同範疇而同層者為同界說中諸義之系列。今言不同範疇不同層者，其關係為如何？即兩範疇乃至多範疇，兩界說乃至多界說，其間關係為如何？吾人已知其為不等值矣。然則此不同之範疇，吾人將依據何種關係而使之成一統系耶？

　　設任取兩範疇而觀之，其取也為偶然之檢取，則此兩範疇未必有若何之嚴格關係。其關係只為析取統系中之外在相關。然吾人於

此不論析取統系，而論函蘊統系。如爲函蘊統系，則範疇與範疇之
關係，吾人不能於其散殊，平列而論之。須自其發展之縱線而論
之。然一云發展之縱線，吾不能自範疇自身空頭而明其發展，孤離
而衍爲縱線。每一範疇，若離其當機之運用，就其自身而觀之，乃
爲無意義者，亦無產生性。吾言範疇亦不可斥名而列舉。範疇亦無
條目可列舉。範疇之自身無獨立之自性，故其自身亦不能有獨立之
發展。吾不能由一範疇爲起點，由其自身之變來變去，即可演爲發
展之統系也。而範疇之自身既無產生性，則其自身亦不能變演也。
範疇自身既不能起變演而爲獨立之統系，則範疇之成統系必不能離
其當機之運用。亦即範疇之成統系須自經驗之創進與解析之統系而
爲言。經驗之層出不已，亦即解析之論謂日新。每一範疇之立，皆
當經驗之機而論謂之。此即範疇之所以爲多也。經驗有其時間之連
續性，是即範疇之於未來有適與不適。經驗復有其空間之範圍性，
而其範圍復因經驗之所及而受限，是即範疇之於更大範圍有適與不
適。經驗不惟時間之連續性與空間之範圍性，且有論謂之精粗深淺
否之深度性。時間之連續與空間之範圍，是經驗所及之廣度，而此
廣度即隨經驗之擴大而擴大。廣度之擴大，同時即深度之深入。設
廣度與深度分論之，同一廣度也，而論謂有精粗深淺層次之不同。
是即於同一廣度，而有各層之論謂。科學所解析同一宇宙也，而有
各時代解析宇宙之架格之差異。同一時也，而各人之解析有精粗之
不同。即同一人也，亦有其本末精粗循順層次而深入。於本處如何
說，於末處如何說，於精處如何說，於粗處如何說。當機論謂而道
通爲一。此種差異、不同、與層次，皆所謂論謂之深度也。大抵由
粗至精，以精貫粗。由淺至深，以深通淺。及夫至精且深，即以至

精且深者貫通粗淺而俱爲之解。及乎本末精粗無不運，則廣度即深度，俱時並進，不可分離。（本末精粗貫而爲一，當指同時代之成就言。若在異時，則原始之粗淺原則亦有背謬而被擯棄者，淺者不得通於深，粗者不得貫於精矣。）本末精粗無不運，即論謂統系無不貫。論謂統系有其廣度與深度，即顯示經驗有其廣度與深度。經驗之廣與深者亦顯示論謂統系之廣深。

當夫一論謂統系而有一廣深之詮表，則此統系之一貫性必較大。今就此統系之一貫性而論之，則範疇之成統系必即此解析之成統系。有解說粗象之粗範疇，有解說精象之精範疇。粗範疇函其必爲末，精範疇函其爲本。由末者粗者層層深入而歸於本者精者，即以此本者精者爲終極原則復返而貫通末者與粗者，而予末象與粗象以一貫之解析。唯由淺到深，由粗至精，乃爲層層深入，故亦有層次之不同。及乎精深者之一貫，則爲終極原則之普照。其足以解析知覺之粗末現象，非由其最高者層層而遞降。故由下至上，乃爲層層之深入；由上返下，則爲一理之所貫。由下至上，可謂一歷程；由上返下，非是一歷程。歷程與非歷程足以決定範疇統系之相貌。今自由下至上，層層深入之歷程言之。則此層之論謂（即範疇之論謂）與彼層（或高層）之論謂不必爲等值。此層之論謂可以誘導彼層之論謂，而不必與彼層論謂爲等值。不必者無嚴格之邏輯等值關係也。吾人經驗之累積，雖或盡有效而保留，然不能謂其必保留。當其盡有效而保留，則可謂各層之論謂皆息息而相關，此層之論謂眞，彼層之論謂亦眞，此層之論謂假，彼層之論謂亦假，彼層之論謂或眞或假，此層之論謂亦或眞或假。此則可謂等值矣。然吾人之經驗，常不必皆保留而有效。當吾由此層之論謂而進入彼層之論

謂，則前層之論謂常因後層之深入而修改或改變或廢棄，此即不必為等值矣。今自保留而不必全保留言之，則謂此層之論謂可以引導彼層之論謂，而不云兩層為等值。其關係為引導關係，故當其可以保留也，則下層之論謂隸屬於上層，上層之論謂函攝乎下層。當其無效而被廢棄也（雖被廢棄而當時之引導力仍不無），則上層之論論即全然而一新，下層之論謂即廢然而成陳迹。當其為有效，上下層之關係為隸屬與函攝之關係。至乎上層之函攝，則前此之論謂，雖不能謂其假，然亦無須重提矣。此即所謂由上返下非歷程，乃為一理之所貫也。吾人經驗常新而不已，吾人論謂亦層出而不窮。每層論謂皆有當機之效驗。亦即皆各預期一歸結或成就。如其當機之效真有效，即其預期之果真出現。然雖真有效，真出現，吾人之經驗亦不能止於此。不止於此，故必有前進之深入。故即真有效亦必攜其指導力而前進於深一層。若其無效，則預期之果不實，吾人即須變更吾人之論謂而進於深一層。變更者，即進層之謂也。如此前進，無有已時。每層論謂皆指謂一事實，故亦皆受經驗之限制。永無最後之論謂，所謂最後實是暫時為最後。此實為範疇運用之一特性。

＊　　　　＊　　　　＊　　　　＊

　　以上辨明原則命題之統系，茲復應言種類命題之表象存在。種類命題，以表象存在故，故其成序，須受存在關係之制約。原則命題之間為函蘊，其關係為必然（指同層者言）。此為推理之統系，而存在命題間則無此種必然之推理。杜威言：「每一此種命題（即存在命題）之力量，第一因其獨立之主材而被測量（其獨立之主材因獨立之實驗運用而被決定）；第二因其與其他關於獨立主材之命

題之絜和而被測量。存在命題之成序乃因其共涉及同一問題境況而被控制，且當其能引起此問題之解決而始然。（問題之解決即問題境況變為一統一之境況，所謂獨體判斷是也。獨體判斷即為最後之判斷，亦即一結束。為此問題境況所控制之存在命題即供給最後判斷之主詞以內容。）然其成序非原則命題之成系列，而只能成一組。」又云：「於推理中，系列命題大似梯形中每階之排列。而關於事實之命題，則似互相交割之線，於其交割中，描述一有組織之區面。於梯形命題之系列，承續秩序為其主徵。而規定事實之命題，則成序一義即非重要。」又云：「實驗觀察之運用，一、縷述相干之資料之場所，二、有效之交割向一統一表意力而輻湊，因此並向一統一結論而輻湊。」又云：「普通所謂材料之相關，實即表意中輻湊之事實，亦即累積之證據力之事實。分而言之，此種存在命題，對其問題之性質及其可能之解決，皆有一指示力。當其輻湊時，則皆有一排拒力。指示力當其因排除其他可能之解決模式而被規定，即變為表意力。」個個存在命題皆有其獨立之指示，即皆表象一獨立之事實。而其所表象之事實之相關或輻湊，即其累積之證據力。此即杜威所謂存在命題之獨立性與累積力。以此累積或輻湊，遂使存在命題而成組。（以上所引參看杜威《邏輯》第三部十六章〈成組命題與成系列命題〉。）其所以成組而不成系列者，以其受事實之函變關係之制約也。

　　受事實之函變關係之制約，即所謂為問題境況所控制。以為問題境況所控制，故存在命題之真假值（即杜威所謂力量）亦須依據事實而測量。此即言凡存在命題之值皆為概然也。每一存在命題對其問題之性質及其可能之解決，皆有一指示力，此即言其皆有一概

然之值。當其指示力變爲表意力（如上引杜威所規定），則即有一較高之概然值。當其共向一統一表意力而輻湊，因此並向一統一結論而輻湊，則即爲一問題境況之解決（暫時的），此時存在命題即有趨於準確之概然值，即其概然值爲極高。諸存在命題於其縷述相干質料之場所，皆隨其指示力而有一概然值，當其爲有效之交割，向一統一表意力而輻湊，則即隨此輻湊之前進或累積之層次而有概然之級系，即其值漸成一級系。級系云者從零起至一（即絕對）止，中間之可能分數也。概然云者下不能爲零，上不能爲絕對也。故概然級系即零與一間之可能分數之級系也。概然級系存於存在命題指示力中之表意力之輻湊。其輻湊爲一趨向絕對之接近迹，此接近迹即爲一系列。每一命題於問題之性質及其可能之解決皆有一指示力。然指示力必當其排拒其他可能之解決模式始變爲表意力。是命題表意力之成由於命題指示力中起一排拒之簡擇。所謂簡擇，即共向於可爲最後判斷之主詞之內容之命題之選取也。如此選取，即爲輻湊，亦即爲積累。因此輻湊或累積，一方使存在命題成一組序（非系列），一方亦成存在命題之概然級系。所謂存在命題之輻湊或累積，亦即前所云之層層歸納推斷乃至最後（臨時的）普遍化之歸納推斷。層層歸納推斷，即爲諸多具有表象力之存在命題之成立。然層層歸納推斷必因一原則命題之先在而可能。是則存在命題之輻湊或累積乃至其表意力，亦必因一原則命題之先在而可能。原則命題爲一可能之模型。表意必因排拒其他可能模型而成立。排拒其他可能模型，即隸屬於其所屬之可能模型。以其屬於其所屬之可能模型，遂有向一統一表意力而輻湊之可能，亦即有向一統一結論而輻湊之可能。以此輻湊成累積，諸存在命題遂向往於可爲最後判

斷之主詞之內容而結集。是諸存在命題之概然級系即為原則命題
（即先在之可能模型）逐步實現之級系。存在命題之概然值級系，
即原則命題之概然值級系也。蓋每一原則命題為一可能之模型。言
其為可能，即言其不必眞。言其不必眞，即言其不必能實現。而實
現不實現，則有待於隸屬於其下之存在命題之累積或輻湊。輻湊力
愈大，原則命題之可能性亦愈大，亦即其概然值亦愈高。故存在命
題之概然級系即原則命題漸次實現之概然級系也。及乎由層層歸納
推斷至於普遍化之歸納推斷（即向一統一結論而輻湊），則由原則
命題轉為種類命題，種類命題（亦為存在命題）之概然值為極高，
而原則命題亦為暫時之實現，故其概然值亦極高。此時即為一最後
判斷之成立。種類命題及其所覆攝之諸多特殊命題所表象之存在即
為此最後判斷之主詞之內容，而原則命題則為此最後判斷之謂詞之
內容。此即為一可能模型之實現。實現云者，諸存在命題所指示之
事實，輻湊而成一事類，足以滿足原則命題所定之可能模型，而可
能模型復足以如實論謂此事類也。

第五節　概然公理

　　一原則命題，經過歸納推斷，普遍化而為種類命題。譬如說：
凡吃砒霜者都要死。此命題中雖有「凡」字，但此命題本身究是一
種概括的普遍化，而非一絕對普遍性。唯原則命題始有內在的絕對
普遍性，而原則命題又只是一假設，一可能模型，而尚未經過層層
歸納推斷之證實。當其經過歸納推斷而成為種類命題，即只是一種
概括的普遍化。種類命題雖云是原則命題之證實，而此證實亦只是

概括的證實，即經由層層歸納推斷或諸存在命題之輻湊而爲概括的
證實。而在層層歸納推斷中所考核的存在命題是有限的。而種類命
題中之「凡」字其概括卻是無限的。所以在此概括中，「凡」字所
指示的並沒全體呈現。而只呈現了一部即所已考核到者，尚有無窮
數的事例未呈現。而且在經驗過程中，亦永遠不能全體呈現，因
「凡」字所指爲無限故。若是有限，則可以列舉，即不成爲歸納推
斷。是以由概括普遍化而成之種類命題，其值總是概然眞，而不是
絕對眞。而其相應之原則命題之證實亦是概然的證實，而不是絕對
的證實。種類命題總是一經驗綜和命題。其值所以爲概然者，總因
事類中事象之因果關係非邏輯推理也。吾人雖已明經驗事實之因果
關係有其「直覺確定性」，但彼既非邏輯的推理關係，亦非純爲主
觀的心理聯想，故得以使經驗綜和命題之值成其爲概然。即依此基
本事實，而列概然公理如下：

　　公理甲：凡經驗事象之因果關係只能爲實然之事實關係，不可
　　　　　　增益，不可減損。

　　公理乙：凡經驗中每一事象之變現不能皆爲無窮種之不同。此
　　　　　　即鏗士變化有限原則。

　　　　　　而一切歸納推斷皆關於未來之推斷，於此復有一未來
　　　　　　原則其辭曰：凡歸納推斷皆必涉及於未來。依未來原
　　　　　　則，復立預測公理。其辭曰：

　　公理丙：依據過去對於未來所行之統計論謂不能全無效，因對
　　　　　　於一特定過去無論其未來爲如何，而過去總有一未
　　　　　　來。

此爲統計累積原則，爲路易士所設立者。今易名曰預測公理。

公理甲言：凡經驗事象之因果關係只能為實然之事實關係，不可增益，不可減損。增益，則視之為邏輯關係之「理之必」。減損，則視之為主觀之聯想。此皆須遮撥。此即表示此公理對於覺現實事之關係予以正面之肯定。關於因果關係之函義，吾已言之於首卷第一章中。關於此公理之函義則如下：一、此公理並無邏輯之證明，即其所肯定之因果關係並無邏輯根據也。蓋此本非邏輯事，故亦無邏輯之證明。若問覺現實事何以必有此因果關係，此誠無邏輯理由可答者。其唯一之答覆曰直覺確定性。汝若終不肯信，吾必曰汝必未曾有生物之生活，或終身處於真空管中而不覺。故因果關係必為覺知事，而非論證事。屬覺知者以覺知答覆之。事之可以經驗（覺知）答覆者並不定弱於以邏輯論證者。辯有不辯。可論證者且必依不可論證者為根據。即依此不可論證而名曰公理。二、所謂邏輯之證明即企圖予以理性化。而最易為吾人所易至之理性化即予以形上學之根據。然形上學之根據則為逾分者，至少亦為別一事。說明因果關係之所以為因果關係之形上理性實體尚須吾人之建立。至少吾人在知識或知覺範圍內尚不能有此理性實體之發見。此其所以為別一事也。亦即所以為逾分也。然即使形上實體已建立，而一落於事象之變化中，則亦不過明變化有理由，而不能謂此變化為邏輯關係也。

公理乙言：凡經驗中每一事象之變現不能皆有無窮種之不同。此為無限混亂之否定。此公理又可如此述：「經驗中每一實事與每一其他實事皆同同相聯合必假」。此為路易士之說法。無限混亂為無眉目，同同相聯合亦為無眉目。茲先就原辭以明之。事象之變現即事象之函變關係之變化。設甲乙兩事首次如此關聯，吾人固無理

由斷其必如此，亦不能斷其必不可爲他種。然於經驗中其可能之變
化須有限。設假定其爲無限，即其變化有無窮，而於無窮之變化中
又每種皆不同，即不啻有無窮種之差異，則吾人對之即不能有推
斷，或即有推斷亦必全無效。茲再舉例以明之。設一付紙牌，有魔
搗亂之。吾人很難發見其有若何一定之關係。然只如此尙非全絕
望。設其搗亂之變化爲有限，吾人之推斷不能全無效。是即尙有望
也。如其搗亂之變化爲無限，則吾即不能有推斷。如有之，亦無
效。蓋無限種之搗亂，無一相同，即無一重複，吾人無由推斷也。
然若其搗亂法爲有限，則若繼續，必有重複，吾人仍有踪迹可尋
也。然此種無限混亂之否定並非指某一特定之事象言。乃指經驗中
所有事象言。若指某一特定之事象言，則其變化盡可全無規律也。
又不能有無窮種之不同，切不可誤爲事象無連續不已之變化。一草
一木其生命儘可無已時。吾人之生命亦可無已時，宇宙亦不必有已
時。已無已固非吾所能知。亦不須及乎此。此處所言亦與此義無關
也。此處言不能有無窮種之不同只言其與其他事之函變關係不能有
無窮種之不同變現。如其有之，實已不能謂其有函變關係矣。又無
窮種之不同，復不可謂甲乙如此變，如因其某種條件變，而又如彼
變，又因某種條件變而又有其他變乃至種種變。如解「無窮種」爲
如此，則實已有關係可尋矣。故無窮種不可如此解。其義乃謂其變
現乃全不能預測者。汝以爲因此而如彼者，彼偏不如彼。汝以爲因
彼而可如此者，彼偏不如此。任汝如何解，總不能有相應。所謂無
窮種之變現者義只如此。此所謂全無規律也，如此球向他球動，他
球隨之動。此固無必然之理由，亦無邏輯之根據。其他之變化固自
亦可能。他球亦可不隨之動，此球亦可從一直線而回轉，復可於任

何方向而跳離另一球，兩球亦可停止而不動，乃至種種其他變現之
可能。凡此種種，與「他球隨之動」一事實，並無邏輯之矛盾，故
皆可設想而可能。然須知此種不同之變現不能有無窮種。如其有
之，此兩球即不能有關係，吾人對之亦不能有任何之推斷。此時吾
於此兩球即無任何之知識。如經驗中所有事象皆如此，吾即無一知
識而可言。知識一詞將不能見之於字典。甚至吾人將不能有生活，
即有之亦必非此世人類之生活。是以由公理乙復可推述曰：「於任
何境況中（設其擴及之範圍爲足大），如有某些事項不能滿足公理
乙，即其聯絡爲混亂，則必有其他事象滿足公理乙，即必有其他事
象與其前者爲有系統之連結，或因其前者而可特殊化。」此亦爲路
易士之說法。此義即前言無窮混亂之否定並不指一定之事項言。乃
指經驗中所有事項言。亦即不能所有經驗事實皆有無窮種之不同變
現也。公理乙另一陳述爲，「經驗中每一實事與每一其他實事皆同
同相聯合必假」。此所否定者大類孔子所痛恨之軟圓之鄉愿。吾嘗
言，中庸是一，鄉愿是零。鄉愿之爲人即在使自己之一舉一動與社
會任何其他人之特殊舉動爲同同相聯合，故云非之無舉也，刺之無
刺也。鄉愿無自己故爲零。孔子斥其爲亂德而惡之，是則因社會不
皆爲鄉愿，故顯鄉愿有特殊之標誌。是尙有可判斷之標準也。如社
會上人人皆鄉愿，即孔子亦鄉愿，所有之人其行動皆互相同同相聯
合，則即無有判斷之標準，吾即不能有所斷。公理乙正可以此作譬
喻。如經驗中所有事實互相間皆同同相聯合，某甲隨一切其他轉，
其他一切隨某甲轉，而一切又皆互相轉，猶如無窮數之軟圓（亦曰
反身性）與非歸納性，此時吾即不能有推斷，自亦不能有知識。如
經驗中某事如此而不盡如此，則即可以有推斷，亦得言有經驗。猶

如有鄉愿而不盡為鄉愿，即可以有判斷之標準，而區別亂德不亂德。

關於公理乙之函義則如下：一、此公理亦不能有邏輯之論證，此世界何以不能有無窮種之變現，何以不能皆為同同相聯合，又何以不能有一界其中事象皆為無窮種之變現，或皆為同同相聯合，此無邏輯理由可答者。其唯一可答之理由曰經驗曰知覺曰事實。吾人之經驗事實不如此，吾人之知覺所現不如此。吾固可設想此一界。因其與現實經驗界並無邏輯之矛盾，亦猶太陽之不從東出，並無邏輯之矛盾。然吾人經驗不如此，吾人即肯定此不如此之經驗界。如一旦吾人所處之世界為如此，則亦無可如何而已矣，此公理自無效。然自今日觀之，此公理尚有效。吾人之於事實為逆來順受者。即依此逆來順受之態度，設立此公理。故此公理無邏輯之論證。二、依來布尼茲云上帝有許多可能之世界，而以最佳者賦吾人，即吾人今日所處之現實世界也。設於未來際，上帝忽以其他不佳之世界予吾人，或吾人所處之世界忽全變而為他，則此公理亦可變而為無效。世界之前途有窮無窮，吾人皆不能知。是即此公理於未來有效無效皆不能知也。故此公理終無邏輯之必然，唯有依據經驗而置定之，故為公理也。

公理丙言：依據過去對於未來所行之統計論謂不能全無效，因對一特定過去無論其未來為如何，而過去總有一未來。此中所述「依據過去對於未來所行之統計論謂」是何意耶？簡言之，由過去而論未來是何意耶？其意為依過去已然之事，論未來未然之事。譬如兩球相擊，甲球向乙球動，乙球亦隨之動。設此為已然之事例，即已過去之事例。設將來復有兩球相擊之事例，吾人根據過去

經驗，能謂於此未來事例中，甲球向乙球動，乙球亦必隨之而動耶？此固無必然。然此可能變化之論謂（即預測）要亦不能全無效，即此可能變化不能全為不可能。何者？蓋當甲球實際發動時（此即為一「特定」過去），無論其所引起之可能變化為如何，總有一可能變化也。換言之，亦可如此述，無論何者將為其未來，而此已然之特定過去（即實際發動之甲球）總有一未來。固可如休謨云，乙球不必隨之動，千百種之其他變化亦為可能者。然唯其如此，故亦可云總有一可能。千百種之其他變化固可否決此唯一可能（乙球隨之動一可能）之信念，然亦確立總有一可能之信念。此即此公理後半句所謂對於一特定過去無論其未來如何，而過去總有一未來之意也。此所言特定過去即可以引起可能變化之已發動之事也。如言甲球之動是。並非謂此「甲球動乙球隨之動」之已然之全事例也。即非依據過去事例之經驗中之「過去」也。若指此過去而言，則已然之事例何以必有一未來，乃無謂之說矣。例如今日眼見「有水滅火」，何以將來亦有「有水滅火」之事耶？今年有「黑死病流行」，吾人能謂將來亦有黑死病流行耶？如作此解，則非對於未來施行論謂之意也。即「有水滅火」與「黑死病流行」，自其為一全事之本身言，無可謂總有一未來也。吾人固可推測某年月日時將可有日蝕，然此亦為根據某某與日蝕有關之條件而推測，非謂因今年有日蝕，將來亦總有日蝕也。此則無謂矣。故過去總有一未來，但可如此云：今日「水滅火」為已然，如未來復有水火之事，吾人可測度曰：此水亦將滅火也。此雖無必然，亦非不可能。蓋汝灑水向火時，無論其未來之變化為如何，總有一變化也。而此總有之一變化，焉知非即此「火滅」之變化耶？此即對未來之統計論謂

不能全無效也。統計論謂意云非必然論謂。依此統計論謂，未來事例或可與過去已然事例相契合。而此或然之契合，要以此公理後半句之所述爲根據。此後半句所述之意義即謂每一實事之生起總有一發展之歷程，即有其「溯自」與「展向」。吾人根據過去已然事例爲模型，論謂當下事例之展向。此即公理所揭示之要義也。

　　然則此公理能有邏輯證明乎？曰無。何以必有一未來之展向？此無邏輯理由可伸述。即有未來之展向，而其展向如不滿足公理乙又如何？此亦無邏輯之保證。是以公理乙無必然，此公理自亦無必然。其唯一之根據曰經驗，曰覺知，曰事實。而此物理變化之事實亦即覺知經驗之所顯露者。而覺知經驗之歷程其自身亦實爲生理物理變化之歷程。以手觸火而手痛，此生理覺也，亦即生理物理之變化歷程也。如於未來復以手觸火，固不必痛，然如其觸之，總有其可能之展向則無疑。此無疑云者非邏輯理由之無疑，乃生理物理事實之無疑。如其疑之，吾固不能有邏輯之反駁，然吾可云汝必未曾有生物之生活。此生物之生活乃無理由者，故此公理亦無理由者。即以此故，名曰公理。一切可論證者必以此不可論證者爲根據（雖非唯一之根據）。人類承認之。讀者將見以上三公理實皆歸於首卷第一章所述事實之承認。承認此等於承認彼，承認彼亦等於承認此。承認彼或此，吾人之知識已可能，而其如何可能之歷程則已解剖於上矣。

第二章　曲全格度之所函攝

第一節　滿類與滿證

疇範有其完全實現之要求，而種類命題所表象之存在關係亦實能使其為概然之實現。由概然之實現，進而求定然之實現；而以經驗之層出不窮與夫理解之固執與限定，定然之實現終不可得。故定然實現之要求，實為理想之要求。蓋囿於經驗與理解，終不得不為概然也。自概然而望定然，故定然為理想。

此定然實現之理想欲實現，即有需於知識之滿證。滿證不能實現，滿證亦為理想。範疇之論謂不但誘導經驗知識之完成，且亦誘導知識之滿證。言概然，有描述（或成就）概然之公理；言滿證，亦有指示滿證之公理。經驗知識終於為概然。概然非滿證。概然公理皆自成就概然而言之。概然為經驗知識之一既成之事實，故概然公理即為此既成事實之描述。描述之即說明之，說明之即成就之。故概然公理實為說明原則，藉以說明既成之事實，非於既成事實以外有所增益也。設事實不如概然公理之所述（如混亂或必然），則亦無概然，亦無此公理。今既有概然之事實，故即有概然之公理。

然概然終於為概然，而非為滿證。範疇之論謂既誘發知識之滿證，如知識得滿證，則概然變定然，而概然公理之所述即獲得其滿證，而不必有公理。概然公理言：一謂詞不保其必效於未來，而滿證則保證其必效。本節論滿證如何而可能。

範疇由一假然普通命題而表示，此為一抒義之原則。其自身為絕對之普遍，為圓滿而無漏。然此乃假然命題之所述也。吾人不能只有此假然。只有此假然，不能成知識。而假然命題所表示之原則之設立即為獲得知識而先立，乃一先在之模型，故其假然性終必要求為實現。其實現之歷程為歸納之歷程。由歸納歷程而成一暫時之歸束曰「種類」。表示此種類之命題為種類命題。種類命題，自形式言之，雖為普遍之全稱，如「凡人有死」，而其實際實為特殊之偏稱，如「有人有死」。此為杜威所宣示，吾於此可首肯。故凡種類命題，以表象歸納而成之種類故，皆為偏稱肯定之命題式（I 命題式）。此言其囿於經驗與理解而終為概然也。此亦示範疇論謂所定之原則乃為永不能圓滿實現者。雖由歸納歷程而普遍化，而表之以全稱，然終為普遍化，而非真實普遍也。此即示普遍化之全稱實為有漏而不得滿證之偏稱。此亦示全稱亦為永不能圓滿實現者。其故亦在囿於經驗與理解而為概然故。然偏稱終於為偏稱，全稱終於為全稱。吾人於命題式實有此分別，而其意義亦不同。理解之知識雖永不能至於「全」，而有此「全」之要求，亦需有「全」之表示。「全」實為範疇所定之原則要求完全實現之表示，亦即此原則要求「滿證」之表示。「全」與範疇遙相應。「全」之普遍性（非普遍化）即範疇之普遍性之由假然變而為定然。此定然之普遍性，自理解知識終為概然言，則為範疇之理想性。此即言範疇亦誘發滿

證也。依此，吾人有三種命題式：

一、假然普通命題：表範疇。

二、概然種類命題：表事類。

三、定然全稱命題：表滿類。

由範疇至事類，言概然；由範疇經事類至滿類，言定然。滿類即通常所稱之「類」。今對事類言曰滿類。滿者圓滿義，完整義，無漏義。以表事類之種類命題實際為偏稱命題式，故事類為有漏，不圓滿。對此而言，故曰滿類。每一滿類為一無漏之綜體。以定然全稱命題中之「凡」字必涉散殊之個體故。以其為綜體，故亦為平鋪，與事類之為平鋪同。惟事類為有漏，而滿類則無漏。範疇為原則，非平鋪。事類為過渡，為中間。滿類為終極，為目的。滿類為定然全稱命題所表示，且反而表示範疇所要求之實現之滿證。以表示滿證故，故其自身曰滿類。然則此滿類如何證實耶？其所表示之滿證如何證實耶？

定然全稱命題亦為普遍命題，或曰命題函值。羅素以命題函值表示類，以為每一命題函值定一類。其所定之類，吾今名之曰滿類。以每一如此而定之類皆為圓滿無漏故。如此之滿類，自理解知識言，亦仍為不得圓滿實現者。即其所表示之滿證仍為不得滿證者。自此滿類之不得滿證言，吾人需有假定之必要。此假定名曰滿類公理。概然公理表示一謂詞不保其必效於未來，滿類公理則表示一謂詞亦必貫穿於未來（此在滿類則以「無限」代未來）。然此表示乃為不得證明者，故名曰假定。滿類得滿證，則公理即取消。但滿類何時而得滿證耶？其滿證如何可能耶？自理解知識言，永不能得滿證，亦無有滿證之可能。公理之所以為公理即據此而成立，而

得名。設有滿證之可能，公理即廢棄，假然變實然。故此公理或爲
臨時，或爲永久，惟賴吾人之知識是否只爲理解之知識而決定。概
然公理有三，滿類公理只有二。吾將藉羅素之三公理而論之。三公
理，一曰還原公理，二曰選取公理，三曰無窮公理。滿類公理表示
滿類欲求滿證而又不得滿證之疑難。

第二節 循環原則與類型說

羅素公理雖三，而以還原公理爲討論滿類公理之關鍵。每一滿
類不只有限，且通無限。有限無限皆指滿類所覆及之散殊個體言。
有限言其所覆及之散殊個體爲有盡，無限言其所覆及之散殊個體爲
無盡。此非數學之有限與無限，以對知識而言故。知識中每一定然
普遍命題皆爲涉及散殊分子之陳述，故其所表示之滿類亦必覆及有
限無限之個體。每一滿類通無限，故每一滿類皆爲圓滿無漏之綜
體。圓滿言其完整，無漏言其無限。是以表示滿類之命題皆爲窮盡
而充其量之命題。其表示也，出之以定然普遍命題，即定然全稱命
題，如「凡人有死」，如「項羽有爲一大將之一切特性」。「凡」
字或「一切」即爲表示圓滿而無漏之綜體之所在。此在亞氏，名曰
「全稱」。全稱非共相也。「人」爲共相，「凡」非共相。「凡」
者，指陳隸屬於「人」共相下之所有分子也。故全稱所表爲一綜
體。然降至近世，「凡」字大成問題。還原公理之引出即由此入。
此固羅素以類論數之所首立者。吾今自知識而論之，而其意義仍可
得而言。

由「人有死」一函值，用普遍化之方法，可推出「凡人有

死」、「有人有死」兩函值。用「凡」字所示者是指「人」之一切值而言，用「有」字所示者是指「人」之某一值而言。某一值之「某」，下而不能為「零」，上而不能為「全」。然吾人言「凡」或「有」皆為自一定層次上而涉及散殊之個體。是以凡言「凡」或「有」皆有所指，而非橫軼而無所指之漫言。有所指即有所涉。所指即外指，所涉即外涉。外涉外指似為限定層次之關鍵。外涉外指為共相之主詞所指點，而全稱之「凡」或偏稱之「有」即隨此主詞所指點之外指而附隸之，而受其限。受其限即謂其層次之限定。是以凡有「凡」或「有」皆為外指之「凡」或「有」，而非反而內涉其自身。即「凡」或「有」所引之命題之自身並不在「凡」中，亦不在「有」中。此即「凡」字「有」字之不漫，此似為吾人言普遍化之命題無論自覺或不自覺之本義。然此粗淺之事實，人常忽之而罔覺。以其罔覺也，遂視某種普遍化之命題為循環而矛盾。此即問題之所由起。而發生問題之焦點在「凡」字，故又轉而問「凡」字是否有合法之使用。由此疑問，遂設立理論以成就其合法之使用，類型說與還原公理是也。並以為如其不然（即無此理論），「凡」字即為不合法者。是視「凡」為根本不合法之觀念，而必須有某種理論以限之。此謂由誤引誤，遂視誤為本誤，而復由外鑠之人工以限之，而忘其本不誤也，而不知所加之人工之限制為本已如此也。如其本義即如此，即不復是問題，故亦不須理論以成之。此為一本然之事實，吾人可說明此事實，而不能由理論造成此事實。如其不明此事實，心迷而混亂，吾人可提撕而告之，吾亦不能以心迷混亂，頭腦不清所纏繞者為問題，而期由此以某種理論造成一事實。關此吾下文將復提及。茲且明「凡」字何以成問題而至於不合法。

　　「凡人有死」一命題大都不至視其含於「凡」字中。蓋此一命題實非「人」也。以其非人，故亦不含於附隸於「人」之「凡」字中，是即言其並不隸屬於「人」共相之下也。然如「凡命題或是真或是假」，「凡命題不能既是真又是假」，則易想其含於「凡」字中而為其一可能，蓋此兩陳述亦為命題也。既為命題，即可含於附隸於「命題」之「凡」字中。此謂自己含自己之循環。唯此兩命題（表示排中律與矛盾律）雖循環，而不至有矛盾。若如「無一是命題」，「一切言語皆虛妄」，則不但可以引至於循環，且因其引至於循環而復引至於矛盾。如果「無一是命題」，其自身即含在「無一」中而為其一可能，「一切言語皆虛妄」，其自身亦含在「一切」中而為其一可能，則即為由循環而矛盾。試就「無一是命題」而言之。設其自身即含於「無一」中而為其一可能，則可問：「無一是命題」是否為命題？如其是命題，則即有一是命題，而不能云「無一是命題」，故汝云「無一是命題」妄。如不是命題，則汝之言「無一是命題」即為一廢話，或為一虛空，或為一無意義之聲音，此亦等於消滅其自己，而不能成為一肯斷。是以若其自身即含於「無一」中而為其一可能，則無論答是答否，「無一是命題」皆為自相矛盾而不能成立者。再就「一切言語皆虛妄」而言之。設其自身亦含於「一切」中而為其一可能，則可問：汝之「一切言語皆虛妄」之一言是否為虛妄？如其是虛妄，則汝此言真虛妄即為不虛妄，是即有一不虛妄。如其不虛妄，則汝之此言為真，即至少有汝之一言不虛妄，而汝之「一切言語皆虛妄」即假，亦不能有成立。是以若其自身含於「一切」中而為一可能，則無論答是答否，「一切言語皆虛妄」總為自相矛盾而不能自立者。然「無一是命題」，

「一切言語皆虛妄」，固與「凡人有死」，「命題或是眞或是假」，爲同一形式也。旣爲同一形式，自邏輯言之，即應爲皆可成立之形式。然今竟有不能成立者。將因有循環而矛盾，吾人即不能言「凡」乎？即不能有全稱命題乎？抑歸於有時有，有時無，而謂循環而矛盾者乃不應有之言辭乎？然「凡」之概念爲邏輯陳述所不可免。邏輯陳述之普遍性，大都由「凡」字而表示。然則全稱命題似不能隨便取消也。如歸於有時有，有時無，而謂循環而矛盾之言辭不應言，則亦衝破邏輯中之普遍性。蓋全稱命題旣爲一命題式，其中之變項可以隨意代，而不能有限制。然則何以代之以「人」與「有死」即成立，代之以「言語」與「虛妄」即不成立乎？有時有，有時無，實爲注目於實際句子之內容，而爲臨時之誤引。臨時之誤引，不能爲成立有時有，有時無之理由。然如承認全稱命題式，又將何以避免循環與矛盾？如無全稱命題式，吾人不能表示類；如不能避免循環與矛盾，吾人不能成就類。羅素建立類型說與還原公理而答之。而吾以爲則應首先考核矛盾之何由來，如何成。「矛盾」是否即爲「凡」字本身所固具。今且述羅素之思想。

　　還原公理兼賅遮表二義。由類型說以避免循環與矛盾，此遮義也。由其自身而成就「類」，則表義也。

　　先說遮義。全稱命題之言「凡」，皆有一定之層次。實即吾人通常之言「凡」，大都爲對外之涉及。心意中並不含「凡」字所引命題之自身。此常爲不自覺而意許者。惟以不自覺，遇有循環而矛盾之情形，遂猝然不能有以應，而忘其爲混亂也。常情大都亦不了了之，其言全稱自若也。然邏輯家如羅素者，則對此頗費苦心。窺其意似以爲「凡」字根本不合法，而矛盾似爲「凡」字所固具，故

須一理論以成就「凡」字合法之使用。渠對循環原則之注意太過分，儼若爲一客觀之問題，而不知其實爲混亂之結果。依類型說，「凡」爲一定層次中之「凡」，非漫然而無限制。故全稱命題皆爲自一定層次而爲對外之涉及，其所涉及者爲外陳之散殊之個體。是以凡發生循環而矛盾之命題皆爲對此命題施以層次混擾之結果。吾說「凡人有死」並不含此命題之自身，吾說「一切言語皆虛妄」亦不含此命題之自身。於「凡人有死」中，「人」爲實變項。於「一切言語皆虛妄」中，「言語」爲實變項。而「凡」或「一切」則爲虛變項（或似變項），言非眞變項也。「凡」或「一切」皆指實變項之值之範圍言。依此，「凡」或「一切」即限制於實變項，而不能有漫越。限制於實變項即爲吾此言之層次在此實變項。設名此爲第一層（或第一序）。如以虛變項爲變項而考論之，則爲另一層。設名此爲第二序。是以如不含其自身則已，如其含之，則必含於另一較高層，即含於第二層，即第二層含之，而非第一層即含之，即並不含其自身於第一層次中。依此而言，「一切言語皆虛妄」，在第一層中，並非一單獨之新命題，而實爲眾多命題之絜和，並爲因此絜和而成之簡稱。其自身並無獨立性。「凡人有死」即等於「孔子、孟子等等無窮散殊個體之有死之絜和式」，「有人有死」即等於「孔子、孟子等等無窮散殊個體之有死之析取式」。「一切言語皆虛妄」亦然。依此，虛變項即拆散而消滅，盡歸於關於實變項之陳述，而並無關於虛變項之陳述。是以「凡人有死」一命題其自身並無獨立之實性，亦非一單獨之新命題。如爲一單獨新命題，則必在第二序言語中。今在第一序，則只有眾多關於實變項之陳述，而無關於虛變項之陳述。是即其自己無由含於其中也。既不含有其自

己，則無由發生循環而矛盾之情形。依此建立「凡」字合法之使用。是以凡言「凡」必爲第一序之「凡」，或第二序之「凡」，而無空頭之「凡」。依羅素，空頭之「凡」乃爲不合法者。吾人必須限定其層次。依此避免循環與矛盾。所謂遮義也。然如何轉至還原公理耶？

第三節　還原公理

於是吾人論表義。還原公理實即類型說之變相。其成立即根據類型說而成立。其焦點亦在避免「凡」字之循環與矛盾。然何以類型說無問題，而還原公理有問題，又名之曰公理耶？其機甚微，言者難之，多不測其奧也。實則卑之無高論。徒以羅素述之之言辭過簡約而又太形式，遂視爲玄奧不可解。還原公理言：

> 設定任何函值總有一指謂函值與之爲形式地相等價；或爲：指謂函值爲實有，設定任何函值必等值於一實有之指謂函值。等值即兩者同眞同假之謂。

又言：

> 實有一第 n 序之函值（此處 n 是固定者），此函值形式地等價於任何一函值（此任何一函值是何序不必問）。

又言：

　　眾多謂詞（其數通無限）之絜和或析取等值於一簡單之謂
詞。

　　此處當言何謂指謂函值。依羅素，指謂函值即由對於一個體之
指謂所成之函值。指謂即謂詞義。一謂詞必指謂一個體或對象。如
「孔子有死」，吾人暫時可說「孔子」是一個體，「有死」即一謂
詞，此謂詞指謂孔子。「孔子」為一定之個體，如以變項 X 代
之，則為「X 有死」，此時吾可以任何個人代孔子。然 X 雖為變
項，而仍為個體。故「有死」指謂 X，亦即指謂個體。此時亦有變
項故，故「X 有死」即為一指謂函值。依此，指謂函值必於對象有
所涉及，其中之謂詞必指謂一對象。以其指謂一對象，故必表象具
於該對象中之一特性。此為根本義。又指謂函值乃為無虛變項之函
值：譬如「X 有死」，X 為變項，然 X 為個體；其中亦無表示
「凡」或「有」之字者，故亦無虛變項。具虛變項之函值則由指謂
函值而引出。此如「凡 X 有死」，「有 X 有死」，皆自「X 有
死」中而推出。依此，凡指謂函值皆為一模型，一切其他函值皆由
之而推出。此為第二義。復次每一指謂函值皆有存在性，即其謂詞
有存在性，其存在性依其論謂個體而始有。其存在性即以其涉及個
體故，即以其有所指陳故。有涉有指即有限制，此為固定類型之標
準，故曰模型也。此為第三義。
　　既有指謂函值，自亦有非指謂函值。非指謂函值由指謂函值而
推出。前言「凡 X 有死」，「有 X 有死」，皆自「X 有死」而推
出。如是，「凡 X 有死」，「有 X 有死」，即為非指謂函值。此
在常情，似為離奇。何以即為非指謂耶？此亦有故。蓋「X 有

死」，X雖為變項，而實隱目個體，故「有死」亦指謂個體，故為指謂函值也。然在「凡X有死」或「有X有死」，「凡」字「有」字皆為虛變項，X可以指謂，而並無「凡X」或「有X」可以指謂也。如謂「凡X」或「有X」可化為個個X，然此時即為指謂者，而當其為「凡X」或「有X」時，即為不指謂者。依是，凡有「虛變項」之命題（函值）皆為非指謂之命題（函值）。如由指謂函值變為非指謂函值，亦只須將指謂函值中之實變項（或目數）變為虛變項即可。此亦即言由指謂函值推出非指謂函值也。然此時吾人須有層次之觀念。「X有死」，如X為個體，則即為指謂個體之指謂函值。設名此為第一序指謂函值。由此第一序指謂函值（以下亦稱模型）而推出之非指謂函值，則為第一序函值（即非指謂者）。依是「凡X有死」，「有X有死」，即為第一序之非指謂函值。以其目數同為X（即個體）也。（無論X為虛變或實變。）此即謂個體層，即以此個體層為第一序。此以符號表之較方便：

1.$\phi!\hat{X}$，$\phi!(\hat{X}，\hat{Y})$，$\Psi!(\hat{X}，\hat{Y}，\hat{Z}，\cdots\cdots)$ 表指謂函值。

2.ϕX，$\phi(X，Y)$，$\Psi(X，Y，Z，\cdots\cdots)$ 表指謂函值之任何值。

3.$(X)\cdot\phi X$，$(\exists X)\cdot\phi X$ 表由指謂函值："$\phi!\hat{X}$"而推出之非指謂函值。此非指謂函值，依下所述，名曰命題，以其中無有實變項故，實變項俱轉為虛變項故。

$(Y)\cdot\phi(X，Y)$，$(X)\cdot\phi(X，Y)$，$(X，Y)\quad\phi(X，Y)$

（∃Y）·φ（X，Y），（∃X）·φ（X，Y），（∃X，Y）·φ（X，Y）

此爲由指謂函謂 "φ！（X̂，Ŷ）" 而推出之非指謂函值。不過羅素於此又有分別。（X，Y）·φ（X，Y），（∃X，Y）·φ（X，Y）名爲命題。而其餘四則曰函值。以 Y 爲虛變項者，則其所成之函值即爲 X 之函值。其所以爲函值者以尙有 X 爲實變項也。以 X 爲虛變項者，則其所成之函值即爲 Y 之函值，而以 Y 爲實變項。至於命題，則將實變項 XY 盡轉爲虛變項。是以於指謂函值中之實變項轉其某一個或若干個（非一切）爲虛變項，即成爲函值；若轉其一切（非某一個）爲虛變項，則爲命題。任何實變項之指謂函值皆依此作。此所作者皆爲第一序。依是，吾人有第一序模型，第一序函值，第一序命題。第一序命題是第一序函值之「值」。

以第一序爲標準，可作第二序之模型、函值及命題。第二序之模型須以第一序之模型或個體爲其目數（實變項）。第二序之函值自第二序之模型而推出，其推出之法乃由自第二序之模型中之目數轉其一或若干（非一切）以爲虛變項。如轉其一切（非若干）以爲虛變項，則爲第二序之命題。以符號表之如下：

1.模型：f！（φ！Ẑ），g！（φ！Ẑ，ψ！Ẑ），F！（φ！Ẑ，X̂），…

2.函值：（φ）·f（φ！Z），（φ）·g（φ！Z，ψ！Z），（X）·F（φ！Z，X），…

3.命題：（φ，Z）·f（φ！Z），（∃φ，Z）·f（φ！Z）；（φ，ψ，X）·g（φ！Z，ψ！Z），（∃φ，ψ，X）·g

$$(\phi ! Z, \psi ! Z) ; (\phi , X) \cdot F (\phi ! Z, X) ,$$
$$(\exists \phi , X) \cdot F (\phi ! Z, X) ; \cdots$$

第三序之模型、函值、命題，亦依此作。依此類推，可至無窮。此言無窮，謂步步作去，可無限制。非謂一無窮序亦可以作。蓋因函值中之目數及虛變項其數必須有窮，故每一函值必爲一有限序中之函值。是以函值之序只可一步一步規定之，而無底止。無有一無窮序之函值可出現。（目數及虛變項有限並非謂虛變項所定之範圍亦有限。）

總持言之，任何序之非指謂函值皆可由與之相當之任何序之指謂函值將其中之目數轉爲虛變項而推出。依是，第 n 序之非指謂函值則由第 n 序之指謂函值將其中之目數（此當爲 n 減一序）轉爲虛變項而作成。是以除第一序外，自此以往，吾人只須以指謂函值爲變項，而不能以其他非指謂者爲變項。是以一切推出之非指謂函值皆可視爲指謂函值之函值。是亦即言不須以非指謂函值爲虛變項。蓋其實變項皆爲指謂函值也。依是，每一序中皆可分爲指謂函值與非指謂函值，而任說一函值，指謂或非指謂，皆必落於一定序中，無有漫無歸宿者。復次，當說任何非指謂函值，亦必爲一定序中之非指謂函值，而亦無有漫無限制者。依此，當說任何非指謂函值自亦必有一指謂函值與之相對應，且復由此指謂函值而推出。依此無有循環之弊。

還原公理言：設定任何函值必有一指謂函值與之爲形式地相等價。此言任何函值即言任何非指謂函值。任何非指謂函值皆由任何指謂函值而推出。且其目數必相若。是以若「非指謂函值」爲眞，則指謂函值亦必眞，若「非指謂函值」爲假，指謂函值亦必假。此

即謂形式地相等價。等價者，同眞同假之謂也，即有相同之眞假値也。如「凡 X 有死」眞，「X 有死」亦必眞；「凡 X 有死」假，「X 有死」亦必假。「實有一指謂函値，而且任何函値（在其一切 X 上）必等値於該指謂函値」，其意亦同。然則何以爲公理（假定）耶？關鍵即在「指謂函値」之實有或存在。即問題不在「任何函値」，而在與之等値之指謂函値。羅素肯定此指謂函値爲實有，即存在。試就指謂與非指謂函値而言之，如非指謂函値由指謂函値而引申出，則非指謂函値之等價於其指謂函値（在同序上）乃爲自明者。此爲由指謂到非指謂，指謂者爲既定，則非指謂者之反而等値於指謂者，豈非自明之事乎？如其爲自明，則不得謂之爲公理，蓋此爲必然而非假然也。然既謂之爲公理，則亦必有故。又，如其指謂函値之設置乃純爲邏輯者，不問其指謂之謂詞是否有存在，亦不問此謂詞所指謂之對象（個體）是否有存在，吾如此設置之即是如此設置之；謂詞如吾所如此設置之而謂其爲謂詞，其所指謂之對象亦如吾所如此設置之而謂其爲對象。縱世無此物，吾如此設置之，即有此被指謂之對象，亦有此能指謂之謂詞。此純爲邏輯之陳述。而指謂函値亦即由此邏輯之陳述而造成，純在邏輯自由性之操縱中而不能有外面之意義，以外乎此邏輯之操縱。如其如此，指謂與非指謂之相等値亦爲邏輯者，自明者。吾爲避免循環計，吾有此方法上之構造：構造一指謂者以爲非指謂者之模型。指謂與非指謂兩者永遠並駕齊驅，且有邏輯之必然性。如其如此，兩者（在同序上）相等値，亦爲自明者，不得謂之爲公理。吾人前作第一序第二序乃至第 n 序等等，就此而言之，亦實可如是觀。然何以究爲假然之公理？其故蓋在羅素「存在」之思想。羅素對於指謂函値並不取

上述之觀點（邏輯陳述之觀點）。其視指謂函值須有外界存在之意義。既有外界存在之意義，即有經驗之意義或知識之意義。依此，即非純為邏輯者。尚有非邏輯所能自由操縱者。如有經驗之意義，則兩者相等值即非邏輯者，亦非自明者，乃為概然者，既為概然者，則縱有一函值可有一指謂函值與之相等值，然不能說永遠必有一指謂函值與任何函值相等值。如其有一指謂函值與之相等值，則此時吾說還原公理可以真；如其可有而不必有，因而無有一指謂函值與之相等值，則此時吾說還原公理可以假。既可真可假，即非必然。還原公理假定：任說一函值總有一指謂函值與之相等值。此假定其為如此，非能證明其必如此。其所以不能證明其必如此，正因其有經驗之意義，而為概然也。普通言，可能者之範圍大於現實者。吾人可取譬於此而明之。吾人說任何函值，此似有邏輯之自由性，故常為可能者。可能者不必有現實者與之相對應。還原公理則提起現實者而擴大其範圍，使與可能者常相對：此即言任何函值總有一指謂函值與之等值也。當吾人造函值之層次，由指謂引申非指謂，兩者並駕，層層前進，似不必提及指謂函值之存在。以於說明無必要也。然當想及一全稱命題可化為散殊命題之絜和，而其自身並非一新命題。依此避免含其自身之循環，則又易想及指謂函值之存在。由想及其存在，復反而說任何函值總有一指謂函值與之相等值。既自外面而言指謂函值之存在，則自不能保其「必」存在，因而遂假定其「總」存在。此即所以為公理也。羅素對於指謂函值既不取邏輯陳述之觀點，遂有外面存在之思想。此蓋為其思考問題之態度之慣例。以下引羅素之說明而申明之。

第四節　羅素之説明

「如一物（對象）之一謂詞可名曰一指謂函值，而此函值於該物爲眞，則一物之謂詞必只爲該物所具之特性中之一部。試取『項羽有爲一大將之一切特性』一命題爲例。此命題可解爲『項羽有爲一大將之一切謂詞』。在此有一謂詞是虛變項。如以 " f (φ !Ẑ）" 代『φ!Ẑ是一大將所需有之謂詞』，則該命題可如下寫：

$$（φ）：f（φ!Ẑ）\cdot \supset \cdot φ!（項羽）。$$

此命題涉及一『謂詞之綜體』，但此綜體自己卻非項羽之一謂詞。但此並非說：無某一謂詞對諸大將既公通又特屬。事實上確有如此一謂詞。大將之數有限，每一大將必有某一謂詞不爲任何其他人所具有，此如其準確之生時。此種謂詞（如準確之生時）之析取式將組成一謂詞既共通於諸大將又特屬於諸大將。（如一組有限數之謂詞可以因現實列舉而獲得，則此組謂詞之析取式即是一謂詞，因在此析取中，並無謂詞出現而爲虛變項。）如名此既公通又特屬之謂詞爲 "φ!Ẑ"，則關於項羽之陳述即等值於 "φ!（項羽）"。如以任何人代項羽，則所謂等值仍有效。如是，吾人達到一謂詞，而此謂詞總等值於吾所歸給於項羽之特性。此即言：此謂詞屬於有此特性之對象，而不屬於其他物。還原公理說：如此一謂詞總存在（即實有），此即言：一對象所具之任何特性即屬於具有某一謂詞之一堆物象。」

羅素舉「準確之生時」一謂詞既公通又特屬於諸大將。設大將之數爲五，即有五個不同之生時，此五個不同之生時，組而成一析

取式，即成一謂詞，既公通又特屬於五大將。公通者言此一謂詞只屬於此五人，而不屬於其他人。特屬者言此五人之生時又個個不同也。此例不甚恰。茲取「孔子有爲一大聖之一切特性」爲例。吾人可依羅素之分析而分析之。設以 f 代「大聖」，以 φ 代大聖所需之特性。特性可變爲「謂詞」。依是，f 爲一謂詞代大聖，φ 爲一謂詞代大聖所需有之特性。「孔子有爲一大聖之一切特性」，此中「一切特性」可變爲「一切謂詞」。而「一切謂詞」爲實變項 φ 之轉爲虛變項。吾人言此虛變項所示之綜體並不爲孔子之一謂詞。此綜體不過爲孔子所具爲一大聖之種種特性之絜和，而又可化而爲種種特性之陳述。此即言「爲一大聖之一切特性」一語並非孔子一特性。爲一大聖所需之特性甚多。孟子言「大而化之之謂聖」。試取「大而化之」一特性爲謂詞。凡是大聖「者」皆具「大而化之」一謂詞。如代表大聖「者」之 X 爲無窮，則即有無窮個體具有「大而化之」一謂詞。吾人將此謂詞隸屬於無窮個體而爲無窮數之絜和，則此謂詞既共通於諸大聖者又特屬於諸大聖者。如代表大聖「者」之 X 爲有窮，則即有有窮個體具有「大而化之」一謂詞。此謂詞隸屬於有窮個體而爲有窮數之絜和，亦既共通於諸大聖者又特屬於諸大聖者。公通者所有 X 皆具有之，特屬者單一 X 亦須具有之。還原公理言此謂詞總存在，即隸屬於有此特性之對象。然爲一大聖之謂詞不只「大而化之」，而且甚多。「孔子有爲一大聖之一切謂詞」，吾人可將「一切謂詞」化而爲無窮數謂詞之絜和，其中每一謂詞皆既公通又特屬於諸大聖，孔子有之，亦通於孔子。又其中每一謂詞亦總存在，即隸屬於有此特性之對象。每一存在之謂詞成一指謂函值，由此而推出之函值皆須與之相等值。反而言之，

任說一函值亦總有一指謂函值（即存在之謂詞）與之相等值。依是，為一大聖之一切謂詞即可化為無窮數指謂函值之絜和式，或言具「一切謂詞」之虛變項之函值即等值於無窮指謂函值之絜和。如是，「孔子有為一大聖之一切謂詞」，可符式如下：

$$(\phi) \therefore f(\phi! \hat{X}) \cdot \supset : \phi! (孔子) \cdot \supset \cdot f! (孔子)$$

而此式中之虛變項可化為下式：

$$(\phi) \cdot f(\phi! \hat{X}) \cdot \equiv \cdot f! \{ (\phi! \hat{X}) \cdot (\Psi! \hat{X}) \cdot (\lambda! \hat{X}) \cdots \cdots \}$$

依此即無虛變項。如言「所有 X」有此一群指謂函值，則 X 為虛變項。吾人又可將 X 化為無窮散殊個體之絜和，如下：

$$(X) \cdot f(\phi! \hat{X}) \cdot \equiv \cdot f! \{ (\phi! \hat{a}) \cdot (\phi! \hat{b}) \cdot (\phi \cdot \hat{c}) \cdots \cdots \}$$

依此全無虛變項，盡化為第一序之指謂函值。全式如下：

$$(\phi, X) \cdot f(\phi! \hat{X}) \cdot \equiv : (\phi! \hat{a}) \cdot (\Psi! \hat{b}) \cdot (\lambda! \hat{c}) \cdots \cdots \cdot \supset \cdot f! \{ (\phi! a) \cdot (\Psi! \hat{b}) \cdot (\lambda! \hat{c}) \cdots \cdots \}$$

如再言孔子有此一群謂詞，孔子有 f 一謂詞，則如下：

$$(\phi! \hat{a}) \cdot (\Psi! \hat{b}) \cdot (\lambda! \hat{c}) \cdots \cdots \supset \cdot f \{ (\phi! \hat{a}) \cdot (\psi! \hat{b}) \cdot (\lambda! \hat{c}) \cdots \cdots \} : \supset : \phi, \Psi, \lambda! (孔子) \cdot \supset \cdot f! (\ddot{孔}子)$$

此一長式無一虛變項。簡言之，可說任何函值總有一指謂函值與之相等值。此即還原公理：

$$(\exists f) : \phi X \cdot \equiv_x \cdot f! X$$

此公理就此符式讀之，則為：有一謂詞 f 存在：而且在所有 X 上，說 X 有 φ 即等值於 X 實有 f。此種拘謹讀法，縱不起誤會，亦頗難索解。此並非言兩不同謂詞相等。蓋兩不同謂詞各是其所是，並不相等也。亦非言「孔子是人」等值於「孔子是聖人」：人與聖人兩謂詞並不等值也。「是人」假，「是聖人」固假，然「是人」真，「是聖人」未必真也。亦不能云「孔子是聖人」等值於「孔子是人」：蓋當「是聖人」真，「是人」亦真，而「是聖人」假，「是人」未必假。是即言此公理並不空言兩謂詞之關係。其文字之說法（非符號）謂：任說一函值總有一指謂函值與之相等值。此中有兩要素當注意：一為「任說」（或「任何」），一為「指謂」（或「存在」）。此其關係，寬泛言之，當為名言與存在之關係（此自須加限制或說明）。如是，若寫為下式，在某方面當較顯明，即

$$(\exists f) : fX \cdot \equiv_x \cdot f\,!\,X$$

即任說一謂詞 f，此謂詞 f 總存在，即此謂詞總屬於有此特性之對象。其義本如此。然如此寫，在某方面，又較狹。蓋出之以名言或符號，任說一函值有時不必和與之相等值之指謂函值相同。為醒目起見，以別異出之，如原所寫。蓋寫 φ 而不寫 f，重在「任何」也。φ 代表任何函值也。依此，還原公理最根本而普遍之符式為：

$$(\exists f) \phi X \cdot \equiv_x \cdot f\,!\,X \tag{1}$$

如切實之，則為：

$$(\exists f) fX \cdot \equiv_x \cdot f\,!\,X \tag{2}$$

再切實之，則為；

$$(X) \cdot \phi X \cdot \equiv \cdot \phi a \cdot \phi b \cdot \phi c \cdots \tag{3}$$
$$\equiv \cdot \phi\,!\,X$$

或為：

$$(\phi) \cdot f (\phi X) \cdot \equiv f! \mid (\phi!X) \cdot (\psi!X) \cdot (\lambda!X) \cdots \mid$$

（4）

$$\equiv \cdot f! (\phi!X)$$

如還原公理所述者為名言與存在之關係，則凡陳於名言中之命題必皆有經驗之根據，即不能有假命題或無意義之命題。此即上文所謂須加限制或說明之義。按之羅素思想，亦實如此。所謂有經驗之根據亦即有歸納之根據，亦即大部當屬科學之命題。此即名言之限制。並非謂任說一假命題或無意義之命題亦須有一存在之謂詞與之等值也。羅素言承認還原公理之理由大部係歸納者正是此義（見下）。如有經驗之根據，則照上列第一第二兩式言，指謂函值之存在即不可得而必。照第三第四兩式言，無窮數之陳述皆有存在義亦不可得而必。不可必，故假定。此即假定其有也。言至此，此公理實與羅素論排中律時所需之形上之假定相類似，亦與其所需之邏輯相應說相關聯。蓋同一精神之所貫也。

依據上列第三第四兩式，羅素遂言：「還原公理等值於『謂詞之任何絜和或析取等值於一簡單謂詞』之假設。〔此言絜和或析取是邏輯上總持之說法，而非列舉的說法。如為列舉的說法，則無假設公理之必要。但如其如此，則所謂「謂詞之絜和或析取」中之謂詞之數目必須是有窮。〕此即言：如吾主 X 有一切謂詞皆滿足 " $f(\phi!\hat{Z})$ " 一函值，則亦總有某一謂詞，當吾之主斷為真，X 將有之，當吾之主斷為假，X 即無之。同理，如吾主 X 有某些謂詞滿足 " $f(\phi!\hat{Z})$ "，則亦總有某一謂詞，當吾之主斷為真，X 將有之，當吾之主斷為假，X 即無之。藉此假定，非指謂函值所處之

序，可以降而爲一序。依此，經過有限步數，將能自任何非指謂函值達到與之相等值之指謂函值。」凡此所言，須就第三第四兩式而領悟之。羅素續言：「但亦不能謂以上之假設，在符號之推演上，即可代替還原公理。蓋以上假設之使用復需進一步之假設以爲其顯明之導引。所謂進一步之假設，即上文所說因有限下降步數，可自任何函值到一指謂函值。然此假設，若無若干之發展或擴充即不能極成之。而此若干之發展，若無爲之前者（即在較早階段上），則又很少有可能。但依據以上所述，如以上之假定爲眞，還原公理亦眞。此似爲顯而易見者。反之，如還原公理眞，該假定自亦眞。依此完成兩者等值之證明。」凡此所言，即示上列第一式爲最根本而普遍之假定。此段言：「而此若干之發展，若無爲之前者，則又很少有可能。」此即吾所謂再切實之，則至第三第四兩式也。所謂「爲之前者」即隱指第一式之還原公理言。依據此公理所肯定之謂詞之存在，始能言可化，即由「非指謂」降而爲「指謂」。故云此假定不必即可代替還原公理也。然此假定眞，則爲之前者固亦眞；而爲之前者眞，則此假定自亦眞。此即兩者之等值。

　　羅素又爲較一般而複雜之陳述曰：「還原公理所能達之一切目的亦可爲以下之假定所達到，即：如吾假定總有一第 n 序之函值，且形式地等值於 $\phi \hat{x}$，此假定亦能爲還原公理之所爲。（惟第 n 序之 n 則是固定者，而 $\phi \hat{x}$ 是何序則不必問，即無論爲何序皆可，而 n 已固定，則兩者自然相關聯，而 $\phi \hat{x}$ 之爲何序，自亦得而定。）所謂一第 n 序之函值，吾意其爲與 $\phi \hat{x}$ 之目數相關聯之一第 n 序之函值。依是，如果 $\phi \hat{x}$ 之目數爲第 m 序，則將預定形式地等值於 $\phi \hat{x}$ 之函值之存在，而其絕對序爲「第 m 加 n 序」。吾前所預定還

原公理之形式是使 n 等於一（即第一序）。但此對於還原公理之使用並非必要者。在 m 之不同值上，n 必為同一者，此亦非必要。所必要者乃為：當 m 為定常，n 亦必須為定常。所需要者則是：當吾人論及一函值之外延函值時，吾人須能藉一特定類型（層次）中某一形式等價之函值，而可以討論任何 a 函值（以 a 為目數之任何函值）。依此而可以達到吾人所欲獲得之結果。否則，此等結果必需有『一切 a 函值』此種不合法之觀念。但上文所謂一定類型是何類型，則不必問。惟將還原公理述為如此較一般而又較複雜之形式，亦並不能使之更為可稱許。」此段文中所言「一第 n 序之函值」亦指「指謂函值」言。

　　羅素復言承認還原公理之理由曰：「若謂還原公理是自明者，則很難執持。但事實上，自明並不比承認一公理之理由為更堅強，且亦並非不可少。承認一公理之理由，與承認任何其他命題之理由同，大抵總是歸納者。此即言：許多幾乎不可疑之命題能自此公理而推出，而且如此公理為假，則亦無其他善法可以使此等命題為真，並且亦無『或者可假』之命題自此公理而推出。如此公理表面觀之是自明者，則其所謂自明實際不過謂：它是幾乎不可疑難者。徒言自明，並不比一理由更堅強。如許曾被認為自明之物事，實可轉而為假。如此公理自身幾乎不可疑，亦只謂加強其歸納之根據，而此歸納根據則是自『由之而推出之結論幾乎不可疑』一事實而引申出。所謂只加強其歸納之根據，即言除此以外並不能提出一種根本不同之新證據。『不可錯誤性』乃永不能獲得者。所以對於每一公理以及其一切後果，皆可施以某種成分之懷疑。形式邏輯中可疑之成分比大部科學中為較少，然並非不存在。譬如『自前提而來之

詭論』一事實即可引起對於前提之懷疑。然此種可以推至詭論之前
提，當吾立之之時，卻並不知其需要相當之限制，亦不知如何限制
之。至於還原公理，則支持其成立之歸納根據，確很堅強。蓋其所
允許之推理以及其所導引之結論，一切皆如其所表現之妥當而有
效。但是，雖然此公理似乎不至於假（即無假之可能性），卻亦不
能就說：再不能自某種其他更根本更有據之公理而推出。上文吾論
類型之層級時，吾於循環原則，曾有說明。吾之使用此原則，或許
太激烈（太過分）。如不太過分（太著重），還原公理之必要性或
可能避免。然即使不過分，亦不能使基於以上所解析之原則而來之
主斷成為假。此即言：此種變動（即不過分看重）亦只對於相同之
原理可以提供一較易之證明而已。所以似乎並無重大之根據可以使
吾人懼怕還原公理足以引吾人於錯誤。」

　　此段所言有二義當注意：一為承認還原公理之理由在其有歸納
之根據，而此歸納之根據則又自「由之而推出之結論幾乎不可疑」
一事實而引申出。如《數學原理》中之命題皆為知識中之命題，或
至少為有知識意義之命題，則每一命題必表象一事實或指示一事
實。（事實較經驗所覺為寬，即不必限於覺相。）凡此指示事實之
命題，在科學範圍內，其成立性皆為幾乎不可疑。限於知識範圍
內，所作之命題皆有一存在之謂詞與之相對應，此亦似為不可爭辯
者。如吾人所言之邏輯命題，排除一切無知識意義之命題，或直無
意義之命題，則言任何函值總有一指謂函值與之相等值，雖為無必
之假定，然實有堅強之根據。其根據亦顯為歸納者。而此歸納之根
據，即知識範圍內指示事實之如許命題也。此如許命題之指示事實
既幾乎不可疑，則還原公理之假定亦幾乎不可疑。此不過於既成事

實（即如許命題）予以擴大之保證（即公理之所假定）而已。如以此保證為前提，反而觀如許幾乎不可疑之命題，自可謂「如許不可疑之命題能自此公理而推出」。所謂自此公理而推出，實即由如許幾乎不可疑之命題為根據而建立此公理，復由此公理重新肯定此既成之事實而已耳。「如此公理為假，亦無其他善法可以使此等命題為真」，此在反面，固可牽涉於使命題如何真之種種理論，然無論理論如何，謂命題必指示一事實，此似為無礙者，此既無礙，則云「無其他善法」，亦自可許。故在正面，此公理之假定實亦只為於已為真之命題（只就指示事實一點言）而復重新成就之。如其所成就者只為順此指示事實而為真之命題，則由此公理之肯定，自無「或者可假」之命題能自此公理而推出。蓋此公理所假定實極為無礙者，而且亦幾近乎為無色。單就「總有一事實」之肯定而言之，固為無礙者。然其中並非無問題。其問題不在自知識而為言，乃在自邏輯而為言。如此公理相通於羅素近來所謂邏輯相應說，或通於論排中律時所需之形上學之原則，則自邏輯而言之，大有弊竇。然如自知識而言之，則可無弊。關此吾下有詳說。

第五節　還原公理與類說

第二要義則為對於循環原則太看重。吾對此已有此感覺，而羅素早已明言之，可謂衷契。然於說明此義前，吾須先引羅素之言以明還原公理與類說之關係：「還原公理於類說甚重要。第一須知如吾人假定類之存在，則還原公理即可被證明。蓋既如此，則設有任何函值 $\phi\hat{z}$，無論為何序，即有一 a 類，而以滿足 $\phi\hat{z}$ 之個體組成

之。依此，φX 即等於『X 屬於 a 』。但是『X 屬於 a 』是一無有虛變項之陳述，故此陳述乃爲 X 之一指謂函值也。依此，如假定類之存在，還原公理即不必要。故還原公理之假定比『類之存在』之假定，其假定性爲較小。『類之存在』（即有類）之假定，人皆視爲無容遲疑者。然自吾觀之，一則根據矛盾問題（此問題如其假定類則討論更麻煩），一則根據於證明吾人之命題上寧取小假設不取大假設之原理，吾遂偏取還原公理，而不取類之存在。」（以上所引羅素文共五段，俱譯自《數學原理》〈導言〉第二章第六節及第七節。）

　　還原公理何以與「類」有關係？此須仍自循環原則而明之。羅素以命題函值規定類。順此而進，當吾人言一類乃言爲命題函值 φẐ 所定之類。一類含有一聚分子，而此一聚分子乃爲滿足命題函值 φẐ 之分子，故言一類即言滿足 φẐ 之目數所成之類，此即言爲 φẐ 所定之類。當吾就滿足 φẐ 之分子之成類而爲言，吾須言所有滿足 φẐ 之分子而成類。每一類皆爲一滿類。故述其分子必爲一全稱。如爲全稱，則須避免關於「一切」之循環。當吾言所有 X（分子）滿足 φẐ，吾並不含「所有」亦爲滿足 φẐ 之一項。如含其自身而落於循環，吾即無可成立一命題，而關於「一切」之使用即無合法之規定。命題不能成其爲命題，類亦不能成其爲一類。以永遠循環而不能放下故。然類總須放下而爲一平鋪之綜體。還原公理可以使吾人避免循環而使類能放下而平鋪。避免循環是其遮義，使類放下而平鋪是其表義。即於此表義，而與類之成就有關鍵之關係。當吾說任一函值，總有一指謂函值與之相等值。吾人已知此指謂函值可名曰模型，而所說之任何函值則是由此模型而推出之外延函值。

兩者相等值，且其目數須同型。如言一表示「類」之命題函值" f
｛Ẑ（φZ）｝"，則亦須有一指謂函值" f（ψ！Ẑ）"與之相等
值。即有一函值 ψ！Ẑ 形式地等值於 φẐ，且亦滿足 f。依是，該指
謂函值爲模型，而表示「類」之函值則爲推出之外延函值。依此，
設以 φẐ 爲目數，則

$$f（φẐ）\cdot\equiv\cdot f（ψ！Ẑ）$$

且只當

$$（\exists\psi）：φẐ\cdot\equiv\cdot\psi！Ẑ$$

時，則

$$f｛Ẑ（φZ）｝\cdot\equiv\cdot f（ψ！Ẑ）。$$

而且只當 Ψ 爲實有，且與 φ 爲等值，則即可說：

$$f｛Ẑ（φZ）｝\cdot\equiv\cdot f（φ！Ẑ）$$

此即以指謂函值之實有爲背據所成之關係「類」之表示。是以當吾
任說一表示「類」之命題函值時，吾必使其等值於一同爲表示類之
指謂函值，此即還原義。以此還原，類遂得放下而平鋪，免於循環
而自成。" f｛Ẑ（φZ）｝"必以" f（ψ！X̂）"爲模型而固定之。
於" f｛Ẑ（φZ）｝"中，" Ẑ（φZ）"即讀爲「滿足 φẐ」之目數所
成之類」，或簡言之，即爲「爲 φẐ 所定之類」。f 則爲如此所定
之類有性質 f，即滿足 f。如是，爲 φẐ 所定之類滿足 f，等於說：
有一指謂函值 ψ！Ẑ 形式地等值於 φẐ，且亦滿足 f，即" f（ψ！
Ẑ）"亦眞。爲 φẐ 所定之類有性質 f 實即爲 φẐ 之函值即" f
（φẐ）"。但以符號表之，則寧寫爲：" f｛Ẑ（φZ）｝"。依
是，爲 φẐ 所定之類滿足 f，可陳之以符式而界說如下：

$$f｛Ẑ（φZ）｝\cdot=：（\exists\psi）：φX\cdot\equiv_x\cdot\psi！X：f｛\psi！$$

　　　　$\hat{Z} \mid$ Df.

如說 X 是 $\phi\hat{Z}$ 所定之類中之一分子，則如下寫

　　　　$X \in \hat{Z}(\phi Z)$

而 X 是 $\phi\hat{Z}$ 所定之類中之一分子，即等於說「X 亦具 ϕ」。依此，將有以下之界說：

　　　　$X \in (\phi!\hat{Z}) \cdot = \cdot \phi! X$ Df.

由此界說可主以下之命題，且給予以意義

　　　　$X \in \hat{Z}(\phi Z) \cdot = \cdot \phi X$。

設以 a 表示「類」，則類之界說如下：

　　　　類$= \hat{a} \mid (\exists\phi) \cdot a = \hat{Z}(\phi!Z) \mid$ Df.

如是，藉還原公理，如 $\phi\hat{Z}$ 是任何函值，即有一指謂函值 $\psi!\hat{Z}$ 與之相等值，則 "$\hat{Z}(\phi Z)$" 所示之類即等於 "$\hat{Z}(\psi!Z)$" 所示之類。是以每一類皆為「指謂函值」所規定。依此，諸類所成之綜體，對之可說一特定項屬之或不屬之，此綜體是一合法之綜體，而諸函值所成之綜體，若對之亦說一特定項滿足或不滿足之，則即不是一合法之綜體。一特定項 a 所屬或不屬之諸類則為諸 a 函值所規定。諸 a 函值亦為諸指謂 a 函值，故諸類亦為諸指謂 a 函值所規定。可名此諸類曰諸 a 類。依是，諸 a 類形成一綜體，而由諸指謂 a 函值所成之綜體而引出。依此，許多普遍陳述皆依此而可能，其可能因還原公理而可能，否則，必落於循環之詭論。而引至於矛盾。依此，吾人藉還原公理，以命題函值為入手，遂使類由主觀之運用（即命題函值之構造），脫穎而出，變而為客觀，亦可放下而平鋪。

　　依此，吾人假定還原公理，不假定類之存在。一、自知識而言

之，天下並無一既成類。二、類之存在或假定類自身爲一客觀之常體而存在，或視爲等於共相之外在，皆易起哲學之紛爭，亦無必然結論可得。羅素由命題函值之構造法而透出類，則對於類之存在或不存在，即可不過問。此爲不必須。亦爲不相干。蓋由命題函值以定類，則由還原公理，任何命題函值皆有一指謂函值與之相對應（即形式地相等值），故對其所定之類自可能作一眞命題，即對此類所作之陳述亦必爲眞命題。類因指謂函值而有實在性（非言類自身存在），故對於此類亦必能作一眞命題。命題之眞因類之實在性而爲眞。故此言眞命題當有外面之意義。不必假定類之存在，而可以達到說類之目的。此亦足矣。羅素復言，所需之類當有以下五特性：

「一、每一命題函值必須規定一類。其所規定之類即滿足該函值之一切目數所成之集和（一聚）。此原則對於爲無窮目數所滿足之函值以及爲有窮目數所滿足之函值皆適用。亦適於無目數滿足之之函值，即『空類』之爲類亦與其他類之爲類同。〔案：「每一函值必須規定一類」一語意函每一函值皆不空發，無有無意義之函值。依據還原公理，函值不能空發，故其所定之類必有存在性，眞實性。依此，對於此類，亦必有許多眞命題可作。〕

「二、兩形式地等值之命題函值（即任何目數如滿足此亦滿足彼），必規定同一類；此即言一類之爲物必全爲其分子所決定，依此『無毛兩足動物』類必與『人』類等，『偶數』類亦必與『等於2之數』類等。

「三、反之，兩命題函值如規定同一類，亦必形式地相等值。換言之，當類爲一定，而分子亦已定，則可說：兩不同物象組不能

爲同一類。

「四、依此亦可說：有許多類，或推之說：必有類之類。復次，單一類之類，偶類之類，亦絕對不可少。前者是數1，後者是數2。依是，如無類之類，數學必爲不可能。〔案：類如自物理類而言之，雖可有許多類，而是否必有類之類，則亦無必然。即此許多類是否能組成另一類，則不能無問題。實際知識上或許有，亦實可以有，但不能必然有，亦不能普遍有。然若進自數量類，則類之類總可以有。此蓋爲必然者。羅素即由數量類而規定數。然吾則謂如此規定數，實爲數之第三義。吾將由數之第一義，自內轉外而指示類，名曰數之第二義。其所指示之類即數量類。詳論見下。〕

「五、設想一類等於其自己分子中之一分子，在任何情形下必皆爲無意義。只以一分子所成之類亦必不可說此類即等於該分子。此爲絕對無意義，不只假而已也。」（《數學原理》，〈導言〉第三章，頁76至77。）

關於第一條，羅素解曰：「每一命題函值 $\phi\hat{z}$ 定一類 $\hat{z}$（$\phi\hat{z}$）。設預定還原公理，則對於 "$\hat{z}$（ϕz）" 必有許多眞命題，即必有許多 "$f\{\hat{z}(\phi z)\}$" 式之眞命題。蓋因 $\phi\hat{z}$ 形式地等值於 $\psi!\hat{z}$，如設 $\psi!\hat{z}$ 滿足某一函值 f，則 $\hat{z}(\phi z)$ 亦必滿足函值 f。依此，設定任何函值 $\phi\hat{z}$，則必有許多 "$f\{\hat{z}(\phi z)\}$" 式之眞命題。即以『爲 $\phi\hat{z}$ 所定之類』爲主詞（文法上）之眞命題。」（同上，77至78頁）。餘四條無問題，不再引。羅素以爲其所作類之界說於上列五條皆可合。

第六節　還原公理與循環原則

以上為還原公理與類說之關係。言至此，吾須論循環原則與還原公理之關係。羅素言：「循環原則之使用太過分。如稍緩和，還原公理之必要性或可能避免。」此何意耶？羅素如此想，吾亦如此想。然羅素如此想，而終歸於「即用之稍緩和，亦只對於相同之原理可以提供一較易之證明」之說法。是則羅素以為根本上並不能免除此公理或與此公理類似之公理。然則在羅素還原公理之存廢並不在循環原則之過分與不過分也。決定還原公理之存廢，蓋必別有所在。且仍自循環原則而言之。吾之想循環原則太過分不與羅素同。吾之如此想，可以進而決定還原公理之存廢。第一、吾人不能過分看重循環原則（兼攝類型說）之意義，儻若於吾人所論之主題有若何重大之關係。試就「凡人有死」而論之。自其為一邏輯陳述言，自為一廣度（外延）之函值。吾人亦不問其經驗之根據，亦不問其如何證實之。純為客觀者，只為吾定然之設置。依亞里士多德，「人」為共相，「凡」字給此命題以全稱，意指「人」共相下所覆及之一切散殊之分子。吾如此設置之，使「人」共相下之一切分子盡皆約束於「有死」一謂詞而成一綜體。由「有死」之約束此綜體成一類。此亦純為客觀者。此命題之呈現即決定一類名。由命題之陳述入，亦不須類之存在之假定。而此「凡人有死」一陳述，其中「凡」字亦無不視其指「人」言，亦無人能視「凡人有死」一陳述亦賅於「凡」字中。此甚顯明而決無誤會者。任何攪亂之思想家亦不能就此命題造詭論。而「凡人有死」一綜陳實亦可化為無窮數個

體命題之絜和，蓋「凡」示全稱，明指共相下之散殊分子而言也。依此而言，「凡」字並無甚問題，亦不必有循環，亦非定為不合法。然羅素則視此為大事。所謂使用之太猛也。吾前已言之，通常之言「凡」，大都為對外之涉及，心意中並不含「凡」字所引命題之自身。即如「凡人有死」一命題亦無人能想其亦含此命題之自身。此種對外之涉及即隱藏有層次。層次可謂其固具之性德。類型說不過將自覺或不自覺之意許而予以自覺之說明，將其隱藏之層次而予以顯現之排列，因而造成一邏輯之理論。此種自覺之說明，誠為佳事。然須知此只為既成事實之說明，並非謂此事實因此說明而始成。如此事實，因類型說而成立，無類型說，此事實不成立，則類型說即有重大之關係，而「凡」字亦必為根本不合法，須待類型說始合法。然自吾觀之，未見如此。蓋循環詭論，大都非該陳述本身所固具之性德，不過為頭腦不清者所混擾，其中所包含之混亂意義極複雜。然總為外鑠，而非本具；且為偶然，而非普遍。吾人不應為此而牽涉邏輯陳述之本身。「凡」字所引命題之自身無循環無矛盾，循環而矛盾，乃實際思維者之不清醒。不應視頭腦不清醒為一邏輯問題而討論。「凡人有死」無人想其為循環；惟於「凡言語皆虛妄」始有此不幸之遭遇。可見「凡」字並非根本不合法，循環亦非「凡」字所固具，亦非普遍之現象。然則其為外鑠，其為偶然，亦顯矣。羅素不曉此義，視「凡」字根本不合法，必待類型說始合法。第二、然縱曉此義，而不能嚴格遵守邏輯一線之立場，亦必不能免除還原公理或類乎此公理之公理。吾由循環原則之不必太重視，可以進而決定還原公理之存廢。吾如進而決定廢棄此公理，吾必須嚴格遵守邏輯一線之立場，此即言吾必須廢棄牽涉存在之思

想。蓋即規定類型矣，亦不必牽涉存在始能規定之。兩者並不相函
也，亦無邏輯之關係。全稱命題，如所指述者為共相下之分子，吾
人即應對此分子之存在意義有規定。依亞氏，雖謂全稱涉及共相下
之分子，然一般之看法，皆謂亞氏邏輯有存在學（本體論）之根
據。即「人」一共相與「有死」一共相皆必為存在之特質而附隸於
存在。如此義而信，羅素之觀點亦相類。然吾遵守邏輯一線之立
場，則無論亞氏之本體論之根據，或羅素之肯定有存在，皆所必
棄。全稱命題為一邏輯之陳述，不必有本體論之根據，亦不必牽涉
於存在；亦不必肯定有存在，或以存在之假設為條件。乃直與存在
不相干。吾人之說此命題也，自邏輯與數學而言之，並不顧及外面
之存在。然全稱命題既涉及散殊之分子，則此散殊之分子似乎必存
在。然吾可謂此存在實為邏輯之置定。徒以全稱命題之本義涉及此
分子，遂置定此分子。其存在義只繫屬於此命題之本義之如此涉及
此分子，而對於外面之存在卻不負責任。故其存在純為邏輯者，純
由內出而置定之，而不涉及外面本有之存在之外陳。吾名此為遊戲
存在論。此為邏輯一線之觀點（吾《邏輯典範》中曾詳論之）。由
此，吾人之避免循環亦只須邏輯地避免之，而不須參以其他事。吾
人之類型亦只為邏輯次序之所顯，亦不須參以其他事。吾遵守邏輯
之一線，吾只須無有邏輯之過患，吾只須使其皆如邏輯之次序而呈
現，吾不須一外面者而助之。依此，吾如出之符式，在吾表現之方
法上，亦可造一指謂函值為模型。然此模型應純為邏輯之設置，而
不必有外面之意義。此純為表現邏輯次序之邏輯設置。依此，吾亦
可說，每一模型可引生許多外延函值，而此引生之函值亦必與之相
等值，合而為一以成某層中之物事。此純為邏輯設置之固定，故其

等值亦爲必然者，故亦非假設之公理。依此吾人可有以下諸式：

$$(X) : \phi \hat{X} \cdot \equiv \cdot \psi ! \hat{X} \tag{1}$$

$$(X) : \phi X \cdot \equiv \cdot \psi ! \hat{X} \tag{2}$$

$$(X) : \phi X \cdot \equiv \cdot \phi ! \hat{X} \tag{3}$$

$$(X) \cdot \phi X \cdot \equiv : (\phi ! \hat{a}) \cdot (\phi ! \hat{b}) \cdot (\phi ! \hat{c})$$
$$\cdots \cdot \equiv \cdot \phi ! \hat{X} \tag{4}$$

$$(\exists X) \cdot \phi X \cdot \equiv : (\phi ! \hat{a}) v (\phi ! \hat{b}) v (\phi ! \hat{c})$$
$$v \cdots \cdot \equiv \cdot \phi ! \hat{X} \tag{5}$$

$$(\phi , X) \cdot f(\phi X) \cdot \equiv : f ! \{ (\phi ! \hat{a}) \cdot (\psi !$$
$$\hat{b}) \cdot (\lambda ! \hat{c}) \cdot (\chi ! \hat{d}) \cdots \} \equiv \cdot f ! \{ \phi ! \hat{X} \} \tag{6}$$

$$(\exists \phi , X) \cdot f(\phi X) \cdot \equiv \cdot f ! \{ (\phi ! \hat{a}) v (\psi !$$
$$\hat{b}) v (\lambda ! \hat{c}) v (\chi ! \hat{d}) v \cdots \} \equiv \cdot f ! \{ \phi ! \hat{X} \} \tag{7}$$

以上（1）（2）（3）三式言任何函值與模型之關係。（4）（5）兩式爲第一序之函值與第一序之模型相等值，（6）（7）兩式爲第二序之函值與第一序之模型相等值。如此前進，至任何序總是如此。模型之有，決非假設，以無外面意義故。且言任何函值必爲任何序之函值，即必落於一層次中。其層次由與之等值之模型而定之。依是，在同一層次中，依據吾人之設置，模型與與之具有同一目數且由之而推出之函值，乃爲互相函蘊者。任何序皆如此，永遠並行不離。此爲根據邏輯之設置而定者，故有如此邏輯之關係。其關係爲自明而必然，故非一公理，以無外事參入其中故，亦無外面意義故。以相函故等值，如下：

$$(X) : \phi X \cdot \supset \cdot \psi ! X \cdot (X) : \psi ! X \cdot \supset \cdot \phi X \cdot \therefore$$
$$(X) : \phi X \cdot \equiv \cdot \psi ! X$$

依是，吾人不寫（∃φ）之存在符，故非一公理。此為邏輯之一
線，而羅素則為邏輯與存在之雙線。以雙線，故其外面之一線不能
為吾所操縱，故結果為公理。羅素由循環原則想到類型，由類型想
到存在，遂以存在之指謂函值為模型而固定其類型以避免於循環。
然吾以為類型並不必照顧存在而始定，而類型之成立亦不函其必涉
及於存在，兩者並無邏輯之關係。依是，還原公理之存廢不在循環
原則之輕重，而實在「存在」思想之參入不參入。如參入，則須有
公理；如不參入，則不須有公理。羅素《數學原理》之統系，徹頭
徹尾兼賅雙線而為言。凡欲修正羅素之統系，必須了解此思想。依
是，只有兩可能：或唯是邏輯一線而全變之，或兼賅雙線而承認
之。不容有支節之修改。凡作支節之修改，而不了其根本之思想，
或不變其根本之思想，皆不能為羅素所首肯，亦不能跳出其圈套，
亦不能比原本更妥貼。

第七節　邏輯一線與數之第二義

　　依是，吾論兩問題：一、吾如何遵守邏輯一線而全變之？二、
吾如何兼賅雙線而全取之？茲先論前者。

　　吾如遵守邏輯一線，則吾為論數學與邏輯，而非知識論。論數
學亦為數學之第二義，而非其第一義。如是，吾先明邏輯而透純
理。當吾明邏輯，吾亦有命題函值之句法。吾視之為依據形成句法
之規律或概念而作成之句法。吾之作句法，於其句法之表意上，亦
自有邏輯之層次，而不能使其為混亂。當吾就邏輯而言此，不但無
有外面之意義，且亦不想及其成類。此時吾無論類之必要。故亦不

必顧及其成類不成類。吾並不由類而明數。如是，吾之明邏輯，所
顯者唯是一純理，如吾所述。純理旣明，由之明數。吾視數爲純理
之自外。此爲數與數學之第一義，如吾所述。當吾由命題函值以成
類，則吾意在明數之第二義。言及數之第二義，須明自內轉外之歷
程。純理與數只爲成知之條件，內在而先驗。純理隨思解之外用而
貫穿之。其義用止於此。然思解之外用，固在成就物理之知識，亦
到處不免數量之決定。數量之決定即函有數量之知識。此種知識，
思解外用，起腳落腳，皆必備具。旣最初亦最後，旣最低亦最高。
此種知識，康德名曰先驗知識。實則並非知識。數量之決定不能給
吾人以知識。眞正之知識乃在物理知識之成就。純理與數固爲成知
之條件，即此數量之決定，對物理知識之成就言，亦仍爲條件。起
腳落腳皆必備具，即明其爲條件義。吾由純理之自外而言數，當吾
如此言數也，即已函其必外用而作數量之決定。數雖內成，亦必外
用。外用即爲隨思解外用而對外事作數量之決定。外用必有其可以
外用之通路或機關。其機關即在類。每一數，當其外用，必指示一
個類。此「類」名曰數量類。物理知識在成物理類。於成就物理類
之歷程中，起腳落腳，皆須有數量類之決定。是以數之外用而作數
量之決定，即於物理類之成就中而顯現。是謂於一思解之成中之具
體的功能之察識。於此具體的功能之察識中，吾人對外數量之決定
有兩面：一爲隨時空格度而作幾何量之決定，此如前部首章之所
述。一爲隨因故格度成就物理類中數量類之決定。物理類之成就如
上章所述。此成就歷程中數量類之決定，即爲數之由內轉外之外
用。外用必指示一數量類。故此數量類即爲其外用之通路。當吾由
具體而機能之察識中，抽出此通路而作邏輯之陳述，即成就數學之

第二義。吾以數指示類為數之第二義，而非由類以定數。羅素由類以定數，吾所不取。當其以類定數也，實已函有數之觀念於其中。是即不啻云：數之為數已成立。譬如以單一類定1，以偶類定2，其中數1之觀念已存在，數2之觀念已存在。是即數已早成立矣。為免此弊，故由數以指示類，而不由類以定數。吾將反羅素之道而言之。吾將不言單一類定數1，而言數1指示單一類；不言偶類定數2，而言數2指示偶之類。同理，不言關係類定序數，而言以序數指示關係類。（羅素不認有序數1是其道之窮）。

　　吾抽出此通路而作邏輯之陳述，吾將唯守邏輯一線而論之而作之。物理類表示一經驗知識之成就。物理類中之物理質藉以成就一種類（或事類即物理類），須由經驗而獲得。譬如「凡人有死」，「有死」謂詞所指示之物理質，須待經驗而知之。「某甲有為一人之一切特性」，「為一人」及「其為一人之一切特性」，亦須由經驗而考核。吾如成就一金屬類，則成就此類之特質亦須經驗之決定。然成就此物理類之物理質雖待經驗而決定，而充實此物理質以成類（種類）之個體數之為數（如一個體二個體之一二），則不待經驗而決定。充實此物理質以成種類之個體，（吾此處言個體只為說數量義。一人、一馬、一件事，皆個體。）自須因經驗而知其有，其為「有」必為外面之存在，吾由經驗而知其「在」。此個體必先成其為「有」，成其為「在」。否則數即不能有外用，亦不能有指示。吾以經驗而知其「在」，是即引導數之外用之媒介。是以個體之「有」因經驗而知之。然因其「有」而指之以數，而對之可以有「數」之觀念，則非經驗者，亦不待經驗而始有。因經驗而知其「有」，俱時即予以數量之決定。此種決定為先驗之決定，故可

云與經驗俱，而不由經驗來。蓋經驗並不能予吾人以一二三之此「數」之知識也。外在個體之若干量，如五個或六個，則須由經驗而決定，然吾能對之起之以「數」念，則非經驗者。對之而起之以數念，乃源原於數之第一義。數為理性之自外，純為先在而內在。以其為先在而內在，故一當思解之外用，一與個體之存在相遭遇，即附隸之而粘著於其上，以成就數量之決定，以成就吾人對外事之數量之觀念。故此數量之決定與觀念，實為內出而外用。此為數之自內轉外所成就，故決為先在，而非經驗。數之自內轉外，與思解之外用相終始，永偕而不離。經驗給吾人以物理質與個體之存在，思解起範疇之運用而欲約束個體於物理質以成物理類。即當其約束個體也，數即自內轉外而附隸於個體；當其約束個體於物理質以成物理類，俱時數即於其附隸於個體亦成數量類。物理類為一複合之整體：有質有量。質為個體之物理質，量為個體之數量。數量類實即整體之物理類中之純為廣度之一面。猶如無有強度之量充其中之幾何格局之為廣度量。在整體之物理類中，吾人所注意者為此表示知識之物理類，而數量類則即寓於此物理類之為「類」而示其相，是即言數量即寓於此物理類中而成就其為「類」。數量即表示物理類之為「類」之一面。如自整體中單提而出之，則即曰數量類。

　　數量類當其融於物理類，吾人注目於物理類，此時數量類即消解而為物理類所涉及之範圍，數量類變為一泛稱量。泛稱量為普遍命題所表示。在範疇，吾人陳之以假然普遍命題。此普遍命題函有絕對普遍性、圓滿性。其所以能如此，以其為一先在之原則。然原則必當機，故其普遍性與圓滿性即隱示涉及可以隸屬於此原則下之一切分子而無漏。「如是所作即是無常」，此一原則之綜攝性並無

殘缺與遺漏。此種綜攝性即隱示一泛稱量。在種類或事類，吾人陳之以概然之種類命題（即普遍化之命題而非眞普遍）。此種類命題經一歸納之歷程而爲普遍化，將範疇之運用所設立之原則而實現之於實事。實現於實事，吾人不注意其爲原則，而注意其所指點之事象關聯中所蒸發之物理質，並觀此物理質之貫穿性爲如何，此即言將欲約束一群事象於此物理質以成一種類。此種類亦有其所涉及或應用之範圍。雖爲普遍化而非眞普遍，亦總有其概然之範圍。此概然之範圍亦表示一泛稱量。在滿類，吾人陳之以定然之普遍命題。此爲普遍化歸於定然之眞普遍，亦爲範疇運用中之原則之滿證。（關此暫如此說，下面詳論之。）以其爲滿證，故其所涉及之範圍亦圓滿而無漏，此如「一切」之所示。故其中亦表示一泛稱量。凡自物理類或對成就物理類而設立者（如原則）而觀之，吾人即只有一泛稱量，而不想及數量類。以吾此時注重一知識故，物理類表示一知識故。然數量類即由此泛稱量而排成。吾人單就此泛稱量而爲言，即單注意此泛稱量而提出之。提出之吾人即構成數量類。此時吾不注意其爲一表示知識之物理類。於其中之個體，吾不注意其爲一物理事或具體事，而單注意其爲數量之分子。然天下既無既成類。即就數量類之構成言，吾亦須有一標準貫穿此分子。此標準即函值 φ（此亦可代表一特性或物理質），故以命題函值表示類。命題函值表示類，其表示之形式既通於物理類，亦通於數量類。今不自其趨於具體而言物理類，單自其趨於抽象而言數量類。以函值 φ 爲標準而貫穿數量之分子，即謂數量類。依是，凡只有一個體滿足此標準，即爲單一類。凡有雙個體（一對）滿足此標準，即爲對偶類。其他有限數之個體依此推。凡無有個體滿足此標準，即爲空

類。凡以有限個體滿足此標準，名曰有限類。凡以無限個體滿足此標準，則曰無限類。數1即指示所有單一類。數2即指示所有對偶類。零則指示所有之空類。任何有限數如十二，則指示任何所有有限類（如以十二個體所成之類）。但吾並不以所有單一類或所有對偶類所成之類而定數。又依數之第一義，吾無「無限數」，無限只是一無止之前程，而不能成一數。故吾亦不能有無限數其數者指示無限類。命題函值可以表示一無限類，但不能有一無限數指示一無限類。亦不能由所有無限類所成之類（亦無限）定一無限數。無限類可以有，無限數不能有。命題函值可以表示類，然命題函值並不表示數。數可以指示類，而數並非類。數與類並非一事也。依是，無限類亦將以數之第一義中所明之無窮而明之。是即言無限類者其中分子層出不窮，無有底止，而不可以「數」盡也。凡已數者皆已有限矣。然而將有無窮之前程而永數不完。是以無限類可以放下而平鋪，平鋪而為一綜體，然不能有一放下之無窮數。自數言，凡放下者皆為數，凡為數皆有窮。無窮永放不下，故無窮非一數。是即言「無窮類」為一廣場，為一限制概念（對有窮類言），而數則只於此廣場中而指示有限類，此其遊戲之所能及。外此則非其所能達。吾於數之第一義，吾有一無窮之前程以為構數之廣場；吾於數之第二義，亦有無窮類以為數之遊戲之廣場。

　　吾自命題函值表示數量類。其表示也純自邏輯一線而為言。純為邏輯之陳述，而無外面之意義。雖云數之外用而指示類，須有個體之存在，然吾論數之第二義而作邏輯之陳述，則不必顧及存在而立言。世間縱無一個體，吾之「邏輯地」構造數量類亦自若。數量類中之分子似只為數之外在化之設置，亦如純理步位之外在化而為

數。前節言邏輯之類型，吾言邏輯之設置（設置指謂函值）。依此
免除還原公理之假定。今再言，吾依此前進構造數量類，吾亦不須
相乘公理之假定。蓋吾以命題函值表示「類」，類由函值出，則凡
類之成必在一標準中。此標準即函值 φ。函值 φ 可謂一規律。此規
律即為命題函值自身所自具，藉以約束分子於一類。故凡類之成，
無論有限與無限，只要一成就，即在一規律中而成就。是以即在無
限類，此規律亦必貫穿之。否則，即是未成類。是以凡兩無限類，
自可重選而成類。不必假定其可以選，此蓋必然者。蓋成始成終，
即在規律中也。此自為邏輯一線之所必至，亦為由命題函值表示類
之所必函。羅素兼賅雙線而為言，還原公理之假定猶可說，而相乘
公理之假定則又大背其以命題函值表示類之入路。儻若至此已不由
命題函值而表示，儻若視類為一外面之一大堆，而吾求如何處理
之。此則顯然已脫離函值而純外陳矣。夫類固為一外面之綜體，然
既由函值入，則知其為外面之綜體乃由函值之規律而約束成，未能
脫離此規律而儻若不相識。明乎此，則相乘公理自為不必要。又自
邏輯之一線入，無窮公理之假定亦不須。吾人不由類以定數，亦無
假定無窮之論證，如羅素所作者。世界有窮無窮不得知，吾亦不須
必有無窮之論證。自數之第二義言，吾之命題函值陳之以有窮即有
窮，陳之以無窮即無窮。蓋總為邏輯者。總之，吾無此論證之必
要。蓋吾唯是邏輯一線，而不涉及存在也。吾於數之第一義，論純
理之自外而實現數乃無有底止者，一數之劈分而成數亦無有底止
者，依此言無窮。無窮為一前程，非是一綜體。吾不能放下而外陳
視為一綜體。但於數之第二義，以數指示類，類不能不為一綜體。
但此綜體既由函值定，則其成就亦只為邏輯者，不就外面固有之物

事撰成一綜體。是其為綜體全無外面義。吾此時所作者純為數之外用而為之起一空架子，吾於此不能（亦不須）兼攝知識問題而答之而論之。是以如滿足函值 φ 之個體為有限即為有限類，如滿足函值 φ 之個體為無限即為無限類。吾不能由此牽涉外面存在而言之。吾之言無窮亦不意指此世界究是無窮抑有窮。數學非知識，則吾之論數學何能及乎此。即就知識言，吾亦不能知世界究是有窮抑無窮，而何況數學非知識，根本不應觸及此。必欲觸及此，是知識論中之事也。觸及此而謂其為有窮或無窮，是越乎知識之能力也。為某種需要而肯定其應當是無窮或有窮（此即所謂必有無窮之論證），是強上帝之所難也。強上帝之所難以成就其數論，其數論必有病。其病即在賅攝雙線而論數。吾今唯守邏輯之一線，故無無窮公理之假定。

　　羅素言：「形式邏輯是否專論內容或外延，乃一古老之爭論。一般言之，有哲學訓練之邏輯家，則主其論內容，而有數學訓練之邏輯家，則主其論外延。而事實似乎則如此；即：**數學邏輯需外延，而哲學邏輯則於內容外拒絕任何其他之補充。吾之類論，則融解此表面相反之事實，而如此說：任一外延（此即同於類）是一不全符（即不完全之符號），其使用常須由涉及內容而獲得其意義。」（《數學原理》〈導言〉第三章頁72）。此段所言，即賅攝雙線之意也。

　　吾之義則以為類有數量類與物理類。數量類是邏輯者。故可曰邏輯類。邏輯類即視之為一不全符（實可如此看），亦無外面之意義。不全符者即其自身無自性，可以解而拆之也，拆散之而歸於個體也。個體符為全符。依羅素，命題、描述辭、類與關係，皆為不

全符。此不深論。就邏輯類言，其分子即爲其內容。如視邏輯類爲不全符，則所謂其使用由涉及內容而獲得其意義，即等於言由涉及其分子而獲得其意義。然此邏輯類中之分子亦無外面之意義。故純爲邏輯一線者。物理類則須兼通兩線而觀之，故有外面之意義。此即羅素之思想。然吾以爲如兼賅雙線而爲言，則不是論數學，而是論知識（如此論數學即乖謬）。當吾由此而論知識也，吾須承認還原相乘兩公理。（無窮不是一公理，須另論，見下。）依此，羅素之三公理，唯對知識有意義，對數學無意義。羅素之蔽，唯在自雙線論數學。是以既有知識之意義，而數論亦未臻妥貼。吾如全棄之，是吾由邏輯一線論數之第二義；吾如承認之，是吾攝之於知識論，而不視之爲數論。羅素陷於雙線之交叉中而不能自拔也。今須翻轉而予以大解脫。依是，吾進而論兼賅雙線一問題。吾如何兼賅雙線而承認之？此知識論問題也。此滿類之得滿證不得滿證問題也。下節論之。

又以上所論數之第二義，只爲原則與基本思想之說明。若組爲統系，則不在本書範圍內。

第八節　兼賅雙線與知識

命題函值不但決定數量類以爲數之外用之通路，以成數學第二義，且其形式亦通於物理類。如通於物理類，則即兼賅雙線而爲言。如兼賅雙線而爲言，則不是論數學，而是論知識。當吾由邏輯一線而決定數量類，吾之決定也，並無外面之意義。其所決定者，只爲由命題函值所表示之數量類之形式。即此時所言者，只爲一數

量類，且其爲類也，只爲一邏輯決定之空架子，而且只爲一空架子即足夠，只爲一邏輯之決定亦足夠。此於說明數學第二義，剋就數之外用而言之，乃爲必須如此者。是以決無「涉及存在」之思想，亦不能就「存在」而爲言。吾人只說，一數之外用必指示一數量類。一數1不只指示一只桃，一枝筆，凡是一個體，皆可以指示之。滿足 φ 者只有一個體，此謂滿足 φ 之個體所成之單一類；滿足 ψ 者只有一個體，此謂滿足 ψ 之個體所成之單一類；其他皆如此。凡此單一類，數1皆可以指示之而適用於其上。就知識言，也許並無此單一類，即有之，亦不能不受經驗或知識之限制。然不因於知識上有問題，數1即無普遍性，即不能先驗而成立。數1之爲數，自數之第一義言，本非歸納者，本不就存在而撰成，乃爲理性之自外而由直覺以構之。是以世間縱無一物，其成立亦自若。數之第一義既如此，於其外用之第二義亦如此。數之指示數量類，其普遍性與先驗性，因數之爲數之普遍性與先驗性而固然。數之爲數不因於知識有問題而損其普遍性、先驗性，數之指示類亦不因於知識有問題而損其普遍性、先驗性。數之指示類既有普遍性、先驗性，故其所指示之數量類亦只須邏輯一線而定之，不必涉及存在而爲言。世間縱無有存在，亦不礙吾邏輯地定一數量類。蓋此時數量類中之分子亦實爲於數之外用而外在化，於其外在化設置一個體而附隸之，此即謂數量類中之分子。數之於其外用而外在化以成數量類中之分子，亦猶如純理步位之外在化而爲數。故數量類之成立只須邏輯地成立之。就知識言，世間或有單一類，或無單一類，然於數之指示數量類而言單一類，則單一類之成就乃爲普遍者。就知識言，所成之類皆爲物理類。一切物理類或許皆爲多數分子所組成，無有只一

分子之單一類。然數之為數與數之指示數量類固確然成立者，即無
單一類，而於多數之分子類中之分子，數1之指示與使用亦在不可
少。蓋吾並不由單一類成就1，而只言數1可以指示單一類。實有單
一類固佳事，即無單一類，數1之指示與使用仍無礙。人類並非單
一類，而一個人兩個人之指示，仍須使用數1與數2。是以吾人不由
類以定數，而由數之外用以指示類，則數之使用固有其隨機性。而
如此其寬鬆也，既可以指示單一類（如有之），又何嘗不可以指示
一個體？就知識言，單一類縱無，而單一個體總有。是單一類之概
念較狹於單一個體也。故於數之外用而單言數量類即足矣。是即
示：數量類之為言猶權變之辭也，而數量類之構成又純為邏輯決定
也，邏輯決定即數於其外用而外在化以成數量類中之分子也。

　　數量類雖為邏輯之決定，而表示數量類之命題函值之形式亦通
於物理類，即於物理類之成也，吾亦言一群個體滿足一物理質。吾
言數量類雖為邏輯之一線，而言物理類則不能不兼賅雙線而為言。
兼賅雙線而言之，即數量類之歸融於物理類。歸融於物理類，則以
「涉及存在」為主旨。而問題亦起於涉及於存在。而表示此問題之
關鍵，則就其涉及於存在，須自物理類中之數量而言之。吾前言，
每一物理類含有一泛稱量於其中。表示此問題之關鍵，即就此泛稱
量而言之。泛稱量之排開而為數量類，以不涉及於存在，且直為數
之外在化而成量，故無問題之可言。唯當涉及於存在而融於物理
類，始有問題之可言。問題即在物理類必有一泛稱量而為一滿類，
因而即起滿類是否得滿證之疑問。是否得滿證之疑問，固因其涉及
於存在而發生，而表示此疑問之關鍵，則在一「滿」字。如單涉存
在，而不言滿類，即無此疑問。又當吾言數量類，以成數學第二

義，吾所注意者單在一「量」字；又量字雖指示個體數，而吾言數量類，則不必尅就實在之個體以言量，故直言數量類中之數量直為數之外在化而成量，此即表示不必涉及存在而為言。然此所言只為數學第二義中之空架子。此空架子必有實際之使用，而此空架子中之數量亦必有實際之指示。吾於數學第二義，遵守邏輯一線，決定空架子，固無須顧及其實際之使用與指示；然當轉至於知識，不能不有實際之指示與使用。其實際之使用與指示之媒介即為物理類中之泛稱量。依此泛稱量之必宿於物理類，故數量類遂得而應用於實在。然亦即以其應用於實在，遂有問題之發生。此其一。言至此，不只數量類之處於物理類而指數個體為應用於實在，即知識上所撰之數學式，亦得曰數學之應用於實在。愛因士坦不云乎：「數學當其為確定，不應用於存在；當其應用於存在，數學不確定。」此非數學自身不確定，乃吾之知識不確定。每一數學式亦為一滿類。以如此如此之數目所表之如此如此之關係即為一函值 ϕ。滿足 ϕ 之事例亦通有限與無限，故曰一滿類。以定常不移之公式，控馭萬變之事象，固知其不確定也。然此豈非知識之不得滿證乎？愛因士坦所謂數學之應用，即指一知識上之數學式而言也。非謂數學自身中之數學式也。此其二。

　　以上兩點，其問題之意義，可如此說明之：關於第一點，每一命題函值所表之物理類為滿類。每一滿類中之泛稱量通有限與無限。如有限，可知其證實不證實；如無限，無法知其是否能證實。如有限，數之外用可以指數之，指數之而有盡，可以知其是否能滿證。如無限，數之指數永不盡，不知其是否能滿證。關於第二點，以每一數學式亦為一滿類，故其為問題同於第一點。吾所以提及

此，亦在明吾人決不應涉及存在而成就數學耳。愛氏之言足以示其
心意中之數學必不同於羅素也。

當吾論數量類，則表示此類之命題函值並無眞假之可言，即有
之，亦無外面意義之眞假。但當論物理類，則以其涉及於存在，不
能無外面之意義，故表示此類之命題函值亦不能無外面意義之眞
假。此即言吾此時當注意眞命題，或有眞假可言之命題，而不注意
無意義之命題。有眞假可言之命題，即有歸納根據之命題，亦即知
識中之命題。如是，吾應本範疇種類等而言物理類。由範疇至種
類，是謂經由歸納歷程之普遍化。故一至種類命題之普遍化，其歸
納根據必極強。由普遍化而歸於定然之普遍，是謂眞普遍，其所表
之類爲滿類。滿類圓滿而無漏，種類殘缺而有漏。然滿類雖其形式
爲眞普遍，而究不得一滿證。是仍爲由普遍化而作一如此定然普遍
之陳述而已耳。或曰：歸納根據如充分，眞普遍即得一滿證。曰：
歸納根據永無充分時，由歸納永不能得滿證。如是滿類之如何得滿
證，乃爲一新問題，不能期由歸納而得之。依是，滿類之眞普遍，
對歸納知識言，亦仍爲假然者。定然其式，假然其實。吾如何使其
假然之實變爲定然之實？此既爲一新問題，不能期由歸納而得之，
則反而亦知對歸納言，永爲一假定。吾於是將記取還原公理而明
之。

依羅素，以其過受循環原則之威脅，遂歸於任說一函值必實有
一存在之謂詞與之相對應。每一命題函值定一類，亦即等值於每一
存在之謂詞（指謂函值）定一類。如下：

$$\hat{Z}(\phi Z)\cdot\equiv\cdot\hat{Z}(\psi!Z)$$

吾人於此特注意等號後之一項。依此，此一符號式，自還原公理而

言之，有三義：一、此兩函值爲等值，故所定者爲同一類；二、此類以指謂函值之實有，故必爲存在類；三、指謂函值之實有爲經驗者，而非必然者，對還原公理言，第三義爲主義。然對吾現在所言者，將以第二義爲主義。吾現在所論者爲知識，自以有經驗對象之概念爲主題。指謂函值之實有爲經驗，吾即以經驗之指謂函值爲對象。如此一轉，自失還原公理之意義。然吾於此並不自邏輯而論還原公理之自身；吾於此承認此公理亦非承認此公理之自身，而是承認其知識上之意義。言還原公理者，由循環之避免而肯定指謂函值之實有。由指謂函值之實有，故其所定之類亦必爲存在類。（此非言類自身存在，即非假定類。乃言類有存在或實際之意義。羅素言有分子者爲存在類，此對無分子之空類言。吾今言「爲存在類」，仍言無論爲空類或有類皆有存在之意義。其義寬。）然每一存在類爲滿類。是不啻云由指謂函值之實有轉而爲滿類之實有。對還原公理言，只言此滿類之實有即足矣。汝若言假定，則固爲假定者；汝若言經驗，此固爲經驗者。然對還原公理所言之假定，吾人可轉而看滿類之自身，而言滿類之假定。還原公理之假定，則言滿類爲實有；而滿類之假定則進而謂此滿類已有矣，或謂已有種類爲其根基矣，然如何證實之？此兩假定固不同。其不同在：還原公理中之假定可全爲憑空安立者，或永不能得知者，或全不能證實者；而滿類之假定，則以其根據種類而爲言，可知其並非憑空安立者。此其故蓋在：一則自己有此謂詞而爲言；一則自邏輯命題入，而爲某種目的之需要，假定此謂詞之實有。既爲如此之假定，自可推之謂其爲憑空安立者。蓋自一全與事實不相謀之循環詭論（此純爲邏輯者）而說入，因逼迫而出此，固誠爲假定也。此所假定之謂詞之實有，

蓋甚同於羅素邏輯相應說所假定之「可能事實」之存在。羅素言未經驗之命題，（即無有覺相證實之之命題），如非無意義之命題，則其真假亦可得而定。其規定名曰邏輯之規定。邏輯規定所定之真假則為有一事實（不必經驗者）與之相應者為真，否則為假。此謂「真」之邏輯相應說。依邏輯相應說，一未經驗之命題吾人亦可說其或是真或是假，然必須假定一與之對應之「事實」（比經驗事實寬）之存在。然此假定羅素名之曰形上之假定，且深以陷於此形上之困難為憂慮。此形上之假定，羅素如此述：「如 a 與 b 為同一邏輯型之個體字，且“ f（a）”為表示已驗事實之句子，則或者“ f（b）”指示一事實，或者“非 f（b）”指示一事實。」讀者須知此「事實」之假定全為無根者，吾曾有專文詳論之。還原公理所假定之謂詞之實有亦與此同為一形上學之假定，亦全為無根者。然羅素已言此公理之假定有堅強之歸納根據為理由，何得云全為無根據？曰此亦有故。蓋有根據無根據，乃有對而言也。如吾講邏輯中之命題（此是以邏輯自己為對象），或以邏輯命題為工具講數學，兩者之起腳落腳皆不必涉及於存在，亦不必預定有存在。此時之存在本不在考慮中，乃只由單純之邏輯一線而前進。其起腳本如此。吾人亦實可順此一線而達吾人之目的，亦為理之至順者。此如吾之所作者即如此。然起腳既不曾亦未須想念及存在，而忽以臨時之逼迫而假定有存在，以為解答問題之根據，則雖於解答問題獲得一根據，而此根據卻未獲得一根據。即此存在之假定，對此邏輯之入路（指羅素之講數學言），乃為驀生者，乃為猝然而遇者。既為一假定，即為無根據。即稍稍有根據，於經驗為可遇，然可遇而不可求，亦無必然之根據。此為空空而茫然之一線，忽感有不足，遂下

凡而求偶於實事。然茫茫大地，將從何處而求耶？還原公理之假定
有類此。若曰吾之邏輯中之命題以及吾講數學之入路中之邏輯命題
皆為有知識根據之命題，或皆為有邏輯形式之知識命題，則當先有
一段知識論於其前，或即略此段，而於起腳時，亦須先有此預定之
聲明以為一原念，如是，方可說還原公理有堅強之歸納根據為理
由。然此認識論之入路，而非羅素論數之邏輯之入路。須知邏輯之
入路與認識論中一堆歸納之根據兩者乃不能相函者。邏輯入路中忽
有此假定，固可轉出而觀之，謂其常常是如此，然亦即在邏輯入路
中，此假定又含一憑空安立，隨便設置之一義。蓋一邏輯命題之設
置，亦即其中變項之設置，乃有一極大之自由性與方便性，為表此
自由性與方便性，故總以符號指示之，即此乃極為隨便者。依此極
為隨便之設置，而謂必有一存在之事實與之相對應，此非憑空安
立，隨便設置而何耶？故於邏輯入路中，施設一假定，雖含有兩
義，而後者卻為其根本義，亦實為其直接之所函，而前者則須轉出
而觀之，則其非本義可知矣。如後者為本義，則其堅強之根據又安
在？是以知邏輯之入路與認識論中一堆歸納之根據並不相函也。此
亦示邏輯與數學必不可如羅素之所論而須予以大翻轉。如遵守邏輯
之入路，所謂邏輯斯蒂之數學論，則必斬斷涉及存在之思想。而羅
素則以邏輯為入路，而忽而引進一假定，涉及乎存在，遂陷於一順
一逆之雙線交叉中而奮鬥其統系。何謂順？邏輯入路是順也。何謂
逆？反而預定一歸納之根據，是逆也。一方向前進，一方向後退，
是即順逆雙線之交叉而進也。此為一糾纏複雜之大集團，吾必須剖
解而理之。如是，遵守邏輯之入路，翻轉羅素之邏輯與數學論。依
是，三公理皆為無意義。此謂純理之一面。永不涉及存在而為言。

其自身亦無何不足處，不須下凡求偶於存在。復次，將此純理之一面歸於理解中，而明知識之構成及限度，此謂雙線之駢行，而非順逆之交叉。然此雙線之駢行卻爲一知識論，而非論邏輯，亦非論數學。依是，吸出還原公理知識上之意義，而變爲滿類之假定。每一滿類爲一存在類，此還原公理三義中之第二義，今可取而轉之以爲滿類之假定。滿類之假定方可言歸納之根據。自種類而言之，決無有滿類。然範疇之圓滿性導引此滿類，種類命題之普遍化亦向往此滿類，而具有普遍性之邏輯之陳述亦定然設置此滿類（此爲其固具之特性），而滿類之設置復亦有在前之種類爲根據，然則滿類乃信爲可有者。然自理解知識言，此滿類又永不能獲得滿證者。依此而言滿類爲假定。此假定即名曰滿類之假定，亦曰滿類公理甲。其辭曰：

「依據範疇與種類之導引，吾人必有一滿類之要求。」

「此要求而證實，即曰滿類之得滿證。於不得滿證時，滿類之『有』爲假定爲公理。已得滿證時，滿類之『有』非假定非公理。依此，滿類公理或爲臨時，或爲永久，但視其是否得滿證。」

由滿類公理甲，吾人可推出一滿類公理乙。此即爲相乘公理或選取公理之變形。其辭曰：

「於一滿類中，構成此滿類之『謂詞』（關係規律或標準）可以貫穿於此滿類中無限之分子。或：於一分子無限之滿類中，必有一『規律』可以貫穿無限之分子。」

「此假定而證實，亦曰滿類之得滿證。於不得滿證時，此規律之『有』爲假定爲公理。已得滿證時，此規律之『有』非假定

非公理。依此，此假定或爲臨時，或爲永久，但視滿類是否得滿證。」

此爲滿類兩公理。但無「無窮」一公理。世界有窮無窮不在吾之假定中，吾亦不須有此假定之論證，吾亦不能論證之。此義下節明之。

第九節　直覺原則與無窮

滿類公理固在成就一邏輯陳述之滿類，而亦引發此滿類之滿證。自知識而言之，每一邏輯概念或陳述（譬如滿類爲一有歸納根據之邏輯陳述），皆有引發滿證之企圖。亦即每一有知識意義之邏輯概念之提出，皆有閃爍之靈光隨其後，以企圖此邏輯概念之滿證。邏輯概念爲圓滿而無漏之概念，即依此圓滿而無漏之特性，遂有滿證之誘發。然圍於經驗與理解，此滿證乃爲永不能實現者。是以邏輯概念之圓滿與無漏亦仍只爲邏輯者，而非實際者，其對於事實仍爲有漏而殘缺。是即一滿類之不能得滿證。復次，如限於經驗與理解，邏輯概念之提出，雖有靈光閃爍隨其提出而閃爍於其後，然以圍於經驗與理解，其靈光之閃爍亦爲經驗所限制，理解所窒塞，而不得發其用，遂隱微而不彰。是以每一邏輯概念雖皆有引發滿證之企圖，而終於不得其滿證。

每一邏輯概念既以其圓滿與無漏，而有引發滿證之企圖；然其所以實現此企圖，必非理解知識之奮力。理解知識無論如何奮力，亦不能實現之，以圍於經驗與理解故。理解知識之奮力可增加其概然值，而不能使之爲滿證，以概然值無論如何高，終爲概然故。然

則此企圖之實現，將依何而可能？吾前言：每一邏輯概念之提出皆有靈光之閃爍隨其後，以每一邏輯概念，皆圓滿無漏故。靈光之閃爍必隨此圓滿與無漏以俱赴。是即言靈光之閃爍必隨此圓滿與無漏而照射之。依此照射，遂使邏輯概念涉及於存在（此自指知識中之邏輯概念言）。其所涉及存在之範圍，依邏輯概念之圓滿而圓滿。依邏輯概念之無漏而無漏。（此處言涉及存在恰是此兩句之所言，此謂圓滿無漏之涉及。否則，一知識中之邏輯概念已涉及存在矣，已有存在之根據矣。何待靈光之照射始涉及存在耶？故此處依靈光照射而涉及存在為圓滿無漏之涉及，與一概念限於理解而為概然時之涉及異。）依此照射而為圓滿之涉及，遂使滿證之企圖得有實現之可能。故滿證企圖之實現必依靈光之閃爍而為言。是即言靈光之閃爍實現此滿證。吾人知理解知識永不能實現此滿證，此即示如有實現滿證之知識必非理解之知識。如只有理解之知識，吾人即不必有滿證之要求。凡欲自理解知識而要求滿證者皆必妄。然則吾人尚有超理解之知識否？如其有之，則是何種？吾人言靈光之閃爍實現此滿證，然則靈光之閃爍是否代表一超理解之知識？如其然也，則其所代表之知識是何種？曰此即直覺知識也。依此建立直覺原則。

　　然理解知識既不能有滿證，而每一邏輯概念之提出，雖皆有靈光之閃爍隨其後，而以囿於經驗與理解故，靈光之閃爍亦為其所限制所窒塞，遂隱微而不彰，故吾人只覺有概然之證實，而無定然之滿證。然則靈光之閃爍如何得脫穎而出耶？欲答此問，應知靈光之閃爍因何而蒙蔽，隱微而不彰。每一邏輯概念之提出，皆有靈光隨其後。其所以隱微而不彰，端在囿於經驗與理解，端在自理解與經驗觀知識。以囿於經驗與理解，在在覺其有漏洞。以覺其有漏洞，

逐覺無有滿證之可能。此謂囿於理解之蒙蔽。因有此蒙蔽，靈光逐隱微而不彰。靈光不顯，自覺不能有滿證，逐覺一切為概然，復覺一切滿證為假定。設知理解歸理解，靈光歸靈光，不以理解蒙靈光，但謂自理解而觀之，則一切為概然，一切滿證為假定，如自靈光而觀之，則一切為必然，一切滿證為定然，則靈光即脫穎而出矣。是以理解歸理解，靈光歸靈光，則靈光自不受其蔽。吾隨靈光之照射而審識其所照，即為一邏輯概念之滿證。此時邏輯概念為筌蹄，已相忘於道術（藉用語）；而理解與經驗之支離與破滅，已煙消而雲散，頓歸於無形。理解隱而不用，靈光乘權而起。理解處其下而靈光主其上：是之謂由理智而至超理智。超理智之根據與發見將依此而說明。

　　是以每一邏輯誘發一滿證。滿證之實現，在乎靈光之透露。靈光之根據在其與邏輯概念之提出而俱起。吾人承認靈光之照射，亦如承認理解有自發格度範疇之內能。靈光之照射，即為直覺之所在。理解於自發格度範疇之時，即有直覺之妙用在其後。即，直覺即彰其用而實現此格度與範疇。此言「實現」，與直覺透入純理步位拉出而外在化之以實現數（即構造數）之「實現」同。吾人已知格度與範疇為先在者，為不可論證者。其本身為知識之條件，固非一知識。然即就其為條件而觀之，其自身之成立既為不可論證者，必根據直覺以成立，吾人亦必根據直覺而覺之。其自身固非一知識，故其自身並無外面之意義，亦不含因涉及存在而來之意義。故吾人根據直覺而覺之，亦非覺其外面之意義，亦非覺其因涉及存在而來之意義。然其自身雖無外面之意義（即不是一知識概念），要不能謂其自身無意義。其自身之意義，即其自身之為條件。凡條件

皆有形式義。時空、因故、範疇（原則），皆有形式義。其自身之意義即其自身之為形式。吾人根據直覺而覺之，即覺其「為形式」之意義。此「為形式」之條件，自其自身而觀之，為客體。凡形式或原則皆具客體義，即其自身為「理」（普泛詞非有殊義）而非「用」（亦無殊義）。此為客體之形式既不可以論證立，而又為先在，故自主觀而言之，吾人謂其由直覺而成立。由直覺而成立，即由直覺而實現。其自身為客體，則實現之之直覺即屬於主體而為「用」。此言直覺為純直覺，而此為客體之形式既非一知識，故此純直覺實現此客體亦非實現一知識，直覺此客體亦非直覺一知識。如直覺一知識，或全真或全妄，即有真妄之可言。由直覺而成立，由直覺而實現，所成立所實現者，如為一知識，則其成立或實現為相對：雖成立而其成立不必真，雖實現而其實現不必真。然此客體既非一知識，如其自身為必然而先在，則由直覺而覺之，而成之，而實現之，實即為覺、成、實現此必然而先在者。直覺於此客體無所增益，不過通過吾心之自覺而追認之而已矣。是以言由直覺而實現，由直覺而成立，此時直覺之運用並非一創造，徒為予此客體以潤澤。故此直覺無有真妄可言，亦不為相對，而為絕對者，故曰純直覺。此純直覺之絕對，因其所覺之客體之絕對而絕對，亦與其所覺之客體而凝一，此即曰「實現之凝一」。凡對不可論證之客體，覺之之直覺皆為純直覺。凡純直覺所覺者皆為絕對者，亦無真妄之可言。凡純直覺之「用」與彼客體之「實」，一經相遇，皆必為「實現之凝一」。此「實現之凝一」為純直覺與不可論證之客體之「呈現」，無事流之時間義，亦無進化義。覺形上之實體，覺純理，覺數，覺格度與範疇，覺因果，皆此義。此為吾所建立之直覺

原則之基本義。然凡此客體，皆非知識。現在須轉而論於表示知識之邏輯概念處見直覺，此為由理智而至超理智如何可能之問題。亦為本節之主旨。

吾人言理解於自發格度與範疇時，直覺即彰其用而成之。是即言無論立格度或範疇，皆有直覺之靈光隨其後。今欲於表示知識之邏輯概念處見直覺，吾人即不論格度與範疇。（範疇雖當機，然亦非知識。）此時吾人當注意根據種類而成立之滿類。滿類為表示一知識之邏輯概念。表示此滿類者則為一定然之普遍命題。吾人可就此定然普遍命題之成就而見直覺之妙用。吾人由此直覺之妙用即建立由理智而至超理智之根據。茲以「凡人有死」為例。設定此為一表示滿類之邏輯陳述之定然普遍命題。「凡」字所指為一圓滿而無漏之整體。既為邏輯之陳述，則此無漏之整體自為概念之規定（雖有種類為根據）。是以吾人亦當就其為無漏而由概念之規定以解之，而了之。吾不能就經驗或理解而了之而解。就經驗或理解而了之而解之，即為就經驗或理解而論證之。然此論證，乃永不能獲得其為圓滿而無漏，以就經驗或理解而論證，總有殘缺故。依羅素之分析，第一，吾人不能解為：「如我見一人，我將判斷其要死。」（此為一預斷。）因「我將見一人」仍為一實際之遭遇，而「我將見一人」藉以成立之諸多事件仍為不能列舉者，其不能列舉亦與人類之不能列舉同。是以「如我見一人，我將判斷其要死」之解析不能說明此概念規定之圓滿性。其所以不能說明者，以限於實際之遭遇而囿於經驗故。第二，亦不能說：「如有一可能經驗組，關於集和綜體之陳述即合法」。「可能經驗」固已函攝而無餘，可謂圓滿而無漏。然可能經驗對現實經驗而成立。因現實經驗而如

此，遂亦假說於可能經驗亦如此。此仍為就實際經驗而著想。且當吾於規定「可能經驗」時，吾又不能不陷於所欲避免之假然概念之領域。吾如何能知一經驗是否為可能？此自須超越現實經驗之知識。然如其為如此，吾人即不能成就此陳述之圓滿無漏性。是以可能經驗亦不能解析之。第三，吾亦不能將「凡人有死」之「凡」限於過去之經驗。因如其如此，則必等於「已死之一切人有死」，而此為廢話（套套邏輯）。第四，亦不能自實驗而解之。如謂汝懷疑是否「凡人有死」，汝可取一人而試之。然此仍為受試者所限定，不能取「凡人」而試之。是以試驗之解析只為一逃避，而非是一解析。且試驗只為此陳述之逐步證明（層層歸納），而非即此陳述自身之說明；試驗而至歸納普遍化，亦只為「證明」之普遍化，而非此陳述自身之定然普遍性。以上四點，皆為自經驗與理解之證明而論之，是以皆不能說明「凡人有死」之普遍性。且如適所言，須知自經驗之證明而論之為一事，而其自身之成立又為別一事。自經驗之證明而論之，則為「凡人有死」是否為眞；而論其本身之成立，則為「凡人有死」是否表意。吾今所問者，非此命題是否為眞，但問其是否表意。以上四點之解析，大都混此兩者為一事，而欲由其是否為眞以說明其本身之成立（或意義）。然如此說明，皆為不能成立者，即皆不能盡其說明之責任。其所以不能盡其說明之責任，乃在其由「是否為眞」之觀點，囿於經驗或理解而論證之。囿於經驗或理解而論證之旣不能明其本身之意義，是即示其本身之意義並不能由論證明，亦非論證事。然則其本身之意義如何而成立？此命題本身之成立如何而得明？依羅素意，當吾了解「人」與「有死」二字之意義，吾即了解「凡人有死」之意義。而此了解亦不需有待

於每一個體之了知。然如其如此，則必有了解「一切」（凡）之一事，而此「一切」之了解實為獨立不依於個體之列舉。了解「一切」之問題實為了解「假然者」之問題。依此義言，了解「一切」之了解，是何了解耶？「一切」之了解不必有待於個體之了解。就此不必有待言，其成立也，外部言之，自為邏輯之陳述，而對於其了解，亦自為邏輯之了解，而非有待於個體之「經驗之了解」。此種無待之了解即為**靈光之直攝**。「凡人有死」其本身之意義為一邏輯之意義，由其為一邏輯之陳述而獲得。此意義為客觀者。而吾人對此意義之了解（無待之了解），則為靈光之直攝。此直攝之了解為覺、為用、為主觀者。依主觀而言**直覺原則**，依客觀而言**邏輯原則**。依此兩原則，此命題本身之成立，即可得而明。

是以言其意義，則注目於客觀者，而謂其為一邏輯之陳述。依此吾言每一邏輯之陳述或概念（對知識言），其自身皆具圓滿性無漏性。言此意義之了解，則注目於主觀者，而謂其了解為無待（靈光之直攝）。依此吾言每一邏輯陳述或概念之提出，皆有靈光之照射隨其後。邏輯陳述之圓滿性與無漏性，即函有此陳述之直覺性：正以其為直覺而無待，始為圓滿而無漏，此即邏輯之陳述；亦正以其圓滿而無漏，始為直覺而無待，此即靈光之直攝。〔直覺原則與邏輯原則將貫穿本書之全系統，須審悟。〕

「凡人有死」，如以假然命題而解之，則為一原則，此即表示範疇者。此原則之成立為一邏輯之陳述，故圓滿而無漏，而其意義之了解亦為直覺而無待。（此即羅素所謂了解「假然者」。）如以定然命題而解之，則為一滿類，根據種類之歸納普遍化，而為定然普遍之陳述，以與範疇遙相應。此定然普遍之陳述亦為邏輯之陳

述，故亦圓滿而無漏，遂成其為滿類，而其意義之了解亦為直覺而無待。如有待，則為歸納普遍化，此由經驗而證明，故亦終為普遍化，非即普遍性，故亦殘缺而有漏，非為圓滿而無漏，故亦終於為種類，而非一滿類。如無待，則為定然普遍性，非由經驗而證明，故其成立為一邏輯之陳述，而其意義之了解亦為靈光之直攝。

然滿類為根據種類而成立，而種類則為由一歸納歷程所成之種類命題而表示，是即言種類命題表示一知識，而其所表示之種類亦為一知識上之成果。種類既如此，根據種類而成之滿類亦必有知識之意義，亦必表象或涉及一組事象之存在。是以當吾了解表示滿類之定然普遍命題時，不但了解此定然普遍命題之本身，且視為一涉及存在之知識而了解之。即直覺一方覺此定然普遍命題本身之成立或意義，一方亦覺其所表示之滿類之存在性（即隨滿類之表象存在之指示而亦直覺及存在）。一方覺此命題本身內部之意義，一方亦覺此命題外部之意義。覺其內部之意義，只顯直覺之用；覺其外部之意義，則直覺之用變而為一直覺知識。由直覺知識，吾言由理智而至超理智。一至超理智之知識，則滿類公理甲與乙即得其證實而不復為公理。滿類公理甲指示滿類之存在。但當其為公理，則只有此指示，而不能使之實。以此公理之提出對經驗而言故，而其意義（即所以說為公理處）亦囿於經驗而成立。設一旦靈光現發，直覺呈用，則其指示歸實，公理即不復為公理。是以公理為臨時而不復為永久。此時理解知識即變而為直覺知識。理解之有漏變而為直覺之無漏。滿類公理乙指示滿類之同條而共貫。但當其為公理，亦為假定而非實，以囿於經驗故。然靈光起時，即得滿證。既得滿證，公理不復為公理。是以此公理亦為臨時非永久。對理解言，永久為

公理；設有超理解之知識，公理非永久。

　　公理不復爲公理，滿類得滿證。滿類得滿證，無復有滿類。此時無有滿類之概念，吾已順滿類之指示，超脫乎滿類，而直觀一體平鋪之實事：滿類已融解而爲客觀之實事。於此客觀而平鋪之實事，一方爲散殊，星羅棋布，一方爲曲成，同條共貫。每一滿類軌約一組如此之實事。諸多滿類之系統（以在知識統系中成系統），亦軌約各組如此之實事而成一實事之統系（由此各組實事而組成）。是以靈光起處，不但每一滿類得滿證，每一滿類成融解，且許多滿類俱廢棄，其界限與封域俱消滅，而成爲一整全之實事之統系，吾人即直觀此統系之平鋪。理解知識達至何境，此整全之統系即爲何境之統系；理解知識中之部分複雜至何境，此整全之統系即爲含有如其複雜之統系；理解知識之深度如何深，廣度如何廣，此整全之統系即爲如何深、如何廣之統系。理解知識其統系爲多，而直覺知識永爲一統系。直覺即靜觀此整全之實事統系之平鋪。

　　然直覺知識，於吾人之知識，一方無所增，一方有所增。無所增，言其不能有積極之增益；有所增，言其可以有消極之增益。理解根據經驗給吾之知識以積極之增進：今日不知者，明日知之：所謂爲學日益也。然直覺不能有此之增益。然直覺之普照，將理解中之部分融而爲一，將其部分間之界限封域消滅化除，此亦即知識之增益：此所增益者非成分，乃意義；非爲量，乃爲質：故與其謂增益，不如謂融化：然融化而變質，於意義有所增，亦不能不謂之增益也。如成分之增益爲積極，則意義之增益爲消極。消極之增益爲安靜、爲中和、爲均停、爲濁以靜之徐清、爲安以久動之徐生：內智（智照之智）外境，朗潤分明；無幽不顯，無隱不彰。消極增益

之時用大矣哉。消極之增益由積極之增益而誘發（其根據在直覺之
透脫），兩者交用而前進：是以有奮發、有安頓：奮發爲進，安頓
爲住（此言「安頓」只是智照之「住」）。理智與超理智決無一般
所想之如此其水火也。兩者相違固不可，並存之而不知其所以偕，
亦不能得其情。

　　滿類公理甲與乙，以直覺得滿證。滿類之指示通無窮，直覺之
照射通無窮。依此當稍言「無窮」終此篇。此言無窮，隨滿類言。
滿類爲物理類，亦爲知識類。數量類中之無窮無問題，以遵守邏輯
一線故。吾作邏輯之陳述，其中之變項，吾無理由必限其爲有窮，
以邏輯之陳述，窮盡而無漏，無遠弗屆，其本性不能有限故，是以
即通無限，亦無可議。如言2指示所有對偶類，或指示以所有對偶
項所成之對偶類，此中「所有」之所涉，順邏輯陳述之本性，不能
爲有限，吾亦大可放之爲無限。即爲無限，亦無可議，以爲邏輯設
置故，以爲吾所可自由操縱故。然當吾論物理類（滿類），則不能
無問題。以其外於吾之操縱故，亦非邏輯設置故。至少滿類公理甲
與乙是對無窮言。直覺起時，吾固可以得滿證，是以公理甲與乙至
此無問題。然無窮本身有問題。物理類，自歸納知識言，亦必通無
窮。否則，無概然之問題，亦無得滿證與否之問題。然此無窮是對
經驗知識之有限而顯示出，亦可以說是由歸納概然而透示出。此種
顯示或透示是消極的，即，吾不能積極地知世界究是無窮否也。故
物理類之通無窮亦是消極的。然無窮尙可積極地論之，即正面肯定
世界是無窮，肯定有無窮個個體。譬如羅素《數學原理》中之無窮
公理，即爲無窮類之實有故，而肯定無窮之存在。此是一形上學之
肯定。但此肯定在知識範圍內是無根據的。故只是一形而上的假

設。此當是一超越的理念，如康德超越辯證中之所批導。此皆是積極地論無窮，而視之為一「積極的概念」。現在，在知識範圍內，對此無窮，吾不能有積極的論謂。只能順物理類之以歸納與概然故而必通無窮之消極的意義，以消極地論謂之。此消極的論謂即是於滿類之以直覺照射而得滿證故而將物理類所通之無窮繫屬於**直覺的照射**而論謂之。此種論謂不是概念的論謂，而只是隨直覺的照射之圓滿無待以虛說其意義。此種無窮是由內出，不由外立，其為真實只有**主觀的意義**（直覺照射之主觀），而無**客觀的意義**。是即言在滿類之要求滿證上而引出直覺照射所示之無窮。此既非一概念，亦非一理念，而乃為靈光所照之**至大無外、至小無內之圓滿無漏境**。此為表示滿類之邏輯陳述提出時，靈光隨之而照者。當吾提一邏輯陳述之滿類，靈光即隨其圓滿與無漏而通至其所示之實事之圓滿與無漏。滿類所函之項數無有窮極，滿類所具之規律（謂詞）亦條貫此無窮極之項數。靈光照射即證實如此之滿類：將滿類所指示之無窮實事，盡攝之於此規律下而統之，其統攝也，隨此實事之無極而無極，隨此滿類之圓滿而圓滿，隨此滿類之無漏而無漏。圓滿、無漏、無盡、無極，皆無窮義。而此全體呈現之無窮實為靈光函攝中之無窮。吾人知識上所能言以及所能證實者亦只此無窮。是以「無窮」為靈光所照射所函攝，為內出而非可**外陳以議擬之者**。

靈光所照之無窮可兼三義：

一、滿類所示之實事之項數無窮無盡，靈光即隨其無盡而直射之於無盡。

二、靈光之照射無邊無界。有邊有界，即不得言靈光之照射。此即圓滿無漏義。

三、滿類所示之實事之項數及條貫此項數之關係所函攝或所引
發之關係無窮無盡（此在理解上爲不能定知者），直覺起
時，靈光之照射承認其爲無窮無盡，且直照之，盡攝取
之。

關於第一義，吾人不自外面先假定有一堆無窮項數之實事，不
過以表示滿類之邏輯陳述圓滿而無漏，不能限於有窮，故靈光起
用，即隨其圓滿無漏而直照之於無窮。直覺所照，永爲無窮者。設
吾人之宇宙至未來某時止，如其眞如此，則直覺之所照亦必爲無
窮。蓋直覺照之，無對待故，無封域故，爲圓滿故。依此，第二義
亦成立。靈光所照，無邊無界。今日之物理學猜測宇宙有限而無
邊。此所謂有限實即球形義。如起靈光之照射，雖有限而無邊，實
亦必無限而無邊。無對待故，無封域故。此只爲一圓滿無漏體，何
處言有限？第三義，爲喜言整全統一之理想主義者所雅言。然吾以
爲亦必在直覺知識中而言之，否則無有任何證明或否證之答覆。華
嚴言十玄門，因陀羅網，如不自靈光之照射而爲言，即爲無意義。
來布尼茲言每一心子皆反映全宇宙，此即一攝一切，一切攝一義。
然必在直覺知識上始能證實之。滿類所示之無窮數之實事爲一關係
所條貫而成一完整體，而處於此一關係中之無窮數之實事，於靈光
起照時，俱時亦處於無窮無盡之關係中。每一事實處於無窮無盡之
關係中，而無窮無盡之關係亦攝於此一實事中。隨其關係之無窮無
盡同時亦即有無窮無盡之實事。靈光起照，俱收入一整全體中而盡
取之。此非一矛盾體，而是一釐然分明之複雜體。羅素名此爲一無
窮複雜之命題，其所示之全體（或整全）名曰無窮之統一體或諧一
體。並謂哲學家大都喜談此種無窮之整全，而數學家、符號邏輯家

所談之「無窮之整全」，則大都爲無窮項數之集和所成之整全，此
整全即曰一「集和」，如其項數爲無窮，則爲「無窮之集和」。如
此集和名曰「類」，則無窮複雜之命題所示之「無窮之整全」即非
類，而曰統一體。羅素所論者，自取集和義，而統一體則以爲於彼
不相干。按其系統，彼以爲必須承認「無窮集和」之實有（此即彼
之無窮公理）。然無窮複雜之統一體是否爲可能，則彼不能有決
定，是否爲實有，亦爲不決者。自理解知識而言之，誠如羅素之所
云：「吾人於理解知識中實際所知者，所有命題皆爲有窮複雜
性，」「亦無如此無窮複雜之統一體出現於理解知識之任何部門
中。」然自直覺知識而言之，則吾認其有，且亦直照而攝之。此自
爲羅素所不喜談者。然吾如限於理解之知識，吾必取羅素之態度。
今直覺知識之可能，吾已說明之，故其所有之函義，吾亦承認之。
〔文中所引羅素義，當參看其獨著《數學原理》第十六章〈整全與
部分〉及第十七章〈無窮之整全〉，頁137至148。〕

　　關於無窮，依吾之系統，可如下陳：

　　一、數學第一義中之無窮：純理之自行申展，動而愈出，無有
底止；每一數之分割而成數，無有底止。此言無窮爲一前程，無有
問題。

　　二、數學第二義中之無窮：此自數量類言，相當於羅素所言之
「無窮之集和」。然此「無窮之集和」，依吾義，則爲邏輯之設
置，自邏輯一線而論之。類之項數，無論有窮無窮，皆爲第一義數
之外在化而設置，無存在之意義，無外面之意義，故亦無問題，亦
無「無窮公理」之假定。羅素兼賅雙線，雖其所論爲數量類（爲項
數之集和），然有存在之意義，有外面之意義，故分解益繁，而問

題滋多，遂終於爲假定。（其所假定者爲「無窮之集和」。）

三、物理類中之無窮：此爲由邏輯陳述之滿類直接所函而設置，由歸納與概然直接所透示，而其真實呈現之意義，則繫屬於靈光之照射。依此言無窮，無窮無問題：無窮自內出，而不自外擬。

四、積極的無窮：此須形而上學地討論之。如此所論之無窮是一積極的概念，是一超越的理念。此種無窮實與「世界是否能無窮地連續下去」有直接的關聯。故吾人對於此種無窮是否有確定之論謂，單繫於形上學中的宇宙論之是否能成立。見下卷〈宇宙論的構造〉章。

第三章　二用格度之所函攝

第一節　二用格度使用之意義

　　肯定否定之二用，在理解（知性）範圍內，本發見之於純理之
自見。此純理之自見處即是二用之唯一出生地。以其由此而出生，
故有先驗之根據。但純理之自見必將落於現實之理解活動中而不空
掛。當其落於現實之理解活動中，二用即外在化而爲理解之格度。
一說其爲理解之格度，即有隨其爲格度而來之使用。使用即是二用
格度之表現及作用。其所表現之作用即是辯證之作用。

　　辯證作用之第一次表現，亦即其直接之表現，即是表現於承曲
全格度而來之四種定然命題：將此四種定然命題聯貫之而成一有機
之發展，以表現理解之全幅歷程。此有機之發展正是辯證之表現。
此種辯證之表現是二用格度之直接外用。外用者外用於經驗而成功
經驗知識之發展也。經驗知識之發展同時亦即經驗知識之形成。成
無終成，故有發展，而發展一步亦即形成一步也。二用格度之此步
表現在說明理解之有限知識之形成，而此步表現所形成之辯證歷程
卻仍是主觀之運用。在此步表現中，肯定是表現於命題中而成爲肯

定的命題，否定是表現於命題中而成爲否定的命題。此是一種主觀
方面求知識之完成之作用，而客觀方面之對象則無所謂否定肯定
也。是以凡嚴格義之辯證皆繫屬於肯定否定而爲言，而肯定否定則
屬於主觀之思考者。純理自見中之肯定否定是屬於純思想之作用，
由此作用而見純理。是以凡辯證中所言之肯定否定皆應不離此義而
形成其辯證之作用。由此，吾人可決定辯證之義用及其使用之地位
之何所在。現在，二用格度之第一次表現所成之辯證歷程在說明知
識之完成。而知必有所知。從其所知方面言，吾人有理型世界之邏
輯的結構。

　　辯證作用之第二次表現即就理型之邏輯結構而言也。然旣云爲
邏輯結構，則此處所表現之辯證實已非適所言之嚴格辯證義。此時
辯證已消融其動的姿態於客觀之靜的理型之結構中。嚴格之辯證歷
程應有三義：一、動的表現，二、主觀之用，三、虛的作用。今注
目於理型之結構，而理型是靜的、是客體、是實有：此是知識之所
知，亦是知識形成之所顯。此客體之靜而實的有之結構是邏輯之結
構，故亦爲靜的系統。此可平鋪而放得下者。指導此系統之形成之
辯證是**柏拉圖義之辯證**，吾人可名之曰**古典義之辯證**。此古典義之
辯證實非辯證，而應只是體性學。二用格度之表現於此處是靜的表
現。其中之肯定不是表示主觀思想之用，而是表示理型間之相融，
因此相融，吾可以作一關於理型之肯定命題。其中之否定亦不是主
觀思想之用，而是理型間之相離（或相違），因此相離，吾可以作
一關於理型之否定命題。是以肯定表示融攝，否定表示離異。而理
型之融攝乃是依照該理型之爲事物之本性而永恆地或邏輯地相融
攝，理型之離異，亦是依照其爲本性而永恆地或邏輯地相離異。故

其所成者乃為一靜的邏輯系統也。柏拉圖以為此種辯證學實是指導吾人發見理型結構之指南針。吾人若對於理型有一認識論之推述，則所有知識中之理型皆內在於知識歷程中而由知識形成而顯露。如是，則辯證可無須消融於理型上，而仍可恢復其第一次表現之原來地位，而理型之邏輯系統即可內在於此辯證歷程中而孕育出而顯露出。依是，吾人可單言此說明知識之形成之辯證，而理型之結構則即為此辯證歷程所攜帶而露出。依是，吾人可給柏拉圖所說之指航針（即其所謂辯證學）以認識論之安頓，而在理型之邏輯系統處即不說辯證矣。依是，辯證作用之第一次表現及此所謂第二次表現，吾人可合而為一，而統名之曰第一次表現中之辯證，而且即隨承柏拉圖之使用而名此種辯證曰**古典義之辯證**。此種辯證不是黑格爾、布拉得賴、以及佛家破執顯性中所表現之辯證。此古典之辯證亦可曰「**辨解之辯證**」。

　　辯證作用之第三次表現，則轉第一第二次之自外用而為自內用。第一次表現是二用格度之直接表現，而二用格度是理解之一格度，是以順此格度而直接表現，即是順此格度之外用而外用，因而順其外用而必有所成。所成者即成知識也。第二次表現是在所成之知識之所顯示之「靜的有」處而表現，已失辯證之原義而為靜的理型系統之平鋪：辯證已消滅其自己而凝固於所顯示之「型式之有」上。失其主觀之虛的動用而歸於客觀之實的型式之有。此其「外用而有所成」所必至者。今第三次表現是將其「有所成之外用」轉回來而觀其「無所成之自內用」。「無所成」是單指其不順理解格度而成知識言。「自內用」是從發此二用格度之根源處而表現辯證之作用。是以此「自內用」之辯證表現實是跳出理解而自外觀理解，

亦即自理解之背後而觀推動此理解者所成之辯證歷程之何所是與何
所至。吾人名此辯證歷程曰破除理解之限制與固執而起之「**通觀之
辯證**」。此方可說是黑格爾、布拉得賴等所表現之辯證。亦即吾人
今日所常說之辯證法之本義也。吾人已知此二用格度是發自「創造
之理解」。理解之根源實有其自發之創造性。惟因其限於經驗而發
出格度，遂由創造性而陷落於辨解性。蓋無辨解，則不能成知識
也。此理解之自發之創造性實是推動理解使其不安於辨解之陷落之
根源。吾人又順上章末由直覺之湧現以攝無窮而知此創發之根源實
是發出直覺照射之根源。直覺之照射隨普遍命題之要求成為滿類而
實現或證實此滿類。是以吾人由理解之陷於辨解性而引導出一直覺
之創發性。此直覺之創發性發為直覺之照射而證實一滿類，而照射
至無窮，是以知此直覺之照射必在要跳出理解之辨解而破除其辨解
性所成之限制或封域，將陷於辨解歷程之理解而提起之而且推動
之。然而須知此提起此推動所成者不是理解之知識，因其由直覺之
照射而提起而推動，故其所成者為直覺之知識。吾人即由直覺之照
射而至直覺之知識所成之辯證歷程曰通觀辯證。此通觀辯證端在破
除及順此破除而來之直接顯示。對成知識言，無所成，故為消極
的。然順其直接顯示言，它將有一積極之誘導。對理解知識言，它
是消極的。若對另一種知識言，譬如對於關於絕對之知識，它將有
積極之作用。吾人下文第四節將看此積極之作用將達至何境。

　　吾人若不限於理解之陷於辨解歷程中而觀理解，而跳出去觀理
解之全幅相狀，則必然有以上所說之三種辯證歷程之表現。格度之
成立是自理解之陷於辨解中而言之。理解陷於辨解中始能成知識，
而陷於辨解中必有成就其辨解之格度。是以格度之立全就**理解之坎**

陷一相而言之。此一坎陷是吾人全部知識之形成之關鍵，是以論知識者皆集中於此而立言，寖假遂視此爲全部理解相狀之所在，而不復知其只爲一坎陷之相狀。二用格度旣爲格度，自亦在理解之坎陷中而出現，而彰其用。順其外用而直接表現之有所成之辯證歷程，吾人名之曰坎陷中之辨解的辯論歷程。然旣知坎陷只爲理解之一相，則由此坎陷中之辯證必引吾人回頭再看理解之**直覺創發性之一相狀**。理解有其提起與陷落，此即其全幅之相狀。此全幅相狀之認取是在二用格度之表現爲辯證歷程中而引起。蓋時空格度順直覺的統覺（感覺的）而爲吾心所建立，建立之以著於事而定事之時空相：此理解坎陷其自己之第一步外用也。繼之理解自身復湧現一因故格度，承因故格度而立範疇之運用：此理解坎陷其自己之第二步外用也。繼之復湧現一曲全格度，順此格度，承範疇之運用，而措置四種定然命題：此理解坎陷其自己之第三步外用也。最後，復湧現一二用格度，而二用格度對外無所立，只內處於四種定然命題中而聯貫之使其成爲一有機之發展。此有機之發展，吾人名之曰坎陷中之辨解的辯證發展。此理解坎陷其自己之第四步外用也。是以至二用格度所表現之辨解的辯證歷程，吾人始認取理解之坎陷一相之全部。認取此坎陷一相之全部，即了解一知識之完成。然當吾人了解理解之坎陷，同時亦必引吾人了解其提起。是以在二用格度之使用中，雖其直接表現爲順此格度而成功坎陷中之辨解的辯證，然坎陷至乎其極，則必有回頭之機。自理解本身言之，理解外用而坎陷其自己以成功知識，然其本身之根源處卻是一自發之創造性：它坎陷其自己以成功坎陷中之辯證，同時由其根源處，它創生其自己而破除其坎陷，而從坎陷中提起。坎陷中之辯證順二用格度而表現，

而由其創造性而破除其坎陷，則不順二用格度而表現，乃是順其直覺創造性而表現，是即明跳出坎陷而破除坎陷之辯證已不在辨解之理解中，而越乎其範圍矣。此個範圍由坎陷中之辯證直接導引出，由理解之直覺創發性直接證明之。是以本章雖言二用格度之推述，而卻不只言坎陷中之辯證，將亦及此坎陷辯證直接所牽連及之通觀辯證，藉以觀二用格度之使用之究竟。

以上所言之辯證是在認識心範圍內，就認識心而言之。（坎陷之辨解與躍起之寂照俱是認識心。）尚有一種辯證，則為超越形上學中之辯證，乃順承本心之呈露及習氣執著之破除而表現，此為**道德實踐中之辯證**。此不在本書範圍內，將不論及。然其意義與表現，與通觀辯證同。

總言辯證義如下：

一、辯證作用必有承順而起。

二、辯證歷程是一種「破除而顯示」之歷程：破除是破除其虛（虛隨其所用處而異謂），顯示是顯示其實（實亦隨其所用處而異謂）。

三、辯證歷程是主觀的動用歷程，而非客觀之「靜有」之平鋪。

四、辯證歷程是主觀之虛的歷程，而非客觀之實的歷程。

五、辯證歷程雖破虛而顯實，然其自身亦是一主觀之虛的動用，即其自身亦是虛。此虛雖不可廢（有大用），而原則上有可廢之時。蓋既為虛矣，則必非實法。蓋既顯實矣，則實顯而虛廢。

以上五義，大體只適用於非辨解的辯證，即通觀辯證與道德實踐的辯證。蓋辨解的辯證（古典義的辯證）非真正之辯證法也。

第二節　坎陷中辨解辯證之考察

隨曲全格度之外用，且直接承續「原則」之要求實現，吾人措置四種定然命題，即 AEIO 是也。在因故格度處湧現一原則，此原則吾人名之曰範疇。範疇要求實現，遂誘導吾人措置四種定然命題。假若「如 S 則 P」一普通原則表示一範疇，則於此範疇要求實現時，吾人經由一歸納之歷程而得一普遍化之陳述曰：「凡 S 是 P」。「凡 S 是 P」是「如 S 則 P」之平鋪或實現。然此平鋪或實現，以經由歸納歷程而成就，故並無必然性與永恆性。假若「有一個 S 而不是 P」，則將該平鋪之「凡 S 是 P」推翻矣。「凡 S 是 P」推翻，「如 S 則 P」亦被否決，而須另湧現一原則。「有一個 S 而不是 P」一情形之出現即是另湧現一原則所當之機。對應此機而起之原則曰：「如 S 則非 P」。此原則亦要求實現。因而經由一歸納歷程而得一普遍化之陳述曰「凡 S 非 P」：此亦「如 S 則非 P」之平鋪也。然若「有一個 S 而是 P」一情形出現，則該平鋪之命題又推翻矣。復次，「有一個 S 而是 P」一情形出現，即是「如 S 則 P」一原則所當之機。如此層轉，肯定否定，繼續不已，而成知識。

然須知，自所當之機言，有許多可當之機：「有一個 S 而是 P」一機也。「有一個 S 而不是 P」一機也，「有一個非 S 而是 P」一機也，「有一個非 S 而不是 P」亦一機也。此種種之機皆可引導吾人湧現一原則。「有一個 S 而是 P」一機可以引導理解湧現「如 S 則 P」一原則，它不能即肯定「凡 S 是 P」一平鋪。同時，

此機不出現亦不能即肯定「凡S非P」一平鋪，而只能由「有一個S而不是P」一機引導理解湧現「如S則非P」一原則。假定「有一個S而是P」一機，吾人表之以命題曰I；「有一個S而不是P」一機，吾人表之以命題曰O。依是吾人單知I命題出現可以否決「凡S非P」一平鋪，因而亦否決「如S則非P」一原則；O命題出現則否決「凡S是P」一平鋪，因而亦否決「如S則P」一原則。但不能由：I命題不出現，就肯定「凡S非P」一平鋪；亦不能由O命題不出現就肯定「凡S是P」一平鋪。但只能由O命題之假（即否定）可以預伏一I命題所表示之機，因而可以引導理解湧現一「如S則P」一原則；由I命題之假可以預伏一O命題所表示之機，因而可以引導理解湧現一「如S則非P」一原則。此義，若限於邏輯而言之，則即所謂由O假可以推知「如S則P」一絕對普遍之原則，在邏輯上，此同於「凡S是P」，由I假可以推知「凡S則非P」一絕對普遍之原則，在邏輯上，此同於「凡S非P」。但在此處就當機論謂言，則由O假不能決定「凡S是P」（A）一定然命題之平鋪，而「凡S是P」亦不同於「凡S則P」；由I假亦不能決定「凡S非P」（E）一定然命題之平鋪，而「凡S非P」亦不同於「凡S則非P」。若從種種機自身方面言，亦許無所謂否定不否定，而只有消滅不消滅，呈現不呈現。依是I命題所示之機消滅即不呈現，吾人不能由之即知O命題所示之機即呈現：呈現不呈現，須待經驗來決定。同理，O命題所示之機不呈現，亦不能由之而知I命題所示之機必呈現：呈現不呈現亦有待於經驗來決定。此所以在理解歷程中，吾人說：若O命題所示之機不呈現，吾人不但不能決定「凡S是P」一平鋪，而且亦不能憑

空即提出「如 S 則 P」原則。蓋此原則之立必當機，今 O 命題所示
之機不呈現不能即知 I 命題所示之機即呈現，故「如 S 則 P」一原
則很可以無機可當也。是以吾人只能說：由 O 命題所示之機不呈
現，吾人只能經由一 I 命題所示之機而引導理解湧現一「如 S 則
P」一原則；是以此原則之湧現必依靠其所當之機之實有也。同
理，自 I 命題所示之機不呈現而湧現「如 S 則非 P」一原則之情形
亦如此。然在邏輯方面，則不必如此複雜。設 I 與 O 各表示一
機，Ha 與 He 各表示一當機而立之原則，而 A 與 E 則各表示一定
然平鋪之種類命題，則吾人即可說：O 命題之否決 A 命題乃至 Ha
一原則而引導理解湧現另一原則 He，以及 I 命題之否決 E 命題乃
至 He 一原則，而引導理解湧現另一原則 Ha。湧現另一原則之時
是一種置定，原則之置定。由此原則之置定，吾人經由歸納歷程而
至一與此原則相應之定然命題之平鋪。此定然命題之平鋪，即表示
該原則之實現。因此吾人即肯定該原則，亦即肯定該定然命題。假
定有一與此原則相反之機出現，則該一時實現之原則即被否決，而
須另提一原則。如此置定乃至肯定否定相續不已，即吾人所叫做理
解之坎陷於辨解性中以完成一知識之辨證歷程。

　　在此，吾人須注意：所謂置定是原則之置定，肯定是定然命題
之肯定，而否定亦是該原則及定然命題之否定。肯定否定並不自對
象方面說，乃自理解之求知方面說，對象方面之事機層層出現層層
流逝。並無所謂肯定與否定。對象方面亦並無所謂一「原則」，亦
無所謂一定然命題。「原則」只是吾人欲求完成一定之知識所預先
畫定之模型。凡理解知識皆是一定概念之知識，要成功此有界限之
一定概念之知識，就必須先預定一模型。模型之畫定表示吾人理解

是向著一定方向而進行，亦表示所欲完成之一定概念之知識亦必在此一定方向之指導中而完成。此種方向之畫定，一方似乎可說是理解之固執（因超理解者不如此故），但一方亦可說對理解知識，即一定概念之知識言，此是必須有之固執。理解在此方向中奮力以求成一知識，期在必得一知識。是以此模型之畫定，實亦表示理解必欲完成一目的。因有如此之欲求，自不得不坎陷於一模型中。是以原則或模型之出現，實是理解自身於其求成一目的中所必然畫定者；而對象方面卻並無此一定之原則或模型。依此，吾人說：所謂肯定否定不自對象方面言也。對象無所謂肯定，自亦無所謂否定。對象方面既無此一定之原則或模型，則此原則之立，雖有可當之機，而對象究亦可接受此模型，亦可不接受此模型。而且同一機也，亦可有種種許多可能之模型。對此許多可能之模型言，該同一機實即是許多種種不同之機。而且機之呈現又受經驗之限制，有其時間性與空間性，然而一當機之模型則有其固定性，而且必欲貫徹其固定性以求成一一定概念之知識。即以是故，一模型或原則隨時有被否決之可能。同一機實即是種種機，而一模型之固定性，則只當此同一機中之一機，是則此模型即有被此種種機中之任一機所否定之可能。至於機層出不窮，而模型之固定性欲超越當下經驗之限制而貫徹於未來，自亦可隨時被否決。是以原則或模型是理解之置定，而因機之新新不已，則理解亦準備隨時否決其所置定。置定否定皆言乎原則也。降此則言乎定然命題之平鋪。而在客觀之事象，則不可以說肯定與否定。

復此，每一模型之置定必當機，而機是直接之呈現，無有可假者。凡可當機而提出之模型，亦必無有全假者。每一機是經驗宇宙

之一相。依此，所謂一模型之被否定，若嚴格言之，並非謂其全假。它既必當機，而機爲一「有」，是以它即被否定，亦並非即成爲絕對之「非有」。其自身總有其一定之內容或意義。是以其所謂被否定者，單就其固執之貫徹性言有意義。否定者，否定其貫徹性。而否定此原則之貫徹性，即函另一原則之提出。而所否定者又不能成爲「純非有」，則是所謂否定者，實即是消融，消融於另一原則中。其消融也，或是變質而失其原來之意義或相貌，或質不變而已融納於另一較高之原則中。是以否定即是破除原來原則之固定性及貫徹性。它欲維持其固定性，但其固定性限制住其綜攝性，則即必破除此固定性而將消納於其他原則中。它欲維持其貫徹性，但其有畫定之貫徹性，亦終於限制住其貫徹，及至其貫徹性受限制，則又必破除此限制而消納於其他更大之貫徹性中。是以模型之固定性即函其綜攝性之限制，而綜攝性之限制即函其必然被否定被消納。同理，其固定之貫徹性即函其貫徹性之限制，而貫徹性之限制即函其必然被否決被貫徹。在理解之坎陷於**辨解歷程**中，其所置定之模型，爲欲求達一定之目的，則必有一定之方向，而此一定之方向即函其被否決被納入另一方向中。每一方向爲求達一定知識之完成而設。理解似必在方向中而進行。是以理解中之每一方向皆必有所成。以其必有所成，故必有所納，而及其被否決，則始有可被納。辨解中之**辯證歷程**即如此層層消納與被消納而成功理解之知識，而擴大理解之知識。而在此知識之成就與擴大中，所知方面之理型即漸漸擴大其系統，豐富其內容。涓滴不棄，皆歸大海。至大至何程度雖不定，然總不能得一絕對之圓滿。蓋每一原則總是一定之方向，而一定之方向即函其被否決而納於另一方向中。另一方向

又如此，此其所以繼續不已而無絕對之圓滿也。

然須知理解立一固定之原則（方向），固在求成一固定之知識，而一固定之原則又隨時可以被否決，故又繼續貫徹另一固定之方向。它要求繼續以成圓滿，然而繼續又必衝破其最後圓滿之迷夢：理解於此將漸起恐慌矣。繼續是其所要求者，圓滿亦是其所要求者，坎陷於辨解中之理解，其成知之本性固必須有此兩要求。因為它不是直覺之知識，故必有賴於繼續；因為它必求達一固定知識之完成，故又要求一圓滿。步步有成，雖相對之圓滿，亦圓滿也。然而其相對之圓滿又必然被拆破。是以它必要求一最後之圓滿。然而因其一定方向故，它不能有絕對之圓滿。依是，它豈不要求一無窮之繼續以實現此圓滿乎？然而無窮之繼續即表示無有止，而無有止之本身即表示絕對圓滿之否定。是以一、它要求有無窮之繼續，而此無窮之繼續它能必然保證之乎？二、它要求一絕對之圓滿，而此絕對之圓滿能由無窮繼續以實現之乎？如果它不能獲得一無窮繼續之保證，它不能實現其最後之圓滿；如果它獲得一無窮繼續之保證，它仍不能實現其最後之圓滿。依是，坎陷於辨解中之理解將陷於進退之兩難。吾人試考察之看如何。

吾人已知坎陷中之辯證歷程，依理解之固定方向言，是無有止境者。然此時所說之無有止境是極籠統之說法。吾人試考察其所以無有止境之根據何所在。理解之成知識，雖有獨發格度範疇之「能」，發之以期達一定模型下之知識，然須知此種「能」不是絕對主宰萬有之能。它之此種能實是在被牽引中而發出。理解之本性是外向而不回頭者。其所以外向是因為它要了解一個對象：依是，它被對象所吸住。它之自發格度範疇之能不過表示其非只被動的接

受而已。被動之接受不能成一定概念之知識。要成一定概念之知識，不能不有其一定運用之方向，即由此而見理解之能。它攜此能之運用以外向而永遠不回頭：依是，它永遠是被動地被牽引被吸住。其肯定否定其原則，亦是被牽引而如此。牽引之者何耶？曰經驗是也。其自身之活動須受一定時空中的經驗之限制，而經驗又是層出日新者。理解即在此夾逼中而須有不已之否定。依是，其否定之不已者，實是經驗之逼迫而然也。經驗起於直覺之統覺：經驗之日新，即是直覺之日新。如果直覺無停止之一日，即無窮地繼續，則辨解中之辯證歷程，亦將無窮地繼續。理解似乎應當需要此個無窮的繼續：因為如此可以滿足其企望絕對圓滿之奮力。如果直覺能無窮地繼續，而一旦停止於某時，則固可以滿足其圓滿之企求，然而此種圓滿實是歷史之終止，因而亦是歷史之總結，而歷史之終止即表示一切停止，理解自身亦停止，一切停止即一切毀滅。依此，亦必無所謂圓滿，而圓滿亦毀滅。是以歷史之總結，不能充當所企求之圓滿。相對之歷史總結不能充當絕對之圓滿，而絕對之歷史總結亦無所謂圓滿，圓滿亦毀滅。是以為滿足絕對圓滿之企求故，理解似必須要求一無窮之繼續：蓋絕對圓滿必以無限為其本質也。然而直覺究竟無窮繼續否，理解自身不能知之。理解固要求之，然而理解此時既是被動地被牽引，它不能主動地成就之，即它自身不能保證此無窮的繼續之必然。它既不能知之，亦不能保證之，它自身之追求必只是一茫然之努力而已：它單在如此之經驗流中，而如此茫然地發展之而已耳。它受命運之支配，而不能造命。一旦直覺停止，它亦無可奈何而完結。依此，吾人在辨解中之辯證發展上似必然要肯定經驗世界之無窮，亦即現實世界之永恆性。然而此命題理

解自身不能證明之，亦不能保證之。此是一超越命題，它依靠一主
動地主宰此世界之「**超越實體**」來保證。

　　現在假定已有一無窮的繼續，理解知識亦不能獲得一最後之圓
滿。蓋理解知識是一固定方向之知識，而在無窮繼續中，每一固定
方向總必然被否定：依此前進，它永不能得最後之圓滿，絕對之圓
滿。或者說，絕對之圓滿並不必須限於一個最後肯定而無否定之圓
滿，在每一步否定其前而納入一新肯定中，即是一內在自足之絕對
圓滿：絕對皆自當下之每步肯定之自身看，最後之義亦是如此。
曰：即使如此，理解知識亦不能有。蓋其每步原則之實現須經由歸
納歷程而實現，而經由歸納而來之實現實非眞實而圓滿之實現，即
非充分之實現。由歸納而來之實現皆是一種普遍化，而非眞正的普
遍性，所以只是部分或概然的實現，而非全量而定然之實現。由原
則經由歸納歷程而至定然命題之平鋪，此種平鋪實只是歸納之普遍
化。譬如「凡人有死」，如經由歸納而普遍化其爲如此，則只表示
部分而概然之實現，而非全體落實之絕對圓滿。譬如畫一圓圈，置
於一支持點上，則其中心處可以落實，而其周圍很可以掛空，而只
爲中心點之落實（因有一支持之者而落實）所帶起。一經由歸納而
普遍化之平鋪亦復如此。是則此普遍化之命題即未得滿證者。未得
滿證即未能全幅實現，而總是有缺漏。而且吾人於前章已知，理解
知識永不能彌補此缺漏。是以理解之固定方向之實現，以及因此實
現而所肯定平鋪者，其本身即從未表示一絕對而最後之圓滿。其所
否定者固已不圓滿，即納此所否定而入於其所肯定中，此肯定亦非
一全體落實之圓滿。吾人即內在於此肯定之自身而觀之，它亦不能
有內在自足之圓滿：蓋其本身不能得滿證，故總有缺漏也。吾人如

果於每步之肯定而能說其內在自足之圓滿，則必須依據一**直覺之照射**，如上章所論者，而後可。若單只是辨解之理解，則尚不能說此也。是以坎陷於辨解中之理解，其於絕對圓滿蓋無分也〔知識之絕對圓滿名曰認識上之絕對眞理。此絕對眞理在認識之心上，只能由直覺的照射而把握。關此，上章已從理論上而辨明之，下第四節將從通觀辨證而考察之。〕

　　依以上所述，辨解之理解只有被動地被經驗流所牽引而茫然地如是如是而前進。經驗的無窮繼續，它不能保證之，圓滿它亦不能獲得之。如果此是最後之眞理，吾人再不能進一步有所說，則理解知識之進行實不能有客觀而必然之根據，而現實世界之永恆存在，亦不能有必然之保證。理解知識縱不得圓滿，然而其如是如是之進行吾人亦必須護持之。而護持之之根據總不能在理解自身而獲得。夫言知識之可能，有內在於知識自身而言之，有超越於知識以外而言之。本書以往所說之全部皆內在於知識自身而言之。自此範圍而言之，吾人所說之知識可能之客觀方面的根據，單在第一卷首章中所獲得之「因果之直覺確定性」。這個根據只有「內在」之意義，而無「外指」之意義。所謂內在者即內處於直覺的統覺世界之謂也。理解之活動爲直覺之統覺世界所限，而不能跨越一步，它又被動地爲此世界所牽引，而不能主動地主宰此世界。「因果之直覺確定性」只保證有直覺之統覺之時之處即有因果性：無直覺的統覺之時之處，則根本不能說，亦可弗論矣。是以因果性繫屬於直覺的統覺而言之，而因果所貫串之現象亦繫屬於直覺的統覺而言之。在繫屬於直覺的統覺之立場上，因果有其直覺確定性。但此因果之直覺確定性並無外指之意義或擔負。所謂無「外指」者，即內向於直覺

的統覺世界內而內在地維繫其是如此，然而不能外處於此直覺之統覺世界，而必然地保證其是如此。既不能保證其是如此，直覺的統覺則何以必是如此而可能，乃至此因果性何以必然永遠有，乃全然不可解。要解答此疑難，吾人須超越於知識以外而言知識之可能。換言之，如無超越之根據，則此直覺的統覺世界之全部終在飄萍之境也。內在於直覺的統覺世界者，似若覺其有內在之秩序；然總括此世界而觀之，則左右前後皆無保障無安頓。譬如沙灘上之大樓，大樓自身有其內在之秩序，而外於此大樓自身之基礎即沙灘者，則甚不穩矣。即以此故，吾人說「因果之直覺確定性」只有內在之意義，而無外指之意義。理解自身並不能穩定此世界。吾人由此漸漸逼迫至**超越形上學**之必要。由坎陷中之辯證發展，吾人漸漸將由外向不回頭之理解倒轉而向內收束，而向後以觀。此個道理，自此以後將逐步顯明之。

茲且由理解知識所顯露之理型之結構而觀其趨勢為若何。

第三節　理型之結構

當機的範疇之實現名曰理型。此繫屬於認識的心而言之。如此而言之的理型皆有認識論中之實在性。每一理型成就一件事或一個體。如鳥鳴是一件事，同時亦是一個體。個體之為言取其廣義也。蓋不獨鳥為一個體也。就其成就此件事或個體言，則理型不獨有認識論中之實在性，而且是此件事或個體之體性。依是凡有認識論中之實在性的理型皆是此認識世界之體性。因每一理型成就一事或一物，則此事此物離開此體性即不成其為事為物。是以就此事之為事

或物之為物言，則成就此事此物之體性不能不是內在的。

　　理型內在，但何時始變為超越而外在？曰：此認識世界中之理型之外在須先把握其二性。一是不變性，二是普遍性，每一為體性之理型皆有此二性。因有此二性始不受時空之限制，所謂不逐四時調也。以不受時空之限制，故能越，越則外在矣。是以此越即離義，外在即掛義。而此離與掛又復依一可離性。可離性如何講？曰：生理感不給予以理型，而統覺之心用始攝取一理型。生理感引起一件事，而統覺即就此所引起之一件事攝取成就此事之理型。理型但自心攝，不由感得。心攝此理型，即表示就此事此物之整個而單取此理型。單取此理型即表示就此整個中而單提此理型。單提此理型即表示理型之可離性。依此可離性，再益之以不變性與普遍性，則理型即可超越而外在。是即所謂離而掛也。是以理型之離而掛實即認識之心之逆提。自理型之成就此事此物言，名曰理型之順成。順成即盈，逆提即離。譬如春雲似羅，春水文波。於雲於水而見文羅，是即順成之盈。但就此春雲春水之整個中而見文見羅，卻是認識之心之領悟。認識之心領悟之，即可捨離雲水而單相應文羅。是即逆提之離。理型可心覺而不可物感，可心思而不可器觸。知識固在即物而取理。但理一旦為心覺逆提而離，即可成一理世界而單為心覺之所對。不可器觸，不可物感，即表示其單可為心覺之所會也。依此心覺之所會而言理型世界之結構。

　　理型自身間之結構即是現實的認識世界之結構。理型世界表示現實的認識世界之秩序。既表示現實的認識世界之秩序，故理型自身間之關係（結構）所成之系統不能空頭而論之。亦不能當作一純邏輯系統看。純邏輯系統由純邏輯概念而造成，它表象理性自身之

開展。而不必表示世界之秩序，如吾所論，亦決定不表示現實的認識世界之秩序。既不表示世界之秩序，故其形成也，對於現實世界可全是封閉者。然而理型系統卻是表示現實世界之秩序，故一不能空頭而論之，二不能如形成純邏輯系統者而形成之。不能空頭而論之，即表示此系統中之分子（即個個理型）不能純邏輯地決定之，而必須自理解歷程中而規定之。出現一個理型以至證實一個理型，其全幅歷程甚為複雜，如前此之所解剖皆是。此種理型之出現與證實即是此理型系統形成之根據。根據在此，故亦不如純邏輯系統之直應理性自身之開展而形成。故理型首先決是現實者，而不是可能者。此全部理型系統中之個個理型亦意指其皆是現實者，而無有一個可以掛空者。（掛空者或只可能而不現實，或只屬於第二序或名言者。）有人單依矛盾律之決定而形式地列出無窮盡之可能以備現實以為世界之秩序。此則甚謬。既不知表象世界秩序之理型系統為何事，亦復不知純邏輯系統為何事。復次，此等之言可能亦非如來布尼茲之由上帝意志而言可能世界。故全是一套混雜也。吾人言理型系統以為不能空頭而論者，意即在覺醒此謬誤也。

依柏拉圖，發見理型之結構須有一術以為航程之指南。此即**辯證學**是也。辯證學是一種技術，因之而可以獲得系統之知識。辯證的論辯是哲學的托命處。是以此種技術亦即是哲學家之技術。它使吾人可以依照理型而區分「實在之結構」。分亦函合。是以辯證學所表示之方法即是分合法。依此方法，可以離合實在之結構，同時亦即形成實在之結構。此其所以為指導吾人論辯之指南也。此實在之結構即是關於理型之結構。辯證的論證完全關於理型。然辯證之分合法是說吾人辯論活動所遵守之程序，並非此種活動即可以產生

或即是理型之結構。乃是由之而可以發見理型之結構。是以辯證學
要可能，亦必須在客觀方面承認理型自身有離合。是以柏拉圖於
〈辯士篇〉云：

> 吾人以爲不能將「存在」歸於運動及靜止，即不能以任何別
> 的東西歸給別的東西，便視其互相間全不能有任何勾連或分
> 享乎？抑或視之皆能互相連結乎？抑或將説某些可以連結某
> 些不能連結乎？此三可能將取何者？請告予。

考恩佛（Cornford）解云：……

> 在一正的陳述中，吾人説連結兩型式（即理型）。吾人單説
> 型式自己互相「參與」，互相勾連或不勾連；互相配入、諧
> 和；互相承認或接受；互相分享。結合之反面，便是分離、
> 離析或分開。……吾人可作一界説：兩個型式當其是在互相
> 參與之關係中，而代表之之名字又能出現於一種「眞的肯定
> 陳述」中，吾人即説此兩型式相結合。例如，「運動存
> 在」，即意謂：「運動」一型式與「存在」一型式相勾連。
> 一個「眞的否定陳述」，如「運動不靜止」，即反映「運
> 動」與「靜止」兩型式永遠不相容，即拒絕相結合。還有一
> 種眞的否定陳述，如「運動一型式不是存在一型式」，或
> 「運動型式不是靜止型式」，此皆表示型式之差異。雖差異
> 而不必皆不相容。如運動一型式雖不是存在一型式，但卻與
> 存在一型式相容。（運動與靜止不相容，但自差異觀之，該

陳述仍是真的否定陳述。）…吾人自能在一假的陳述中連結兩型式如「運動是靜止」。但所涉及之兩型式實不能相結合（故此陳述為假）。結合與離析永遠存在於型式自身間。它們只能顯示於真的陳述中（肯定或否定）。

又云：

……復次，型式間的分享關係（即結合）是對稱的。譬如「存在」一型式分成兩型式（如動靜），則存在即說為分享其兩副屬之型式。依是，類型式之分享（或參與）種目型式並不是亞氏種目之分享類名。此意即表示此關係並非主謂的，因主謂非對稱故。亞氏主詞、謂詞、繫詞決不能用之於柏氏心中所想者。」又云：「結合或不結合之項目是型式，此可以來客下文之語而明之。來客於下文云：吾人已同意種類（同於型式）其關係之為互相參與諧和一如字母或音樂聲音之參與諧和。從型式自身間之結合或不結合，吾人可以決定關於具體物之陳述之真或假。例如，如果運動一型式不能分享（或參與）存在一型式，則凡說「一動的物事或一特殊的動存在」皆不能是真的。…。（參看考恩佛：《柏拉圖的知識論》，頁255-257）

案：型式之離合有三可能。如屬全不結合，則吾人不能有「真的肯定陳述」，甚至吾人不能說話。故此一可能不可能（辯論可參看原文）。此意是說：每一型式若皆恰是其自己，與一切其他皆無關，

亦不能與其他相結合，則即不能陳述之而無矛盾。但此並非說：型式與型式必在一主謂判斷之連結中始能有意義。但只說若型式間不能有其所謂結合或參與之關係，則即無有關於任何型式之肯定陳述能是眞的。甚至連「每一型式皆恰如其自己而自立」一類話亦不能說。因爲這些字都有意義，而如非這些意義結合於一事實中以與該句陳述相應合，則該陳述不是假即是無意義。此意考恩佛辨別甚好。參看其書頁二五九。復次，如屬全結合亦不可能。蓋如此，則不能有「眞的否定陳述」。而運動可以是靜止。依是只有「有結合有不結合」一可能爲眞。

有結合有不結合，此即意謂：有些關於型式之肯定陳述及否定陳述爲眞。此等眞的陳述便組成哲學辯論之模型。即是說：辯證的辯論完全是關於型式的。「辯論模型」一語基於柏拉圖所謂「一切辯論皆基於型式之交織。」爲何如此？柏拉圖曰：「使每一東西與每一其他東西孤離起來，便是破壞一切辯論。因爲任何辯論其存在皆是依於型式之交織。消滅辯論即等於消滅哲學。」依此言之，型式之交織便是辯證的論辯之模型，便是辯證學所以可能之客觀基礎。〈辯士篇〉復云：

> 因爲有結合有不結合，在言語中之字母一情形亦可如此說。…高低之聲音亦如此。有認識聲音能否互相配入之術者曰音樂家〔案：字母之配合術曰文法學〕。…吾人已同意型式可以互相配入。然則豈不亦需有一種學問以指導論辯之航程乎？如果一人眞能指出那些型式可以相諧和，那些互相不相容；並且能指出是否有某種型式滲透一切其他型式而連結之

而使它們互相有配入，以及當實有分離時，亦能指出是否又有些型式橫割一切整體型式而使其中之部分相分離：如一人真能作至此，豈不亦需一術（學問）以指導其辯論之航程乎？

考恩佛解云：

　…論辯之航程一隱語使吾人憶起《理想國》中所使用之辯證名詞，它只是討論型式的。而在此處，其目的是在指出那些型式是相諧的，那些是不相容的。哲學論辯之全部模型，以關於型式之肯定陳述及否定陳述而組成。此等陳述須是很準確地很恰當地表象事物之本性中之永恆的結合或離析。…周布於論辯之模型中的某些型式能使型式互相勾連而配入。這些可以周布的型式顯然就是使用於肯定陳述中的某些字之意義。事實上，即是「是」這個字之意義。復有一些型式它能「割離那些整全型式因而遂擔負這些整全型式的分離之責任」。這些離析的型式即是真的否定陳述中「不是」這字之意義。它們與「整全之區分」相應。「割離整全」一語必須與「周布於一切」一語分別觀。「周布於一切」是用來表示「相結合之型式」。其意義是以「貫穿一切字母之母音」之描述而被決定。表現於「區分」中的「離析型式」（因而遂即擔負該「區分」之責任）則被說為「割離那些整全」。「整全」意謂：當作「可以分成部分或種目的複體」看的型式。離析型式與區分線相應。所謂區分線或是在這些複體與

複體之間橫割這些複體而分離之的區分線，或是透入這些複
體之中而分離其部分的區分線。（同書頁261-262）

〈辯士篇〉復云：

依照種類（即型式）而區分，不以同者混為異，亦不以異者
混為同。此非辯證學之職責乎？吾人亦希望有一人，他能清
晰地識別出：一個型式在任何處能擴展而透過許多型式，而
此許多型式中之每一個皆互相分離而自立，並能識別出：此
互不相同之許多型式能自外面而為一個型式所擁攝。復進而
再識別出：一個型式透過許多整全型式在一統一體中而被連
結成，而且亦知許多型式又完全可以互相分離而自立。此即
意謂他能知道如何依照型式一個一個而區分；他亦能知道，
在何種路數中，若干型式能結合或不能結合。此種人即是善
用辯證法之人也。而且亦只有此種人才是純粹而正當之愛智
者。

考恩佛解云：

此段大意是清楚的。熟練於辯證法者將能指導而且統制哲學
論辯之進程。所謂進程即依其知道如何依型式而區分，即不
使型式相混擾之知識，而成之哲學論辯之歷程也，他將很清
晰地察識型式之層級。此型式之層級即組成實在而且能形成
實在之「關節的結構」。而哲學論辯之模型，如其能表示真

理時，即必須與此「關節的結構」相應和。其方法即是**分合法**。……最後，能很清楚地察識此結構就等於說：「他知道如何去鑑別在什麼路數中若干型式能結合或不能結合」。換言之，此門學問將給吾人以知識，足以引導吾人至「關於型式之真的肯定陳述及否定陳述」。哲學論辯之全部模型必即以此等陳述而組成。（同書頁263-264）

考恩佛又進而解析描述辯證法那長句之意義。該句之前半句云：「一人能清晰地識別出：一個型式在任何處能擴展而透過許多型式，而此許多型式中之每一個皆互相分離而自立，並能識別出：許多型式，皆互相不同，能自外面而爲一個型式所擁攝。」

解云：

型式之結構可以視爲類與目之層級。類與目即服從分合法而成之類與目。此半句專涉及合之基本歷程。此歷程，在〈菲獨露篇〉，曾描述爲「對於廣大地分散的型式（即種目）取一綜和的觀察，並且把它們組成一個簡單的綱類型式。」所以在此首先亦必須有一定數目之若干型式，「每一個皆互相分離而自立」。此便是要集和的分散型式（種目）。善用辯證法者，先觀察這個集和。並且依其直覺很清晰地察識出「擴展而透過」它們一切的那個公性（類性）。所以他先洞見到那個類型式，先見之以備其區分。這個類型式他看出是一個複雜的統一體，擁攝有若干數的不同型式。這些不同的型式，在後來的區分中，即形成特殊的差別或特殊的型式。

該長句之後半句云：「並進而識別出：一個型式透過許多整全型式在一統一體中被連結成，而且亦知：許多型式又完全互相分離而自立。」

解云：

前半句描述集和之結果，此後半句即描述繼起的區分之結果。許多型式，經過集和後，已被見出乃爲一單一的類型式所擁攝。現在則被看出「完全是分離而自立」。區分足以使區別它們的差別性全部明朗化。區分所藉以爲界點的那些不可分的種目型式則是「完全分離的」。所謂「完全分離」其意即是互相排斥而不相容。「人」一型式不能與「牛」一型式相配入。它不能像「人」與「牛」兩型式之與「動物」一型式相配入，亦不能像「人」與「兩足的」一型式，「牛」與「四足的」一型式之相勾連而交與。「透過許多整全型式在一統一體中而被連結成」的那個型式即與此許多型式相對照。「整全」一詞可以應用於許多特殊的型式。因爲它們被看出皆是些複體，它們已是完全被界定了的。每一個是一整全體，其中之部分是被列舉在界定之公式中。此例如：「人是理性的兩足動物」便是。最後，經過這一切副屬的整全體，如人、牛、馬，等等，那簡單的類型式「動物」即被展布開。它與每一特殊型式相勾連而參與，但是在其自己之本性，它是經過它們一切而「在一統一體中被連結成」。（以上同書頁267）

案：柏氏所謂辯證法純是理智的邏輯活動。其所分合之對象便是在界定中的類型式目型式。每一界定形成一個整全型式。其中函有若干部分的型式。在此，吾人實可說，每一整全型式實表示一個體之理型。此理型系統中之理型皆是經過界定而成立者。但是界定並非如近人所謂隨意者，而此理型系統亦非一純邏輯系統。是以此系統中之個個理型必須有一認識論之安立方有其實在性，而辯證法中之分合活動亦並非憑空自足地即可盡其責。以上所引柏氏之思想只是形式的當然之說法，顯然還須一批判之說法。柏拉圖所說之理型自是關於存在者之理型。如果理型全不結合，吾人不能有意義之陳述，甚至不能說話。此義當有所限制。理型如果是關於存在的，則此義實只說：如果存在者之理型不能有結合，則關於存在世界吾人不能有任何真的肯定陳述。同理，若全結合，則關於存在世界亦不能有任何真的否定陳述。此即是說，對於外界不能有陳述，不能有知識。柏氏說理型之交織，其心目中實意指現實的存在世界而言之。故其辯證學實即等於「體性學」。但理型之思想可以到處應用。有根本不表示存在的虛構系統，有屬於名言之理型。凡此，吾人皆可說話，然而卻無存在之意義。依是，屬於「存在者」之理型，吾人可名之曰第一序之理型。屬於名言者，吾人可名之曰第二序之理型。柏拉圖之體性學自是意指第一序而言之。（根本不說什麼之純邏輯與純數學則又是別一事。非此體性學之所攝。）如其屬於第一序，則此中之個個理型固由界定而形成，然此界定，一不是隨意者，二不是名言者，三不是純形式者。它必須受經驗內容之限制指導或啓發。因爲它是一個經驗的現實存在物之理型。如其如此，則理型間之離合，因而其形成之「關節之結構」，亦不是純邏

輯者，決非閉門造車可以決定出。如是，它們之或離或合而成關節
之結構亦須受經驗內容之限制指導或啟發。吾人要發見其離合，決
非只說直覺之洞見所能了事。那許多互相分離而自立之特殊理型，
個個皆有其落實處，皆須自理解歷程而誘發之。若不有個認識論上
之安頓處，則既不是一個純邏輯系統，則此許多散立之特殊理型其
或離或合全無理由。人與牛為何不能相勾連？牛與四足為何便能相
配入？此若憑空說之，脫離認識論之歸宿，乃全無理由者。依是，
辯證學中之分合法其自身之運用固是純理智之活動（因其所對為理
型故），然而亦不能憑空運用之，它亦必繫屬於坎陷中之辯論歷程
而始有其可能之根據。凡此所云，皆是理型結構之批判的考察。所
謂批判的考察即是予以認識論之安頓也。此謂從認識論中而透出關
於理型之結構之體性學。

　　復次，為何單言理型之結構，而不言個體物之結構，亦不言氣
機之化之結構？知之所對單在理型。把握住理型便有了知識，亦把
握了世界之秩序。吾人之現實世界，可自氣機之化方面看。自此方
面看，全世界全相通攝，亦可以了不相干。便無所謂結合不結合。
因而亦無所容聲矣。若世界只是此一面，則世界是個大黑暗，便無
所謂知識不知識，亦無所謂條理不條理。若單欣趣此一面而默順以
化，則便是無所容聲之神秘主義。在此神秘主義之情況下，亦無所
謂真的肯定陳述及否定陳述。是以不能自氣機之化言結構也。然吾
人之知識世界起始即不只是此一面。吾人在統覺起處便可攝取一件
一件事一個一個物。可是既可以說件說個，則必有成此件此個之
理。否則，不成件不成個；自亦無所攝。統覺攝取了此整體之一
件，整體之一個，則必連此理一同攝進之。否則不能成其為統覺。

然統覺所攝是此件此個之整體：事與理一同進來，不是單進來理。
旣是一同進來，則當吾心單注意其爲一件事爲一個物，此時即不逆
提而只順成。若只順成而觀其爲一件事爲一個物，則其理不經過吾
心之逆提作用，即不通過吾心之自覺，此理即只隱於該件該個中而
不顯。理旣不顯，則雖有件有個，吾亦不能言件與件個與個之結
構。若單自件或個而觀之，吾亦不能斷定其必是有結合有不結合。
即使有結合，亦是偶然的。豈不可以全不結合耶？豈不可以全結合
耶？豈不可以根本無所謂結合不結合耶？休謨即如是觀世界。水可
以滅火，砒霜可以致死。但若自件而觀之，水之起與火之滅相碰
頭，吃砒霜與死相碰頭。然亦只碰頭而已，並無內在之連結。如不
能說內在之連結，則可以碰頭，亦可以不碰頭。依是，亦根本無所
謂連結不連結矣。是以亦不能自件或個而言結構也。件或個之有結
構必依成件成個之理之有結構而有結構。若不能有理，根本不能成
件成個。若不能有理之結構，根本不能有件與件或個與個之結構。
是以言結構必自理型而言也。理型自身之結構即表示事物之結構，
故亦即表示現實世界之秩序。然若起始只有事之件、物之個，而不
能辨出成件或成個之理，則即根本不能言世界之秩序與夫件或個之
結構。

　　單自件或個而觀之，雖不能言結構，然若言理之結構卻必縮件
縮個而言之。蓋一言件，必有成件之理。否則件不成其爲一件，個
亦不成其爲一個，只爲一虛無之流而已。是以統覺之攝取一件事必
連同成此一件事之理而攝取之。件與個是言理之象徵。若只爲一虛
無流，則根本無所謂理矣。理成實（件或個即實），所以有實即有
成此實之理也。無理即無實，有實即有理。理是成件之體性。單自

件雖不能言結構，然自成此件之理處則可以言。此處可以言，則件
之結構亦遂可以言。統覺攝取一件事，隨同成此件事之理而亦攝
之。理解起，順因故格度當機立範疇而確定之，然後再承曲全格度
二用格度所成之全幅知解歷程而證實之。證實之，便出現一知識中
之理型。凡是理型必須經過此一全幅知解歷程方可為一有實在性之
理型，方可為一真實之呈露。種種面相之理型，經過知解歷程中之
界說，相應一個體，便融於一而成一整全型式。每一整全型式是一
個體之體性（理型）。依此體性，該個體始能為「是」。是即
「成」即「有」。個體之是之成之有因體性而為是成有。譬如「三
角形」是一整全型式，而「三邊平面形」這一公式便是一界說。此
界說便是「三角形」一整全形式之複雜內容之顯明陳述。依是，
「三邊平面形」亦是一複雜的整全形式而與「三角形」一整全型式
為等值。在界說中，種種面相之理型而融於一。融於一即表示此許
多理型相勾連相參與。界說隨知識之擴大而擴大。然無論如何擴
大，總是在知解歷程之限制中，總是在綱目之層級中。是以每一界
說必是一有限之限定。種種界說即是種種有限之限定。此種種有限
之限定即表示理型之相融不相融，相連不相連。每一界說是一整全
型式。凡在整全形式內之種種理型皆相連結，此譬如三邊平面形；
凡整全型式與他整全型式皆不相勾連，此譬如人與牛不相與。不相
連結者，在高級之綱目中可以相勾連。此譬如人與牛可以皆與「動
物」相勾連。相勾連者形成真的肯定陳述。不相勾連者形成真的否
定陳述。此兩種陳述便形成理型之結構網。

　　理型之相融不相融是邏輯地永恆的。其相融而成之勾連，有邏
輯的必然性；其不相融而成之排拒，亦有邏輯之必然性。因為理型

是物之體性。它們之融與不融，實即是隨著界說而來之體性上的融與不融。既是體性上的，故是永恆的。融便永遠融，不融便永遠不融。依此，吾人可暫說「自然之齊一性」。此自然之齊一性，一如結構然，不能自件或個言，但當自理型言。既於界說中由一整全型式而規定一物之是之成之有，則即可說，只要有物，而物亦恰是此個物，則此個物便服從此理型。此即是自然之齊一性。吾人之界說很可以不恰當，亦可以錯，但此不影響此理之成立。此個物很可以消逝了，被淘汰了，永不出現了，但此亦不影響此理之成立。一個物在現在服從此理型，將來亦可以不服從此理型。但既不服從了，便是另一物，而不是服從該理型之一物矣。是以從體性上說，自然齊一性有其邏輯的必然性。此邏輯的必然性隨相融不相融之邏輯的永恆性而來。但相融不相融，在知解歷程中，亦只能說個邏輯的永恆性，而不能說**形上的永恆性**。其相融之勾連有邏輯的必然性，但亦不能說有**形上的必然性**。其不勾連亦然。此方面既無形上必然性，故自然齊一性亦無形上的必然性。吾人在知解歷程之界說上，把握住此知識物之體性，然吾人尚不能說在此體性中諸理型之相連有道體上之根據。因為此時尚未見有道體故。道體不立，即無形上必然性。自然齊一性亦只根據相融不相融之邏輯永恆性而說個邏輯必然性，而亦不能根據道體而說形上必然性。自然，即使一旦有了形上必然性，亦並非說知識世界中某一類特殊物便可永保其不斷絕（必永遠繼續出現）。自然齊一性不從某類事件之繼續出現否方面想，而單從某類事件所服從之理型方面想。如果吃砒霜與死兩型式相勾連，則不管「吃砒霜與死」這件事是否永遠出現，而若一旦出現，則亦必服從吃砒霜與死兩型式所勾連而成之整全型式：此即自

然齊一性。此齊一性有了形上必然性，只表示該整全型式有了形上的安頓，亦即理型有了形上的安頓。是以齊一性之形上必然性亦只是從理型方面想，而增加其形上的實在性與根據性。即是說予之以形上的保證，道體的統攝。至於一旦有形上必然性，則關於現實世界如何說，本書中將不討論此問題。

理型結構之擴大將嚮往此最後之統攝。因而亦必嚮往一最後之理型（即究極之實體或道體）以統攝全部之理型。然而須知理型若必在知解歷程中之界說上始有其真實之呈露，則全部理型之結構亦必受知解歷程之限制。此結構自可隨知解歷程之擴大而擴大，然卻不能越乎知解歷程而憑空進行其結構。然知解歷程無論如何擴大，總是在有限範圍內。並不能攝盡至大無外之宇宙，是以亦不能透出經驗之外而把握一最後之理型。依是，理型之結構，若受知解歷程之限制，乃是永不能完整之系統。不能完整，即表示無最後之理型以圓滿之。每一理型既必在知解歷程中之界說上呈露，而界說必為一綱目之限定。理型之結構是在有限定的綱目之層級中進行。綱目本身就是有限定之概念。在知解歷程之限制中，無最後的綱。而若是最後之實體，則亦不得謂之綱。因為在界說中始有綱目差之關聯。而最後之實體必是不可界說的。要可界說便非最後。復次，最後之實體（理型）可以統攝全部與個體相應之散殊之理型，然而此最後之實體卻無一個體與之相應。吾人亦不能用此最後之實體以為綱以界說知識世界中散殊之個體。譬如吾人不能用上帝或太極或良知於界說一散殊個體之綱差中。依是，最後之實體必是一個超越體，必不可以綱言。然則在綱目層級中進行之理型之結構必不能引至一最後的理型（即實體或眾理之理）。而如不能引至一最後之

理，則理型之結構仍是散的而不得圓滿或完整。依是，此理型之系統乃是開啟之系統，而不得形上之安頓者。

或以為一切理型皆與「存在」一理型相連結。此「存在」一理型即是最後的綱，最後的理型。依是，此理型之結構所成之系統可以獲得其完整。曰，此恐不然。柏拉圖〈辯士篇〉曾提到存在、多、同異、動靜等十分廣泛而重要之理型。動與靜且不論。存在、一、多、同、異五理型，皆是十分廣泛的，但無一個是最廣泛。一切知解歷程中的散殊理型皆可與「存在」一理型相融，同時亦皆可與一多同異四理型相融。然則「存在」一理型可以是一個最後的綱，而不是唯一的最後的綱。可以是一個最後的理型，而不是唯一的最後的理型。既不是唯一的，首先便不是吾人所意向之最後之實體。現在吾人須考察此等最後的綱或理型，此所謂「最後」是何意義？此所謂理型是屬何種？吾在第二卷第二部第四章中曾指出此類理型實是名言的或論謂的，而名之曰屬於第二序。讀者可覆看，茲不重複。既是名言的，便不可以之充當一切理型之理型。吾人若以名言為準，則如果上帝存在，則上帝亦必與「存在」一理型相融。然吾人卻總以為上帝是本體，而不能說「存在」是本體。從可知「存在」不是所謂綜攝一切理之理矣。吾人所嚮往統攝眾理之理乃是一個本體性的實體，而不只是一個名言的概念。柏拉圖亦不曰「存在」為眾理之理。自然亦無人說「存在」是眾理之理。一說至此，人皆知其當為「至善」或「神」。但順理型之結構易引人至一最後之理之嚮往，以為由此可以達到一眾理之理。故須就此而拆穿之，以釐清問題之所在。就事論事而言之，明理型之層層相連，固可取存在、一多、同異，而觀其層層之相與。然須知此只可當作一

種結構擴大之說明，而不可認真以爲「存在」即是綜攝一切理之理
也。剋實言之，「存在」只是一個名言上的理，並非一個客觀之實
體。一切理型皆可與之相諧實是一種假象，與「理性之與動物相
諧」全非一事。第一序之理皆實。第二序之理皆虛。本來是實與實
相連，到此乃成爲實與虛相連矣。今旣拆穿，則「存在」一理型實
不能擔負完整理型之系統之責任。一切實理皆與存在一理型相諧實
不表示「存在」一理型可以綜攝之。存在、一多、同異諸理型與第
一序之實理爲異層而異質，即乃是第二序之虛層中之虛理。吾人嚮
往綜攝一切理之理亦須與第一序之實理爲異層而異質。然雖是異層
而異質，卻亦須是實理。惟以實者統實，不能以虛者統實。虛者爲
名言層，此實者爲超越層。在知解歷程中所言理型之結構皆是屬於
同一層次，此可名曰內在層。內在層自身不能圓滿。然超越層者又
不能至。是以理型之結構終於爲散的而無歸宿也。此可曰並無形上
的完整性。

　　當柏拉圖談及善用辯證法之哲學家時，名之爲正當之愛智者。
但亦指出他雖是愛智者卻也難看的很清晰。惟其困難不同於辯士。
辯士陷溺於「非有」之黑暗中。即此黑暗，使其難以覺察。而哲學
家則經常住於實在之本性上。此則與辯士乃天淵之別也。其所以有
困難乃因其領域太燦爛，俗魂之肉眼不能永保其注視於神性。吾讀
至此，常低頭悲歎而不能自己也。孟子曰：「耳目之官不思而蔽於
物，物交物則引之而已矣。」柏氏啓吾人以理型之世界。光明燦爛
俱在此矣。而吾人常不能清明在躬，是以不能永保其注視於神性。
理型之透露總在知解歷程中。而知解歷程則不能脫離五官之羈絆。
吾人在此羈絆中略窺光明，雖云幸矣，又何能安乎？柏氏立言常欲

脫離官覺之羈絆而飛身於清曠之理界。彼實於理型而窺到神性。彼
既於此而言神性，彼自不能不嚮往此理型之歸宿。彼實攝衆理於造
物主之中矣。吾人若能貫徹理之始終本末，即近神性不遠矣。若不
得其歸宿，則亦不能言神性。若向其所歸宿而飛躍而憧憬，則雖不
能徹其精蘊，亦似可云凡此衆理亦皆神性之表現（透露）。否則只
可說其爲物性，不可說其爲神性。同一物也，何以轉眼爲神性，轉
眼爲物性？豈不以其歸宿之有無而斷乎？《大學》云：「物有本
末，事有終始，知所先後，則近道矣。」夫本末始終之貫徹乃所以
配神明之管鑰。來布尼茲不云乎？混暗知覺表象宇宙，清明知覺表
象上帝。來氏猶近古也。彼言混暗知覺，意與常途殊。凡與廣延或
空間之外在化相連之知覺皆混暗之知覺。依此而言，則凡科學知識
皆所謂混暗知覺也。故只表象宇宙，而不能表象上帝。本書所剖解
之全幅知解歷程亦等是來氏所謂混暗知覺之範圍。此一大結集，來
氏已指點之，而不能詳陳之。至康德之純理批判乃始專就此而發其
蘊。余生末世，歷茲多艱。念斯學已墜，不可無述。逐步康氏之後
塵，再細商量而條理之，故有斯書之雛形。誠以此一結集不明，則
神性亦不可得而明。知此結集之終限，則統攝衆理之理之嚮往即不
能自已也。此散漫無歸，飄萍無依之世界豈能一日安乎？吾人若靜
夜一思，但覺飄忽蒼涼，悲感無已。宇宙人生固若是之茫乎？若只
遊蕩無根，與物推移而莫知所止，則有不如無。安於知解歷程以爲
可以自足，實非安也，乃墮性之累墜；非自足也，乃物化之頑梗。
以爲知解歷程可以透露理型，既有理型，則物可解，是則何時不可
停，而必嚮往其歸宿？吾實告汝，此知解歷程中之理型無一不是綱
目層級中相對之限定。停於此限定中亦是物化之墮性。若自墮性而

言之，則處處可停，時時可止。豈必停於理型？知識亦不必要。君
不見木偶之戲乎？抽引之者，欲止則止，欲動則動。其本身隨時可
止，隨時可動。而實則一枯木也。人朝夕求知而以爲隨時可停，則
亦木偶之類也。其停非眞可停，乃實其自己之物化。吾人若不物
化，生命常在奮發，必覺知解中無有可停止者。討個眞止處乃是生
命之不容已。坎陷中之辯證歷程（即知解歷程）固有所獲。然以爲
可以停於此，則是坎陷中之坎陷，誠是沈淪之途。眞生命之奮發，
其坎陷是不容已，而從坎陷中躍出，亦是不容已。此則引吾人至下
節二用格度之第三次表現之考察。

第四節　通觀辯證

　　二用格度順承曲全格度發爲四種定然命題，交互爲用，遂形成
一坎陷中之辯證歷程。在此辯證歷程中，吾人可獲得一知識。但是
此所獲得之知識總是有限定者。限定之根本者可從兩方面表示之。
一是經驗之限制；二受時空之限制（因每一經驗之起皆有時空性
故）。由此兩方面之根本限制，再進而從理解自身方面言，則理解
要求成一知識，它必在一定方向中進行（此如第二節所述）。而此
種一定之方向就是理解知識之限制。復次，理解必在一定方向中進
行，就是理解自身必須坎陷其自己方能獲得一定之知識。而此種坎
陷就是理解活動之本性，是以理解自身之本性言，它本身就表示一
種限制。依此，總持言之，理解活動之全幅歷程中之種種條件如格
度如範疇，皆表示理解知識之限制。再總持言之，則所謂理解之活
動是有**屈曲性之活動**，而此**屈曲性**就是一種**限制**。（雖是曲而能

達，要必在曲中達。）此一切限制即表示理解知識之相對性與不圓
滿性。吾人若顯明指出之，則可知此種不圓滿性總因理解活動之必
須坎陷而始然。依是，若想獲得理解知識之圓滿性，亦即認識之心
之絕對性，必不能在坎陷中求。而吾人又知坎陷是認識之心（即理
解活動）之一相。如是，若欲求得圓滿性或絕對性，則必須自坎陷
中跳出來，而從認識之心之非坎陷相方面以求之。此非坎陷相乃直
接對坎陷相之否定而顯示。此非坎陷相，其相為何？如答此問，必
須了解坎陷相其相為何。坎陷相，其相有二：一曰曲，二曰限制。
（實即只是一個曲，限制由曲而引申出。）對此相之直接否定所成
之非坎陷相，其相必亦是二：一曰非曲即直，二曰非限即無限。曲
是認識之心之坎陷，則「非曲即直」必是認識之心由坎陷而躍出。
坎陷與躍出是認識之心之二相，亦即是其全相。（直覺的統覺與理
解俱是認識之心之坎陷。直覺的統覺雖直而無曲，卻亦是坎陷中之
直而無曲。與此躍出之非坎陷相之直而無曲異。讀完本節即可知
之。）本節即是由此全相而觀認識之心之全部活動。此全部活動是
一種辯證之活動，吾人名之曰通觀的辯證之活動。

　　從坎陷中躍出而成非坎陷相，試問將依何關鍵而成就此躍出所
成之相？曰：即依「直覺」之湧現而建立。吾人於前〈曲全格度〉
之推述中，於滿類之要求滿證上，說明直覺之出現。直覺之出現即
表示認識之心之由坎陷中而躍出。認識之心之直覺相，實則從未泯
滅。此實植根於理解活動之創發性（即認識之心之創發性）。理解
自身之湧現格度，及順因故格度而湧現範疇（即一普遍之原則），
實皆表示認識之心之直覺相。（此理詳見前第三推述中。）惟此是
個起點。從此以往，吾人欲說明理解知識之形成，遂直接滑入坎陷

中而觀理解知識所由成之全幅相貌，而對於創發理解之條件之直覺
相遂忽而無所顧。此種忽略，亦非無因。蓋此開始之直覺相只表示
理解之創發性，期由之以說明理解條件之先驗性。此開始之直覺相
只有此擔負，尚無其他之責任，即只對於理解之條件有擔負，而對
於**了知之價值**（此如限制或無限制、圓滿或不圓滿等），並無參與
也。此開始之直覺相是吾人考察理解活動之後面的**截斷處**。從此截
斷處向前進，吾人但見認識之心之坎陷，而在此坎陷中，一切活動
皆是曲。吾人即賴此坎陷中曲而能達之活動以得知識之完成。是以
在此曲之活動中，吾人全不見認識之心之直相。而知識之成立單靠
曲，是以認識之心之直相似於此而全無所用。此吾人所以名此時爲
坎陷也。以在坎陷，故認識之心之直覺相遂泯滅而不見。實則非全
泯也，亦只因曲心用事，故直心不彰。實則曲心活動之中，直心即
在背後閃爍而蠕動。一旦至乎曲心之所知爲在限定中，以及其實現
範疇之努力總不能得滿證而竟在普遍化（非眞普遍性）之概然中，
則隱而不彰之直心即由蠕動而湧現，由閃爍而明朗。此即吾人所謂
由坎陷而躍出。此種認識之心之直覺相則對於了知之價值有擔負，
故得爲超理智之知識也。而在開始之直覺相則無此任務。然須知有
此任務之直覺相實亦植根於開始之直覺相而由之而轉出。蓋同屬於
認識之心之創發性也。認識之心欲坎陷其自己而成知識，則即隨此
坎陷而創發理解自身之條件以成就此坎陷中理解之知識。及至此坎
陷中理解之知識不能得到滿證之圓滿，則又順此坎陷中知識之缺陷
而自其創發性發出直覺之照射以彌補此缺陷。缺陷是知識之限制
性、概然性、不圓滿性。直覺之照射彌補此缺陷即是破除此限制性
而趨於無限制性，否定此概然性而趨於定然性，消解此不圓滿性而

歸於一個圓滿性。此即謂認識之心之之由坎陷中而躍出。而此躍出則對於知識之價值或意義有擔負。故值吾人一論之。

認識之心之躍出是其自身之滿足。即其獲得知識之絕對性時之滿足。所謂絕對性，是單指限制之破除言。因為有限制，所以每一滿類皆不能獲得其所要求之滿證。因為每一範疇即普遍原則（或可能模型），自其本性之普遍性言，當其外攝時，必要求成一滿類。然而在坎陷中之歸納歷程對於此滿類只能作分證，不能作滿證。是以就理解知識言，其每一原則之證實因而成知識，其知識或證實之程度單在分證之支持上而有客觀有效性。但是就其原則之涵蓋性或外攝性言，它不只要求分證之支持，而且要求滿證之支持。如其支持之者為滿證，則此原則即全幅實現而平鋪，無有絲毫缺陷落空處。但坎陷中之理解活動決不能獲得此滿證之支持。是以每一原則，從支持之者方面言，有實處有空處。分證之支持即是實處，而無滿證之支持，則於實處外必有空處。這個空處之充滿決不能由坎陷中求得。既不能得，知識只有相對性，而無絕對性。在坎陷中，無論如何努力奮發，亦不能至此絕對性。蓋理解知識之本性然也。本性既如此，則欲獲得絕對性，必須在原則上立出一種非坎陷之知識而後可。直覺之照射即是由坎陷中躍出而擔當此絕對性之獲得，即空處之充實。圖畫可以助一解：

圖一　　　　　　　　圖二

　　中點是一個原則或滿類。在圖一，直線實圈是分證之支持。曲線虛圈是表示滿證支持之缺無。此坎陷中歸納之知識也。在圖二，直線實圈同於圖一，而曲線實圈則表示滿證之獲得。而此滿證之支持卻必須由直覺而擔負。此則非歸納知識，乃直覺知識也。知識之絕對性圓滿性皆在直覺之照射上建立。是以絕對知識必是非歸納的，而是直覺的。認識之心單賴此直覺之照射而得其自身之滿足。

　　依是，每一知識有其相對性與絕對性。許多知識之交互諧和（即許多原則或滿類之交互諧和），亦是如此。其交互諧和也，自其內在處言之，固是諧和，然此諧和，以其在坎陷中，仍是相對的。因支持之者仍是分證故也。是以不能泛說互相消融諧和便是絕對。互相消融諧和是表示絕對之一原則。而絕對如何實現，則不能單如此說即可明。吾人在坎陷中，知識步步擴大，亦即步步互相消融諧和，但不能說此種諧和即是步步之絕對。一則雖是步步諧和，而仍是分證支持之諧和，故為相對不為絕對；二則此步步擴大無有止境，得不到一最後之圓滿（如上節言理型之結構時所示），故為相對而非絕對。知識之絕對一必在滿證上，二必在步步擴大之最後完整上。認識之心之絕對滿足，對此兩義皆須賴直覺之照射而獲得。對滿證言，認識之心憑歸納之分證湧現直覺之照射由坎陷中而躍出，直透至曲線之究極而圓滿之，是即謂空處之充實，滿證之獲得。它在此滿證之獲得上，得到其絕對之滿足。但須知此種滿證之圓滿，既云是「證」，當是單指證實一原則或滿類之「事例」言。並非取得另一原則以圓滿之。此事例無論有窮無窮，皆必須是「一切」。此「一切」之涵蓋性乃由一原則之普遍性而來。一普遍原則，自其外攝之涵蓋性言，其本性必是窮盡而無漏者。故其成類亦

必是一滿類。既是滿類，自須滿證。既須滿證。故於歸納歷程中，必須自其涵蓋性中取其所涵攝之窮盡而無漏之殊事以證之。然歸納歷程，既只是分證，故不能無漏。直覺之照射即起而擔負此窮盡而無漏之滿證。即依此滿證而言該原則證實上之圓滿，亦即一知識之絕對性。是以此圓滿絕對者，乃順一原則之涵蓋性所具之圓滿絕對性，而由證實上以全幅實現之也。此全幅實現之證實既不能由歸納以擔負，故只是直覺之照射。直覺憑藉歸納之分證，順原則涵蓋性之窮盡無漏而窮盡無漏之，順原則之絕對性圓滿性而全幅呈露之。此即是認識之心絕對滿足。此認識之心之步步滿足必須自其從坎陷中躍出上而言之。一個原則之滿證是躍出，許多原則之交互諧和而需要之滿證，亦是一種躍出。交互諧和若是在坎陷中，則不得謂之絕對，認識之心亦不得言絕對滿足。其交互諧和必須從躍出上而獲得滿證所實現之諧和方是絕對知識，而認識之心方有絕對之滿足。坎陷中之交互諧和乃層層無止境者，吾人決得不到一**最後之原則**以完整之。是以在諧和中而言絕對，亦不是說直覺可以**獲得一原則以完整許多知識**而使之成一**圓滿之系統**。直覺之照射決不能擔負此責任。是以直覺照射所得之絕對乃只是將坎陷中由分證所支持之交互諧和轉出來而為由滿證所支持之交互諧和。認識之心在坎陷中步步擴大其分證之知識，同時亦在躍出中步步擴大其滿證之知識。然所謂擴大在坎陷中可以說，在躍出中可說而不可說。可說者自外面言之也。若自直覺照射而得絕對滿足時之自身言，則無所謂擴大不擴大，因而即不可說矣。自此不可說處言，則認識之心在躍出中（亦唯在躍出中）**步步滿證，步步絕對，步步滿足**。在每步滿證中，認識之心將窮盡宇宙之一切，是以每一得滿證之知識是表象一全宇宙

之知識。因為它此時是一個無限制無封域者。既無限制封域，故表示一窮盡無漏而自足之宇宙。它每一步滿證是如此之宇宙，故認識之心於每一步滿證即獲得一絕對之自足。吾人可於此予來布尼茲反映全宇宙之思想以新說明。復次，認識之心，無論在坎陷中或躍出中，皆不能得到一**最後之原則**以完整**知識之系統**，故只能於躍出中，憑藉直覺之照射而獲得一**絕對義**，獲得其**自身之滿足**。若不在躍出中立此義，而在坎陷中之諧和上言絕對，則只是墮性之停止。此不可不辨。

　　認識之心在坎陷中，則須發出種種條件以成就其對於外物之知識。因種種條件故有限制。因限制故不得滿證。是以限制之破除，滿證之獲得，必函條件之解消。而此條件之解消必在躍出中。依是，直覺之照射所函之滿證之絕對性以及認識之心之絕對滿足皆在條件之解除上。此條件之解除名曰對於坎陷中種種條件之否定。條件之否定而顯出之認識之心名曰**寂靜之照心**。此即直覺之照射。此寂照之心因條件之解除而顯示，故其照射必是通透宇宙全體之照射，亦就是通觀宇宙之全之照射。而一方就此寂照之心本身說，則因其不在條件之曲屈中，故雖照而亦寂，故曰寂靜之照心。寂靜之為言，單就曲屈之否定言。曲屈之否定即為直。是以寂靜之心即直心。照只言其覺之明。故寂照名雖異，而所指者實一事。非言其內為寂，其外為照。此一寂照之心無所謂內外也。亦非言其體為寂，其用為照。此一寂照之心亦無所謂體用也。亦非言歸則為寂，出則為照。此亦無所謂歸或出也。

　　因此寂然之心通觀宇宙之全，故可說：全體宇宙皆在此心之函攝中，而此心亦必貫徹全宇宙。（認識的貫徹非實現的貫徹）。依

此，吾人亦可說「存在即被知」。此一置斷，在坎陷之曲心中，吾
人已於首卷首章，明其只有認識論之證明，而無本體論之證明。現
在從此躍出之直心中而說之，亦仍是認識論之證明。惟其意義則較
更落實而無隱曲迴互。在此所謂「存在即被知」者，即言一原則之
涵蓋性所涉及之一切殊事皆在直覺之照射中也。直覺照射之，即在
此照射中，而有其現實之存在。柏克萊之辯論，雖起自知覺，而實
歸宿於神心以成立其主斷。此「存在即被知」之主斷實是必依於神
心之貫徹而始獲得其極成。彼實依一形上學之原則而言此主斷。然
彼不知：若徒自知覺處而言之，則實有隱曲迴互也。其意義與自神
心及寂照心言皆不同。自寂照心言，則全體現實存在皆在寂照心之
認識的貫徹中，只此一呈現之全體，無外乎此者可言，以寂照心無
封域故，無界限故，無對待故。故「存知即被知」一主斷至此更為
落實而無隱曲迴互也。此主斷依一神心而為最後之極成。若用中土
之詞語言之，即是依一道體之心或天心而為最後之極成。此最後之
極成即為本體論之證明也。**曲心、照心、道心**三步，義各有殊。是
以「存在即被知」一主斷，其極成之過程，即是引導形上學極成之
過程。

　　寂照之心由直覺之湧現破除坎陷中之條件而顯示。條件之破除
即是四格度之解消。破除時空格度，故外事之時空相，即時空限
制，即因之而破除。時空相破除，即示寂照心無時空之執，因而亦
不受時空之限制。破除思解三格度，則內心之屈曲相，即思解之辨
解相，即因之而破除。曲屈相破除，則認識之心即轉而為直覺之寂
照心，而亦無曲屈中一定條件一定方向一定範圍之限制。無此種種
之限制，亦即無此種種方面之執著。是以條件之破除，總持言之，

即是內破曲屈相，外破時空相。兩相破除，則認識之心即由坎陷中而解脫，故得清靜而寂照。在此寂照中，世界無動相，因時空相破除故。此無動相因寂照心之無時空之執（無動相）而無動相，依是，世界雖動而我不起動覺，故無動相，因而世界亦無所謂動不動。在此寂照中，世界亦無封域相，因曲屈相（時空相自亦在內）破除故。此無封域相因寂照心之無曲屈之封域而無封域，依是，世界雖有理型之界別，而寂照心不著意於其上，則即無封域相。凡此皆繫於寂照心之不執不著而言也。復次，在此寂照中，世界呈現事理圓融之圓成實相，而不呈支解相，亦不呈虛空相，亦不呈破滅相。世界不只緣起事之一面，且亦復有成就緣起事之理之一面。在坎陷之理解中，事與理離。在直覺之照射中，則事與理盈。盈則即理之平鋪。從此理之平鋪之盈言，謂之「圓融」。從事與理之離言，謂之「支解」。今不離故盈，不支解故圓融。圓融與支解相翻。因理與事盈而圓融。故理即平鋪於事中而成就其為事。即依此義而說「成」。成以理為關鍵。若無「理」則不可言成。即圓且成，故可言「實」。「實」亦以理為關鍵。若無理則不可言實。無理之一面，則事之緣起流即是一虛無流。既是一虛無流故可言空，而不可言實。佛家於緣生見空，徒以其不知「理」之一面耳。故彼所言之「圓成實性」實單指空性言，與此處所言之圓成實絕相翻。是以因「實」不見虛空相，因「成」不見破滅相。破滅與成相翻，虛空與實相翻。復次，此事理圓融之圓成實相復函一全體呈露相，此即充實飽滿相。由此飽滿相，開為兩主斷：「凡存在皆現實」，「凡現實皆如理」。此亦由寂照之照射而證明。凡直覺照射所照之處，無有隱藏，此即凡存在皆現實。現實即呈露義，無隱義。凡其

所照之處，亦無缺陷，即無不有理以成之，此即凡現實皆如理。如理即充實飽滿義。此兩主斷，亦如「存在即被知」一主斷，可於最終由道體之心而極成之，亦可由此認識之心之為寂照心而極成之。若在坎陷中之曲心中，則其極成亦有隱曲迴互在，因曲心為有漏而不窮盡故。無論道體之心或認識之心之為寂照心，皆具有「無漏而窮盡」之一義，故可極成此三主斷。

復次，來布尼茲所言之「**無異之同一性**」與「**無窮之複雜性**」，亦皆可由此寂照之心而明之。坎陷中之曲屈心則不能證實之。亦因曲屈心為有漏而不窮盡故。「無窮複雜性」吾在前章末已有論及。讀者可覆看。大體言：在知識中，羅素所需要之無窮以及來氏之「無窮複雜性」，在羅素只是邏輯要求上之假定，而不能證實之。而如若在認識之心上證實之，則必繫屬於直覺之照射以言之而後可。此即言，無窮乃至無窮複雜性皆是直覺上之函義，而不能由理解知識以獲得。來布尼茲以為「無窮複雜性」為「存在」一概念所必函。此只是理上說是如此。而直覺之照射則通其無窮無盡之內蘊以證實之。若問一存在，何以即有無窮複雜性，此似無邏輯必然性。蓋「存在」而不無窮複雜是可能的。依是，無窮複雜似必須有其形上學上之理由。無窮複雜性由於存在，而存在由於實現此存在之神心中的充足理由。但無窮複雜似不能單由充足理由以明之。吾意此當與氣質一成分有關，不能單從心理一面以說之。關此是形上學問題，在此，暫不討論。在此，且承認「存在」一觀念即函有無窮複雜性。而直覺之照射即通徹其無窮盡之內蘊而證實此無窮複雜性。

茲再略言無異之同一性。此似為無窮複雜性所必函。蓋一現實

存在物既有無窮之複雜，則必無兩物可以完全同一者。是以每一個
體之內蘊既有無窮之複雜。則似乎自不能是完全無異之同一。然無
窮複雜性既無邏輯根據以論證之，只有繫於直覺照射而言之，則無
異之同一性亦必無邏輯根據以證之，亦只有繫屬於寂照心而言之。
來氏以為自否定方面言，無異同一性有其形上必然性。因為若兩物
完成同一，則上帝決無理由單單如此排列而不如彼排列。是以完全
同一之兩物乃與充足理由原則相違背。故自此方面言，不能有完全
同一之兩物。此即否定方面之表示。來氏以為自此否定方面言，無
異同一性有形上必然性。然來氏以為若自肯定方面言，則並無必然
性。蓋兩物完全同一，在邏輯上說並非不可能。但只與理由原則相
違耳。依是言之，則無異同一性並無邏輯必然性，單有形上必然
性。吾人很希望其有形上必然性。但寂照心並不能提出形上之道
體，故其形上必然性，在寂照之心上尚不能有極成。吾人將來願在
道體之心上予以最終之極成，但現在則只有繫屬於直覺照射而言
之。在此直覺照射中，吾人成就「畢同畢異」一主斷。此主斷即函
有「無異之同一性」一主斷。萬物畢同畢異，在道心上吾人予以最
終之成就，在認識之心上吾人予以寂照之成就。而在坎陷之曲屈
心，則不能說。是即明「畢同畢異」與「無異同一性」皆不能由辨
解知識以證之。在無窮複雜性中，吾人說「世界無窮無盡」，而盡
在寂照心之函攝中。在無異同一性中，吾人說「世界畢同畢異」，
而亦盡在寂照心之照射中。

　　復次，在寂照心之照射中，順無窮複雜性，吾人亦說：「一攝
一切，一切攝一。」順「無異同一性」，吾人亦說：「個個各如其
性，個個當體即如。」順前者，則通為一體。順後者，則了不相

干。通爲一體則見「融」，了不相干則見「獨」。融與獨皆「如」也。此在道體之心上，當予以最終之極成。

以上所言，是寂照心之「實境」。論此「實境」之學，吾人名曰「**智的具體體性學**」。柏拉圖之言理型，則可曰「**智的形式體性學**」。認識之心皆是「智的」。此寂照之認識心所得之實境即是智的具體體性學之主題。以下且言此智的具體體性學之限制。

寂照心不能空頭立，必有其所承續之根據。自坎陷中而躍出，坎陷即是其所以立之根據，即是其所從出之源泉。此根據此源泉同時亦即形成其限制。坎陷中之知識必限制於經驗直覺，而此直覺即是就當下說話者。在此所透露之理型亦是就當下之直覺而透露。是以坎陷中知識所接觸之事與理皆受經驗直覺之限制。吾人在此限制中而獲得外物之知識。知識如此前進如此擴大，而無論如何前進，如何擴大，總不能超越經驗直覺之限制。吾人在此限制中所得之一點知識便是一點根，便是窺測宇宙之一點頭緒。這個頭緒在知識中凸出於吾人之眼前。吾人尚不知這個頭緒將歸宿於何處，即來自何方，去至何處，吾人全無所知。吾人但知在坎陷中，此個頭緒之凸出亦是藏頭露尾，略顯端倪。譬若一個理型之凸出亦只是在概然中略得分證，不得滿證。在坎陷中，種種理型之凸出皆是如此。就在此處，而且恰在此處，認識之心有其躍進一步之根據。認識之心之由坎陷中躍出單只限於此凸出之不得滿證處。如是，它躍出而否定坎陷中之種種條件種種限制而成爲寂照心，而欲順凸出之一點端倪而全體呈露之。是以寂照心之照射必以此凸出之端倪爲根，它不能漫然泛照。它只能順此曙光一點而全體暴露。所以這個曙光一點是它的根亦是它的限制。它只能順一個凸出的理型而將其所函攝之全

體絲縷一起照到，一齊現露。每一理型譬如一個綱，每一個綱統攝
一面網。這些綱藏頭露尾凸出於知識中，而坎陷中之知識不能將其
所牽連之全網統統提起。如是，寂照心起而振舉之，絲絲縷縷無毫
髮隱藏。是眞雨絲風片，烟波畫船，蒼蒼茫茫，無不在春風化雨中
也。然它亦只能順這些點點凸出之理型，而散布到其所牽連之絲絲
縷縷之全面。其振舉全面，不能不順凸出之綱而振舉。然而每一個
綱函其全面之網是邏輯上所已決定者，惟因坎陷中之知識不能盡露
之，所以寂照心才起而照射之。是以此寂照心之振舉全面實不能增
益吾人之知識。它不過使坎陷中之不能全體平鋪者，今則得而平鋪
之。它因此而得到一暫時之滿足。其圖案俱在坎陷中擬就，它只能
限於此圖案潤色而圓成之。從圖案之已擬就言，它不能有增益；但
從潤色而圓成之言，它又有增益。假若吾人之知識是就圖案言，則
此種潤色不能增益吾人之知識。是以潤色圓成，吾人只可名之曰消
極之增益，消極之知識。但在知識上雖是消極，而在吾人之心上卻
是一步躍進。此一躍進。就認識之心說，是一步**解放**，故得**寂靜而
自在**；就其所照之實境言，是一**全體之呈露**，故無**纖細而靡張**。
（吾人不可輕視此種躍進所成之寂照心及實境。有許多宗派大抵是
就此或類乎此之方向線索而發揮其玄談。如莊子及佛家便是。）然
須知此種躍進必以坎陷為根，照必以根為憑，實境以凸出之端緒
為據。如果在坎陷之知方面不能得到一歸宿，則在躍進之照方面亦
不能增加一歸宿，不過只是一散的平面之展布。此散的平面之展
布，只是直覺照射之推致與函攝。只因寂照心無曲屈相，無時空
相，故此散開之平面亦無窮無盡無限制，因而成一絕對之圓滿。須
知此絕對之圓滿並非因另一「**實體**」之提出而形成，故云只因**直覺**

之照射而云然。**智的具體體性學**充其極只能至乎此。此即所云限制也。

　　吾深深了解此智的具體體性學之限制，因而可以評定若干之思想。有若干宗派，從知識方面，或生活習氣方面，或兩方面兼顧，以爲其立教之入路，由此而轉至寂照心，邃以爲見道之終極。古之學術有在於是者。若莊周，若佛家，若斯頻諾薩，皆其選也。雖異曲而同工，無能越乎此宗趣之大端。彼自生活之解脫言，此坎陷中之種種條件種種限制，皆所以擾吾心者也。若一旦能轉而直接否定之，則其直接之結果便是無曲屈相，無時空相，因而解纜放船，縱橫自在，任運而轉，無有涯岸。若言解脫，此已足矣。此爲最了當而易接近之思路。莊子和之以天君，休之以天倪。佛家只認識緣起流轉之一面，著了一點意思，便視之爲無常之苦海。無常之否定便是常。只是緣起流轉之一面，而無理以成之，亦只是一虛無流。於虛無流而見萬法性空，亦是必有之結論。是以無常之否定便是遮撥流轉而見「空性」。「空性」即所謂「常」也。於境之著眼雖異，而寂照心之由流轉苦海之否定而轉出，則同也。所謂轉識成智也。識即是生死流轉，智即是寂照心。所謂般若智，無論說之如何甚深微妙，亦不出乎寂照心之分限。是以彼之立言亦只是針對生死流轉而起否定，便撒手放船，一了百了。彼之所言自是生活習氣。實則吾人所言之知識以及知識宇宙，彼皆可從生活習氣即八識流轉而概括之。此是一刀兩面之看法。這一面純是識，否定識便是智。再無其他之問題。吾人所企求之歸宿以期統馭主宰此世界以及吾之生者，彼皆不曾措意及。故若順吾所說之知識言，則至乎寂照心之一照便了事。若順莊子所說之是非言，則至乎逍遙乘化之一齊便了

事。若順佛之生死流轉言，則至乎眞如涅槃之一空便了事。若順斯諾薩之泛神論，則至乎理智之直覺（照寂心）之捨變趣常便了事。凡此諸家，於境雖異，而止於寂照心（認識之心之爲寂照心）則同。此其所以終不入於大宗也。此乃一往不回頭之見地，故不能**生天生地成人成物**。吾言**智的體性學**而明其充其極之所至，以了當其分位之所在，便是期於此而再轉進一步也。吾人於寂照心不能得宇宙人生之安頓，故只有以無曲屈相無時空相之解脫歸寂爲止處。吾人只可停於此，不可再出來。若是一出來，又是生死海。欲求宇宙人生之安頓者，則必不只停於寂照心。必再回頭覓得一「**天心**」以爲宇宙人生之主宰。此即所謂轉進一步也。必在此轉進一步上，方能歸於**正統之大宗**。大宗之極，以孔孟爲則。此大宗與非大宗之大界也。了此大界，則儒佛總有不可混之天淵在。吾今言寂照心以明**智的具體體性學**之限制與分位，亦所以備將來言**仁智合一**之**超越形上學**也。

　　坎陷中之理解心旣受當下經驗直覺之限制，躍出之寂照心亦必以理解心爲根據。此種坎陷躍出之辯證的發展，雖是由心之創發性而使然，然在認識之心上（無論爲坎陷爲躍出）則畢竟隨經驗直覺之連續而前進（彼似爲經驗直覺所托帶）。若一旦經驗直覺停止，則無論坎陷心或躍出心俱無從講，坎陷心隨經驗直覺之連續不斷，而極力擴大其知識系統，向最後之絕對的諧和趣，然此絕對之諧和彼終不可得。此所謂絕對諧和，或是它已得到一最後之理型以綜和其所已知之一切理型，或是於它所已知之理型皆得一交融之諧和而無衝突與矛盾。然而此兩者，坎陷心皆不能至：它旣不能得到最後之理以圓融一切理，亦不能於其所已知之理證得一滿證之諧和。它

必待躍出之寂照心以擔負其所不能至之責任。然寂照心亦有限制。坎陷心不能得到一最後之理，寂照心於知識無增益，自亦不能得到一最後之理。它只能就坎陷心之不得滿證者而照射出一滿證。此其所擔負坎陷心所不能至之責任只此而已。坎陷心與寂照心向前俱不能得到一最後之理以為終極，向後亦俱不能得到一最後之理以為歸宿。實則認識之心乃只向前而不向後者。以不向後，故始終圍於經驗直覺之範圍而不能越。以不能越，故經驗直覺之何以必繼續不斷，它必不能答覆。此問題不能答覆即函說此宇宙來無踪去無跡，一若浮萍之無根。此亦即表示，它永不能求得一宇宙之安頓。此問題，智的體性學無由解答。若止於寂照心，則即以此浮萍之無根為其發蒼涼之感之根據，而即以寂照心之呈現為終極。然以此為宗，則必不能積極肯定人生與宇宙。若想有積極的肯定，則必不能以停於寂照心為滿足。是以求一安頓與歸宿乃為不容已者。然此不容已之追求，智的體性學又終不能至。此等問題必須轉至智的體性學以外而得解答。

復次，認識之心從開始到最終即有其創發性。此似乎是生命之突進。它突進，發出成就坎陷心之條件以獲得知識，它復突進，發而為寂照心以成寂照之實境。然無論如何，此認識之心，對於外界，總是一平面的函攝，而不是一立體的統馭與主宰。吾人在寂照心上，固已極成「凡存在即被知」、「凡存在皆現實」、「凡現實皆如理」等置斷，然須知此只是認識之心之極成。尚不是道體之心之極成。吾人適說認識之心，不能得到一歸宿與安頓。現在則說它之平面的函攝並不是統馭與主宰。統馭與主宰依靠一安頓與歸宿。此問題一也。不過適所說者從知識之所知方面言，今則從認識之心

之自己方面言。從此方面言，吾人若得到道體之心之統馭與主宰，
則即成爲一立體之統馭與函攝。依是宇宙人生即有安頓與歸宿。然
而認識之心終只於爲平面的函攝，不能擔當此責任。由認識之心之
創發性，吾人固可窺生命之突進。然生命之突進並不表示一安頓與
歸宿。此生命突進之本身，豈不亦就是來無踪去無跡之浮萍乎？它
發出一種認識之心之銳利性。吾人以此銳利性爲象徵，但能窺到生
命之向發性，並不能窺到生命之安頓性與主宰性。生命之安頓性與
主宰性，亦靠一安頓生命者，能主宰生命者。然認識之心之銳利性
決不能至乎此。依此，認識之心雖具有創發性，而但見其爲經驗直
覺所托帶。並不能反而統馭主宰此直覺。吾人由認識之心之平面的
函攝爲不足，而嚮往一立體之「統馭與函攝」（此與只函攝異）。
然此立體之統馭與函攝，吾人順認識之心總不能至。吾人順其銳利
性而能窺測到生命之向發性。由此向發性縱能窺測到生命之甚深
處，然總不能獲得立體之統馭與函攝之根據與成就。立體之統馭以
道體之心（即天心）爲根據。依是，此問題之關鍵，必是在由認識
之心如何能轉至道體之心即天心。此亦非智的體性學所能答。

　　認識之心之成就就如本書之所備。它反而省察其自己，它只能
止於此。然只能止於此，即函不只此。它知道其缺陷。它能安於此
缺陷乎？如它只能止於此，則雖不安亦不可得。然而它未必如此安
分也。它要盡極大之努力以彌補其缺陷。吾人於下卷即考察其努力
爲如何。此即「認識之心之空幻性」一問題。

第四卷
認識心向超越方
面之邏輯構造

第一章 本體論的構造

第一節 構造之路

認識心，當其順理解之活動要求一類之滿證，湧發而為直覺之照射，逐至乎超「知性」（理解）之階段。此一階段之出現，是認識心之順理解而向前。認識心之限於理解中，有其真實性；而直覺之照射必以理解之成果為根據，故亦有真實性。但認識心之表現為理解與直覺是一往順經驗走。在其自身並未反省其如此活動之價值，而在其活動所了別之對象方面亦並未反省其如此所了別之世界是否有安頓。其在順理解而表現為直覺之照射，在其自身方面固可得一絕對之滿足，而在客觀方面固亦可滲透至無窮無盡而補理解之缺陷。然其自身之滿足惟是在一靜態之觀照中。認識心之直覺照射固亦只能如此者，而其本身不能永停於此靜態之觀照中。蓋因其既順經驗走而以理解為根據，則除非經驗停止，此靜態之觀照即不能永恆存在，而若經驗一停止，則亦無所謂靜態之觀照。是則認識心之靜態觀照惟在對理解有意義。既惟在對理解有意義，則靜態之觀照只是在一「坎陷，躍出」之不息的歷程中而有其一時一時地呈

現，而不能永呈現。既不能永呈現，故隨時有破裂之可能，而滿足者不滿足矣。依是之故，認識心所得之一時之滿足實不足以爲其自身之安頓。是則此一時之滿足即函其不滿足。是以認識心在其順經驗向前，無論表現爲理解或超理解之直覺，彼皆不能得最後絕對之滿足。而其所以不能得最後絕對之滿足，關鍵亦繫於其所認識之對象之不圓滿。彼雖在客觀方面，因直覺之照射，而可透至無窮無盡，因而可以引出一圓滿無限義，然此無限繫屬於主觀之照射，由內出，不由外與，既不由外與，則此無限即不得客觀之證實，吾人對之並無一客觀而確定之概念，是則只有主觀的直覺意義，而無客觀的理性意義。是即表示其認識能力實未有把住世界之圓滿相無漏相。是則爲認識心所不能安者。蓋其所以不能把住世界之圓滿相無漏相，正因其認識活動必隨經驗走。而經驗之所給總是變化者，表面者。假若變化者表面者不能使吾人把握世界之圓滿相無漏相，則認識心必想追求一絕對不變者，絕對眞實者，以爲其把握圓滿無漏之根據。蓋惟絕對不變者方能使吾人安住不動，絕對眞實者方能使吾人落足其上。假定此而得到，即雖千變萬化，可以不離其宗。既不離其宗，則一是皆在絕對不變者眞實者之貫徹中，則圓滿無漏相即得其理性之根據。既有其理性之根據，則吾人對之即可有把握之之理路，而其本身亦獲得一客觀的理性之意義。惟此絕對不變者眞實者，決非經驗所能給。是必在經驗以外者。認識心經過以上之反省，而必追求此經驗以外者，則必向超越方面運用其能力。此種運用，不是順經驗向前，而是逆經驗向後。在此向後之運用中，認識心不表現爲有**眞實性之理解及直覺**，而單表現爲**理性之追求**。此理性之追求乃在企圖把握一經驗以外者之絕對眞實。然既在經驗以

外，則其追求必脫離經驗而無經驗之限制。旣無經驗之限制，則其所追求者必落空。旣落空，吾人即不能保其必有眞實之可能性或客觀有效性。旣不能保其必有，而若吾人即時肯定其有，則認識心即落於空幻性中而以假爲眞。假若吾人不即時肯定其有，而單知其只爲理性之追求，則其如是如是之追求而成者，吾人名之曰認識心之**向超越方面之邏輯的構造**。吾人單知其爲邏輯之構造，而不知其是否能爲**直覺之構造**，則即不曰認識心之空幻性，而曰認識心之邏輯性。吾人必須知：認識心此時單有一邏輯之構造，而不能轉出一直覺之構造。

然旣曰邏輯構造，則必有其構造之之根據，此根據即是其進行之途徑。首先言其所不能根據者。

一、時空格度不能爲其所依據以進行之根據。蓋時空爲認識心隨經驗統覺之把住而建立，建立之以應用於經驗事而限定之而表象之。是則時空只適用於經驗統覺所及之緣起事；隨事之起處而起，隨事之止處而止。至其起止，在何時何處，則吾人全不能知，只有隨經驗統覺而爲斷。吾人若順時空而追求一時間上之起點，空間上之限制，則必不可得。蓋時空表象事。凡爲時空所表象之事，無一不在緣起流轉中。旣在緣起流轉中，即無有一件旣是事而又無爲之前者。旣總有爲之前者，則即不能有一時間上之絕對起點，空間上之一定範圍。此時吾人只有隨經驗統覺走。若離開經驗統覺，而自形上學之觀點，就事之爲事而追之，則事即無有絕對之起處，因而亦無時空之絕對限制。而且事之緣起，雖可說總有爲之前者，自此而言，似可爲無限之申展（故亦不函時之起點，空之範圍）。然事旣爲事，其自身不能保證其必生生於未來，則事之不生起而斷滅亦

是可能者。自此而言，則根本無時空之可言。若言時空至此已限制
住，則吾人之宇宙在向後方面時空可無限，而在向前方面可有限。
向後方面之無限不能保證向前方面亦無限。然無論有限無限，總是
事之申展。向後之可無限是事之申展，向前之不必無限而可有限亦
是事之申展。時空只負責表象事限定事：順事之申展仍爲事，順時
空之申展仍爲時空。是以自時空方面而追溯以爲施行邏輯構造之根
據乃爲不可能者。總因時空乃一無色而同質之形式條件，並非一有
內容或特殊意義之概念，故吾人不能由之以爲邏輯構造之根據。縱
或在向後方面可有時間之起點，而此起點旣爲時，而時之所表象仍
爲事，則此起點亦不函其爲吾人所欲構造之絕對眞實。此絕對眞
實，設吾人直名之曰本體，則時之始決不可混同於本體之爲元。而
本體之爲元亦不函其必有時之始。是以縱使一旦獲得絕對之眞實而
可以爲本體之元矣，而亦不能因此即可斷定說，世界在事與時方面
必有始。此爲絕對不同之問題，不能同日而語者。故吾人亦不由時
空方面爲施行構造之根據。

　　二、思解三格度亦不能爲構造之根據。蓋思解三格度正是成就
曲屈的理解之條件，在認識心的工作中而彰其用。它只在向前工作
中出現。認識心停止工作即隨而停止。它只是理解自身所自發之虛
架子。其根源在理解之自身，其作用在成就曲屈之理解。凡虛架子
俱不能爲構造之依據。此義亦適於時空。蓋吾人嚮往本體，並非爲
安頓此等虛架子，乃爲安頓現實世界者。而此等虛架子爲理解自身
所創發，是則已有其根源矣。吾人追溯其根源只能求之於理解，而
不能求之於絕對眞實之本體。其根源在理解，是其安頓處亦即在理
解。絕對眞實之本體中並無時空之根芽，彼有理解否尙不得而知，

縱有理解矣，必不同於吾人之理解，因而亦不必有理解之格度。
（吾人所欲構造之本體，假若可以說理解，亦決不說它是曲屈的，
因而亦決不說它有成就其曲屈之條件即格度。）吾人理解之格度，
其根源既在理解，而又爲隨理解活動而彰其用，則其自身即爲自足
者。其爲自足，單在其爲理解所創發，而有先驗性。若云理解，或
擴大之，包括經驗統覺及智的直覺而總言認識心之自身，即爲不自
足者，亦須有形上之安頓者，則云理解或認識心乃實法非虛法，是
則需要本體以安頓之者仍是實法，非虛架子也。因此，吾人亦只有
根據實法而構造絕對本體，而並不能根據格度也。格度之用唯在理
解之繼續不已，若理解不能繼續其活動，則格度之用即停止。是則
格度亦爲不能自足者。然此不自足乃在因理解之不自足，其不自足
爲間接，而直接啓示吾人必欲嚮往本體者仍在現實之實法，不在起
於理解自身之虛法也。故虛法之根源，唯說至理解之創發性爲已
足。其根源既在此，故其本性即爲自足也。復次，吾人說現實緣起
事在時空中變化，因而不自足，而其反面之絕對本體則無時空性，
不變化，因而爲自足。吾人由彼之不自足者而追求其反面之自足
者，但不能由時空自身及理解格度自身而追求其反面。時空之反面
爲時空之否定，格度之反面爲格度之否定。而此之否定即等於
「無」，不等於不在時空中之本體，亦不等於不在格度中之「本體
之理解」也。依此，時空及理解三格度俱不能爲施行構造之根據。

　　三、純理亦不能爲所依之根據。蓋純理在理解中爲最後者，亦
爲自足者。且只是一個理則。康德已知理性自身並不產生任何物
事，但只順概念而產生。康德所言之概念即範疇，乃實法也。純理
固亦爲實法，但純理自身爲無內容者，純爲同質而形式的。其自身

既爲最後而又自足，故不能由之以構造本體也。純理在現實理解中
表現其作用。離開現實理解，它即是邏輯自己。處於現實理解中，
它成就理解之活動。理解能否活動下去，它毫不負責任。現實世界
能否接受它的律則，它亦不能負責任。它既爲最後而自足，吾人亦
不能由之而追求其反面。其反面即等於其否定，而其否定不等於本
體也。

依是，吾人只有依據實法即**現實世界**而施行邏輯之構造。現實
世界是經驗統覺所發見之世界，是理解所詮表之世界，是智的直覺
所照射之世界。在此**發見**、**詮表**、**照射**中，吾人所知者即是吾人逆
而追求本體之根據。在經驗統覺中，吾人知緣起事及貫串於其中之
脈絡。在理解中，吾人將此脈絡提煉出來而形成一屬於**現實存在之**
邏輯系統。在智的直覺中，吾人將此邏輯之理的系統與緣起之事的
系統融而爲一而直透至無窮無盡，使全部知識宇宙成爲在直覺照射
中之全體呈現。但在經驗統覺中，由緣起事吾人有「變化無常」之
概念；在理解中，吾人有「邏輯之理的系統不能得最後圓滿」之概
念；在智的直覺中，吾人有「只是一主觀意義之無限」之概念。吾
人即由此三概念向後翻，翻至一與此三概念相反之一絕對眞實之本
體概念。此一概念如能合法地建立，則吾人期望其擔負一種責任，
即：一、於變化中見不變，於無常中見眞常；二、於邏輯之理的系
統不能得最後之圓滿者而得最後之圓滿；三、於只是一主觀意義之
無限者得一客觀意義之無限，即保證現實宇宙之無限而不息。復
次，吾人於經驗統覺，理解及智的直覺三階段皆可言「凡存在即被
知」（凡存在的是現實的）與「凡現實的是合理的」兩主斷。但在
該三階段中，即在認識心中，該兩主斷皆不能得最後而客觀之極

成。如不能得最後而客觀之極成，則「凡存在即被知」一主斷只有認識論之證明，主觀之意義，而不能有形上之證明，客觀之意義，而「凡現實的是合理的」一主斷亦只有認識論之意義，經驗的或隨時的之證明，而不能有形上的意義，先驗的或永恆的之證明。如是，吾人仍落於經驗主義或認識論之實在論，而永不能達到理想主義的理性論。是以為欲達到此兩主斷之最後而客觀的極成，吾人亦必須向後翻，翻至一絕對真實之本體概念。惟此兩主斷之極成是次要，亦是後果。假若前列三義能得證明，則此兩主斷即必然得證明。是以吾人只根據前三概念即可進行其關於絕對本體之邏輯構造。

第二節　本體內蘊之形式的推演

前說由現實世界之三概念向後翻，翻至一與該三概念相反之概念。此種向後翻之方式即是否定之方式。否定者即遮詮之謂。有時，否定只遮而不詮。現在既曰遮詮，則所謂否定必是既遮又詮。遮詮之否定即是否定現實世界之概念所示之相而反顯一與該概念所示之相相反之相。既反顯出一相反之相，則此相必姑定其有所隸屬之體。此體即吾人所嚮往之本體概念。此種否定方式，既是繫於理性之追求，必不能只遮不詮。否定「變化」一概念必預定「不變」一概念：變化的否定即是其反面之不變。有其反面之不變，即是有「不變者」之表。譬如：凡吃砒霜者皆死，對於死之否定便是其反面之「不死」，而「不死」一可能便是表。是以凡對於一有內容或意義之概念施否定，必有表。對於一有內容之命題亦然。設吾人根

據矛盾律而施否定，譬如對一分析的必然命題施否定，則所顯者乃此命題之必然性，及其矛盾方面之不可能。其矛盾方面既不可能，則即無所表。而此種依據矛盾律而施否定，其所顯示者乃只是依據矛盾律純用邏輯分析所決定之可能不可能及必然。此所決定者皆邏輯而必然者。如：一命題自身一致（不矛盾）是可能的；一命題函其自身之否定（假），則是不可能的；一命題之否定（假）即函其自身之肯定（真），則是必然的。此中之否定即無所表，其所示者只是矛盾律而已，而於存在方面無置定也。但此只對於一概念之矛盾不矛盾之形式的決定。吾人現在向後翻而預定一存在方面之概念，則無論所遮所表之概念固皆可衡之以矛盾律而決定其可能否，但吾人在此不作此步表示，而只對於一概念施否定足以引出一負項即足。吾人就現實世界中之三概念施否定引出一負面之概念即可反顯吾人所欲求之本體概念。譬如對變施否定，即引出一「不變」之概念。此不變之概念即是一負項，亦即是一種表。此種表乃最直接而邏輯者。至引用矛盾律而衡量其可能否因而作一形式之決定乃屬以後者。一概念固須先可能，然後可施否定而引出一負項。譬如「變」一概念必須先可能而可以為所與，然後方可以施否定。此種作為「所與」之概念，必須是事實上之所與。事實上之所與，吾人必須承認其為一事實上可能之所與，即至少事實上暫時不違邏輯之律令。吾人固可對一事實概念如「關係」施一解析而謂其不可能（自相矛盾），然此種不可能乃根據一種解析之理論或觀點而言之，非事實上如其為一事實而言之。吾人此時是如其為一事實而言其可能，就其表面不違邏輯律令而即視之為一所與，因而即據之而施否定。故此種否定乃最直接者。吾人非言純邏輯。在純邏輯中，

無事實之所與，故其所顯示者只是純邏輯之自己。今不言純邏輯，則必有事實之所與。既必有事實之所與，則即可施之以否定。既施之以否定，則必有一負項之出現。此負項之出現即是表。吾人追求本體概念，只用此方式即足夠。即只就現實世界之事實所與施之以否定即可反顯出一本體之概念。此種反顯曰邏輯之反顯，其所表者曰邏輯之表。邏輯之表即是吾人所說之對於本體概念之邏輯構造。蓋此種構造即是按照一種邏輯手續而只作形式的決定也。此種形式的決定所決定之本體概念是否能有真實性或客觀妥實性，但視其後來是否能滿足直覺構造之條件。但至少此種邏輯構造可作為決定本體之形式的線索。此種線索決不可少。是達到本體之理上的軌道。假若吾人能言本體，則本體必在吾人心思所及中。假若非心思所能及，則亦不必言矣。吾人既已言之，則必有言之之軌道：邏輯構造與直覺構造是揣思本體之雙軌。（本體或非吾人有限心所能盡其蘊，但不能盡其蘊，非云不在吾人心思所及中也。本體亦或可非概念言詮所能表示，然此亦非此處所云之非心思之所及。）

　　吾人順邏輯之表，當有以下之置斷：

1.00　變之否定是「不變」：吾人預定「不變」一謂詞隸屬於「不變者」。此「不變者」即是具有不變一謂詞之本體。

1.10　無常之否定便是「常」：本體具有「常」一謂詞。

1.20　因「不變」故無時間性。變者有時間性，不變者無時間性。

1.30　變者為緣起事，不變者非緣起事：本體非一件事。

1.31　事有材質，總之曰物理的。本體非事，故無材質，非物理的。

1.32　因無材質，故亦無潛能。潛能與永恆一概念相違。因為潛能

即是或者能在或不能在之意。而或者能在或者不能在，便是
有變化。變化便有時間性，便非永恆。所以由永恆亦可知本
體無潛能性。本體是永在。

1.33　因爲無潛能，所以無被動性。

1.34　無潛能無被動而又永恆之本體必是純動、純型、純現、純
能。

1.35　因此，本體必非物質的（或材質的）。非物質的，吾人此時
預定其爲精神的，或神靈的。此「精神的」即以純動純型而
規定。

1.40　本體既非材質，亦無潛能，故無任何組合。因爲組合之反面
即是分解。凡緣起事可分解，凡有材質有潛能者可分解，而
本體非緣起事，無材質，非潛能，故不可分解，因而亦不可
組合。復次，每一東西若是組合者，則必含有潛能與現實。
因此爲歧異之本故。一堆物體，若一切皆現實（或實現），
則只能形成一堆，而不能形成一眞的統一體（組合體）。是
以純型純現之概念根本是非組合的。凡言組合必有異質之
歧，今純型純現只是一同質之同，獨個之獨，故不含有組合
也。

1.41　因此，本體必是單一的。

1.42　因爲是單一的，故不含有外力以安置於其上之東西，或外於
其自己之東西。因若如此，即表示本體是一組合。

1.43　本體亦不是一物體，因爲每一物體含有部分，且是組合的。

1.44　本體既不是一物體，故亦無空間性。空間性必預定有部分，
部分必預定有組合。時間、空間、材質、變化，俱非本體所

能有。

1.50　本體之體性就是其自己（它是它自己之體性）。任何事物若
　　　不是其自己之體性，則即是組合的。如果一個東西若它不是
　　　其自己之體性，則外加於其上之某種東西必然被發見。此即
　　　何以在一切組合物中，其體性不過是其組合之一部之故：此
　　　如人之體性之於人。

1.51　因此，一切組合物是理與氣之合。假定理是此組合物之體
　　　性，則除此體性外必然有其他，而理不過是此組合物之一
　　　部。然本體並非組合物，它又無潛能無材質，依是本體必
　　　只是一個理，或純理，即純型純現之謂。凡只是一純理純
　　　型者，其體性就是其自己，它就是它自己之體性。

1.52　如果本體就是其自己之體性，則本體亦即是其自己之有。
　　　（即存在。）（本體之有即是其自己。）凡一組合的材質
　　　物，它若有其存在，而其自己又不是其自己之存在，則其
　　　存在必因外於其自己之某物而始然。譬如人之性不含有人
　　　之存在，而人這一材質物若有其存在，必因外於其自己之
　　　某物而存在，而其自己決非其自己之有（存在）。本體是
　　　其自己之體性，如果它不是其自己之有，則必因別的而為
　　　有，而不是因其體性而為有。如是，它除其體性外，必有
　　　其他事，依此，它必為組合物，亦不復是本體（元有）。
　　　但此為悖理，故本體不惟是其自己之體性，且亦是其自己
　　　之有。

1.53　依此，在本體中不能區別其體性與其有（存在）。此兩者為
　　　同一。它為純理，同時亦即為純有。而且其有亦就是其自

己。〔案：此條是關鍵。吾人不能以考慮有限物之態度而考量本體之存在或不存在。或曰：吾人不能區別本體之體性與其有，是就本體之本性而言之。但吾人仍可外於本體而問曰：如是如是之本體究有存在否，即究竟實有否？在西方，凡欲作上帝之證明者皆自此立場而言之。康德以為凡有證明皆不可能，其立言亦是自此立場而言之。吾人下文將明上帝或本體之存在（非「不能區別其體性與其存在」中之存在）是不能證明的。其體性與其有為同一，而此種之本體（即元有）究有否，吾人不能證明之。是以證明之之問題，吾人可轉之為一直覺構造問題：即如是如是之本體究能直覺否？吾人現在只說邏輯之構造。即，自眼前邏輯之表言之，所得之如是如是之本體，其本性就是其體性與其有不能區別者。討論其證明問題，亦不是說其體性與其有即可區別，而不可區別亦並非即不可討論其證明問題，而其證明問題亦並非討論一其不是其自己之有者而如何使之有一問題。是以其證明之問題實是一如何能直覺之而使之成為有實義之問題，並非證明也。由此一轉，吾人將不再討論其能證明否之問題，單討論其如何能被直覺之問題。〕

1.54 如果本體即是其自己之有，則本體中不含有任何偶起之事，即在本體中不能有因偶然之路而增加於其體性之物事。因為一個有，若因其自己而為有，則不能自外而得一不從其體性中而引申出之任何物事。依此，本體中一切東西，即**本體之體性，一切皆定然而必然者。因本體之體性即是其自己故。決無有偶然者忽然參其內而不自其體性中引申出**。〔案：此

條亦甚重要。如果如是如是之本體流注貫徹於一切現實緣起中，則此現實世界若自本體而觀之，則亦必一切皆必然而定然，而且亦必一了百了者。惟本體與現實世界之關係為如何，尚未論及。故此諸函義，暫置不論。〕

2.00　本體既非材質，又無潛能，故本體必為非物質的。此非物質的，吾人以上曾定其為神靈的，或靈明的。此「靈明的」即以純理純型純動純能而規定。純動言其非如物體之動，純能言其非以氣質之器官為媒介而能。是以其動其能只是潛能或材質之剝落，從正面說，亦只是一個靈明之呈現，其動其能即因靈明之全潤而為言。

2.10　因其為靈明的，故亦為智的。本體之智，名曰神智。本體之神智等於其體性，以其智即等於其自己。本體是全幅之智，而此亦即其全幅之體性。

2.11　因神智故可言知。本體之知曰神知。知是一理智之有之活動。有時，一物之活動可以傳到另一物，外於其自己之另一物。如熱之活動可以傳到被熱之物。但知之活動只保留而內在於其主體。可知之物或可理解之物不因其被知而有變動，但理智卻因此被知者而成功其活動與圓滿，即智因知之動而彰著。神智因神知而彰著。但神知之活動亦是保留而內在於其主體。內在於主體，故全幅是智，即全幅是知，亦即全幅是動能之靈明。故本體之知亦等於其體性。神知是如如地知。

2.12　本體之智之知其自己是自知，亦即自明自了。自知者即其自己之徹底無漏之全幅透露，非其自身可破裂為能所也。本體

對其自知之知言，本體是可理解的。其為可理解是在其自身
而且因其自身而為可理解。因一切東西之可理解性即是其非
物質性（形式性）。本體為純理純型，絕無物質性，故為可
理解，而其可理解即在其自身而且因其自身也。故本體之可
理解性即同於其體性。本體之智之自知亦必如如地自知，圓
滿無漏地自知。

2.13　神智之知是如如地，而且亦必因而是直而無曲者。因其直而
　　　無曲，故其理解不同於吾人之理解，因而名之曰直覺的。

2.14　神智不但自知，且知一切，其知一切也，基於本體之無不涵
　　　蓋，一切現實存在無不以本體為之宰。假若有一物既是一具
　　　體存在而又不為神智之所及，不為本體之所宰，則此物即脫
　　　離本體而自立，而本體亦有所不能涵蓋者。假若本體有所不
　　　能涵蓋者，則本體不成其為本體，因吾人之要求本體正為一
　　　切現象故，正為整個現實世界故。假若有可以脫離本體而自
　　　立之具體存在，則本體即失其普遍性、無限性，因而亦不成
　　　其為本體。是以本體之力量無不達，而凡有存在必在神智
　　　中。神智之知一切即基於本體之力量之無不達。

2.15　神智之知一切即等於本體之力量之無不達，而如是如是之本
　　　體之力量即等於其自己。依是，本體在其如如地自知中，亦
　　　必同時即知每一其他東西。本體之知一切並非使其依於任何
　　　一有限物上。本體並不固定於某甲或某乙。本體在其自身中
　　　看自己，同時亦即在其自身中看一切。並不在一切中看一
　　　切。

2.16　以上由本體之自知分析出本體之知一切。然本體之知一切並

不只是在一超然之距離上看一切。其在超然之距離上看一切，是認識論的知。但本體之知亦可以是本體論的知。本體論的知是神智之主宰性。此則內在於一切而潤澤之而主宰之。自本體論的神智之知言，則神智內在於一切而知之。雖內在於一切，然不破裂其獨一性。一切現實存在皆以神智爲之主，即皆存於神智中。現實存在有各別散立之一切，而本體無一切。本體內在於一切而主之，並不因現實存在之散立而破裂。月印萬川，而月只一。是以物物一太極與統體一太極，一也。只措辭之觀點異耳。

2.17　自本體論的知言之，本體之知是分別地知一切。自認識論的知言之，本體之知是總持地知一切。總持地知之是在其自身中看一切，分別地知之是在一切中主一切。看一切，是神智之光之超然地及；主一切，是神智之光之內在地及。其所以能超然地看一切，正因其內在地主一切。一切在本體中，即是一切在本體之神智中被發見。而一切在神智中，始爲可理解，是即一切在其可理解之形式下在神智中被發見。是以在本體，其認識論的知與本體論的知爲同一，而此亦即是其自己。惟分別言之，特性有殊。

2.18　本體之智是實現原則或具體化原則。神智如水銀瀉地，無孔不入；如雨露然，萬有無不在其潤澤中。潤澤之即是貫注之，貫注之即是實現之。乾以易知，坤以簡能。此個簡易的知能就是實現原則，乃妙萬物而爲言，此其所以爲神智也。如果神智是實現原則，則無有既是現實存在而又脫離本體而自立者。脫離本體而自立即等於非現實非存在。依此而言

「凡存在即被知」、「凡存在即現實」兩置斷之極成。

2.20　因本體為靈明的，故亦有意。本體之意為神意。神智等於本體之自己，神意亦等於其自己。神智如如地自知知他，神意亦如如地自意意他。神智之認識論的知，無論自知或知他，皆是神智之光之照射或朗潤：自照而照他，自明而明他。神智之本體論的知，則隨神智之光之所照所潤者而即為之主為之體。神智之光必然照射，而且其照是如如地照。既必然而如如地照，則必然通於物為之主為之體而具體化之實現之使之為一現實之呈現。神智之超然地看也，是如其所看之一切之必順神智之所看而看之；其內在地為之主也，是如其所主之一切之必順神智之所主而為如是如是之呈現而主之。是以其看其主，單就神智之作用言，是是其所是而看之，是其所是而主之。神智所及為「是」。但在本體，是與應為合一。是其所是必即是其所應是。是與應一，則真與善一。是以神智所及之「實是」，即是神意所及之「應是」。應是即為善。是為智及，善為意及。智及為是，且為應是，故智及同時亦即意及。因意及而說神意。

2.21　在本體，是與應為一，故智與意為一。本體之智即是其自己，本體之意即是其自己：智與意俱是本體之體性。本體即是其自己之體性，所以亦即是其自己之智與意。

2.22　本體自知，故亦自意；本體知他，故亦意他。自意，故本體自身為至善；意他，故其他一切亦至善。惟其他一切之善是因至善之本體之流注而為善。本體是善自己，而其他一切則只是善的。

2.23 神智與神意雖一，而分別言之，則神智之知是通徹事物之脈
絡，曲盡其奧秘與繁賾，清晰之義勝，了別散開之義勝；而
神意之意則獨成一物之爲一物，個體之義勝，攝聚之義勝。
意之所及必爲殊物。意淵然有定向，存主於中而見獨。本體
之自意，則本體之自存自主而爲獨；本體之意他，則本體之
他存他主而使之爲一獨。

2.24 本體自意即意一切，此亦類比神智之超然地知而說。然其超
然地意同於內在地意。本體爲一切現實存在之主，萬物皆在
本體中而可理解。其所以在本體中而始爲可理解，即因其形
式性或非物質性（此即其可理解性）之必因本體之流注而始
然。是以萬物之可理解性即因萬物之不能脫離本體而爲如是
如是之呈現，故萬物之可理解性（形式性）即全部函藏於神
智中因而亦帶進於本體之體性中。故本體自知即知一切，因
而其自意亦意一切。超然地知正因內在地主，故超然地意亦
因內在地意，而在本體，此兩種知一，故兩種意亦一。惟超
然地知與超然地意是自本體總持地說，而內在地知與內在地
意是自本體之爲萬物主而散開地說。而若本體爲實現原則，
則兩種知，兩種意，必一也。

2.25 神意自意是如如地意，其意他亦如如地意。如如地意即必然
而定然地如此意。在神意中無選替，無可能。因如如即選替
與可能之否定。如如地意即本體之體性之不容已地放射其光
輝，其放射其光輝乃從其體性中必然而定然地如此如此放，
並無可以如此放亦可以不如此放之交替性與可能性。或以爲
本體之意有絕對之自由。其自由即寄託在神意之不必拘定如

此之放射。它可以如此，而不必如此；它可以以如此如此之律則管轄吾人之世界，亦可以不用此套律則管轄吾人之世界；它可以創生吾人眼前如是如是之現實世界，亦可以不創生之；它有無限數之可能世界，它不服從任何必然律則而必然如此。假若不承認其有無限數之可能世界，它必服從一必然律則而必然如此。如果它服從一律則而爲其所逼迫，則神意必不自由而即非神意。欲顯神意之自由，故必承認其有交替性與可能性。吾人以爲如此論神意，殊不合理。如此論意，是謂「隨意的意」，非神意也。如果神意可以如此亦可以不如此因而謂其有絕對之自由，則神意乃是打旋轉而有隱曲者。如果神意有隱曲，則神意即不能如其體性或盡其體性而窮盡無漏地放，不容已地無限制地放。是則雖因隱曲而顯示其自由，亦正因隱曲而顯示其不自由。如果神意有無限數之可能世界而不盡實現而單實現某一個，則神意亦爲有隱藏而不盡。不盡亦爲不如其體性不盡其體性。不如其體性，則其意之活動有在其體性以外者，是則必有外加於其體性而爲偶然者。然本體中不能有不如體性之偶然者。不盡其體性，則其體性爲有額外者，或有隱藏者。如有額外者，則其體性爲無用，爲非體性，因而即爲非此本體也。如有隱藏者，則本體亦有曲。如有曲，則本體自由而不自由：何以既爲神意之所欲而又不實現之耶？其單實現此而不實現彼豈不因一理由故而受此理由之限制耶？此理由如爲善或最好的可能，則神意中豈不亦有不善耶？如是則神意何以能爲全幅之至善？神意何以能爲即是本體之體性？是以神意決無交替性，亦無

可能性。並非言神意只許如此不許如彼，乃言神意自身，因其即是本體之體性故，不能有如此如彼之交替與可能。它根本無彼此之別。它只有如如地如此如此，窮盡無漏地如此如此，不能有虛的外乎此。它至大無外，故只能如此，不能有彼。它是一無限的如如，故只能有此實，而不能有彼此之虛實。是以神意是如如地意，其自由亦是如如的自由，而不是交替或可能之自由。如如的自由是順其體性盡其體性而行動。順其體性而行動，則自由與理性合一。順其體性而動，並非依一外在之律則被迫而如此。只是順其體性如如地而如此。其為必然而定然之如此，亦惟順其體性故。吾人之現實世界誠然創生不已，變化無窮，然不能因此而反定神意為交替的自由。

2.26　來布尼茲以為有現實的偶然，有可能的偶然。而可能的偶然之被規定出，只因現實的偶然之反面不矛盾。如「吃砒霜死」為一現實的偶然，則不死亦並不矛盾，因而亦並非不可能。既非不可能，則即為一可能矣。現實的偶然之所以為現實，因有充足理由故。而使其為現實之充足理由則以善或最好可能來規定。而可能的偶然，既為一偶然，則亦有充足理由以明之。而此充足理由則只以心理意義之意欲來規定。凡是可能，皆為主體所意欲。雖所意欲，而單實現此而不實現彼，則必以最好可能之充足理由而明之（此為道德意義之充足理由）。在上帝方面亦如此說。上帝有許多可能之世界。每一可能世界皆為其所意欲。其所以能意欲，正因其所意欲者不矛盾。於許多可能中，單實現此而不實現彼，正因此為

最好可能者。然不最好可能亦並非不可能。是以有許多可能
世界也。現實的偶然世界，其充足理由爲善（最好可能）。
而善本於上帝之善行。然上帝之善行並非必然者。蓋較差一
點並非不可能。如不必然，則偶然之善行亦須充足理由以解
之。其充足理由當即是上帝之善性。但來布尼茲不願承認上
帝之善性爲必然。蓋如其爲必然，則其善行亦必然，依此必
落於斯頻諾薩之定命論。但如不必然，則其善性復須充足理
由以解之，此犯無窮後退過，甚爲悖理。是以不得不承認上
帝之善性爲必然。如其善性爲必然，則其善行亦必然。如其
善行爲必然，則「可能的偶然」即不可能。來布尼茲所以陷
於悖理之困難，正因其以交替可能說神意之自由，而以矛盾
律之方式表出之。夫可能的偶然之表出，只因就一現實偶然
施否定所成之反面不矛盾。是以其表出，唯以矛盾律而衡
量。此只是一種邏輯之決定。邏輯之決定，其理由只在矛盾
律。如此所決定出者只在邏輯世界中有地位，而在存在世界
中無地位。它只是邏輯域中之物事，而非存在域中之物事。
其理由只在矛盾律，即不須充足理由以解之。由邏輯決定而
出者只須邏輯理由以解之，不須作爲存在理由之充足理由以
解之。是以可能偶然只在吾人之邏輯思考中有之，而在上帝
自身則無此交替之多端也。如以矛盾律之方式表出上帝有許
多可能世界，則吾人亦說只有邏輯理由，而不須有充足理由
以解之。蓋此許多可能，只在吾人分上援用矛盾律於上帝而
決定出，而上帝自身不必眞有此許多可能也。如吾人眞引用
矛盾律於上帝，則有如此如此之上帝，亦可有不如此如此而

如彼如彼之上帝。蓋不如此如此之上帝亦並不矛盾也，因而亦爲一可能之上帝矣（是則上帝爲偶然）。此成何話說？是以來布尼茲之可能偶然說及上帝有許多可能世界說乃爲不可能者。如果上帝之一切皆如其性，則一切皆如如，即無有「可能」之可言，而引用矛盾律以表可能亦不得施於上帝之上矣。蓋一切皆如如，即皆必然而定然，則即可一方說上帝無反面，一方亦可說其反面不可能，即自相矛盾而上帝即不是上帝也。如不自矛盾律之方式而表出，而自交替之自由以明上帝可意欲此世界亦可不意欲此世界，則如前駁。是以神意必爲如如地意，其自由亦必爲如如的自由。蓋唯如此，方可救住上帝之必然性，而遮撥其偶然性。（此雖言上帝，通於吾人言本體。）

2.27　在中世紀，雖如聖多馬之理性主義，亦不能於上帝有善會。他以爲，上帝之意志並不服從任何必然性。神善是無限的完整的。全部創造不能增益其善性之一毫，即使上帝不傳播其善於任何有，亦不減少其善性。是以被造之萬有不引進任何必然性於上帝之意中。上帝只必然地意其自己之善，而此善不因創造之存在而增加，亦不因其消滅而減少。他可以表現其善於現實的存在物及現實的秩序中，他亦可以表現在另一種被造物乃至其秩序。現實宇宙只是事實上存在的最好的，而不是唯一可能的最好的。降至頓·斯考塔司，以其過分重視意志自由，言之更離奇。神以其自由動作創造宇宙。他也可以不造。其意志不必服從較高之原理以必須造宇宙。其自身即是神性動作之最高原理。宇宙存在決非必然之結果，乃

是神的自由意志之自由結果。神所能造的決不只是他所已造的，他所已造的決非他所必須要造的。神並不將其所能造的全造了，他所造的只是其所希望實現之世界。但亦並非最好可能之世界。此輩神學家，欲抬高神之超越性、偉大性，故賦予以極度之自由，而遮撥其任何拘束性。上帝自不受任何之拘束。然如彼等所言之神意之自由實足以減殺其尊嚴。此種極度之自由實只成隨意之自由。上帝何如此之不莊重，而隨意揮灑耶？此誠自由矣，然如太無聊何？隨意之自由適成以萬物為芻狗之自由。此固自由矣，然與其善性必相違。聖多馬亦知善天然傾向於傳播其自己而超越其自己。善之特性即是傳播其自己於其他的有。至善之上帝亦如此。傳播其自己只是表示一無限的有之無限的豐富性。但既知善必傳播，則上帝為至善，何能容已其傳播？至善之傳播必如其性必盡其性，何可言上帝可以傳可以不傳？上帝為何一定創造此宇宙？若在外面觀上帝自可如此問。而上帝既是無限的，絕對自由的，自可不服從任何必然性。然而立於神智神意神善，總之神之體性上說，它超越理由不理由之外，它不接受為何不為何之問。上帝無有如此或不如此之交替性。吾人有之。自由選擇固可表示其自由，不服從任何必然性。然而上帝之自由不在交替中。人之選替，雖可表示自由，實則含有不自由。上帝之選替，即使不與人同，全是自由，然一說可如此可不如此，他即是有造作的。可如此可不如此，雖全自由，不妨其有理由。此理由若在外，上帝受逼，若在內，他自我分裂，分裂而為可不可。上帝自身超越乎可與不可。他是他

自己之有，自己之性，自己之智，自己之意，自己之善。他就是如如。而且只是如如。如是如如，他之傳播其善亦是如如。而且一放一切放，決無隱匿；他是全幅呈現，決無隱藏。他不是在那裡打旋轉的自由，而是只是如如的自由。他內無曲屈，外無限制（無論他限或自限）。所以他若是放了，他就是放了。你說：他是無盡，並非一洩無餘。我說：他是無盡的藏，他就是無盡的放。他自身的無盡藏是如，他自身的無盡放亦是如。既是如，他超越可不可，理由不理由，必然不必然：在他，自由與必然不相對，自由不因不必然而顯。他全幅是如如之智，如如之有，如如之性，如如之意，如如之善，如如之自由，如如之必然：是以他的必然亦不因不自由而顯。在他，一切皆是如如之呈現，所以他不能有可如此可不如此；亦不能說現實宇宙是事實上存在的最好的，而不是可能的最好的，因上帝無可能。若有可能，他內部有曲屈：他實現了一個，還可以藏著一個。他藏著一個，可以實現而未實現，他為何不實現？他自由。他誠然是自由。然而他是如如的自由。如如自由中無曲屈，無可能。若說他可以實現而有自由不實現，是即引進曲屈於如如中，依是，他即不自由，不如其性也。在人看之此似乎已自由，然而須知有如如之自由。上帝是如如之自由。上帝是必然，其放射（傳播其善）亦必然；然而是如如的必然。他固然現成不增減，然而是如的現成，如的不增減。吾人不能說假若他不創造亦不減少：他沒有這個假若，並非說他可以減。他必然地造，然而是如的必然。此「如的必然」便是其善性之不

容已。〔案：以上所言是順西方言上帝而來者。彼雖言上帝，亦須改正，以不如理故。斯頻諾薩言上帝（本體）實有其善會處，雖不盡，然不犯此處所提諸人之弊。至西方言宗教之上帝，其對世界之關係，必言創造。康德以後之哲學家，則已脫離此痕迹。在吾人系統內，本體與世界之關係究若何，此處暫不討論。然順吾人此處所表之本體，必可純邏輯地推得之。此邏輯地推得之，亦曰邏輯之表。見下。〕

2.28 神意與神智同，亦爲實現原則。神意與神智皆表示本體之非物質性。故能爲實現原則者必非物質的。非物質的，吾人前已定其爲精神的。故只有精神的始能爲實現原則。此來布尼茲必言心子，巴克萊必以上帝代物質之故也。此精神之本體，吾人名之曰心。此心以其爲本體故，名曰形上的心，或道體的心。惟此處所言，只是形式地如此言，蓋順邏輯之表而然也。至其切實義，必轉至直覺構造始能明。

2.30 此精神的本體亦即是理。吾人已言本體無潛能，非材質（亦言物質），因而必爲純理純型。此純理純型即此處所言之理。此理即是本體自己。本體通體是個理。

2.31 本體通體是理，亦通體是心。在本體心與理一。心理合一之理名曰神理。神理並非是一個乾枯的空架子。前言神智自知自明。其所以能自知自明是因其自身即爲可理解的。其所以爲可理解，即因其自身爲純型，爲非物質的。凡非物質的，在其自身而且因其自身即爲可理解。一有限物之可理解性，單在其非物質之形式性，此就是此物之理，亦就是其意義。純物質自己無理，亦無意義。故亦不可理解。現在本體爲純

理純型而無物質性，故在其自身而且因其自身即爲可理解：
理等於本體自己，可理解性亦等於本體自己。而理與可理解
性亦同是本體之體性，因本體即是其自己之體性故。神智自
知自明即是將作爲本體之體性之理全幅呈現，是以其自知自
明必是如其性而圓滿地，窮盡無漏地知與明。然而神智神意
俱是本體之體性，亦就是本體之自己，並非以一智來知一
理，以一意來及一理，名言有分裂，而在本體無智與理之分
裂，無意與理之分裂。是以本體之智之自知只是明本體之體
性之朗潤與呈現，而體性之朗潤與呈現就是本體之爲理之呈
現。故理與智滲透交融而爲一事，亦即心與理爲一事也。心
言其朗潤，而理言其韵節。

2.32　心理滲透交融而爲一事之理，不可以孤離而爲一只是理，即
不可以抽象而視之爲一抽象之共相。一有限物之謂詞可以抽
象之而爲一共相，但本體之爲理不可視之爲抽象之共相。假
若共相之意爲普遍者爲永恆者，則本體之爲理亦得爲普遍者
永恆者，但此普遍而永恆爲具體之普遍而永恆，因而其爲共
相亦只可說是具體的共相。抽象之共相有層級之別，層級愈
高者愈普遍，愈普遍者愈貧乏，愈空洞。而具體之共相則無
層級之別，因而亦無貧乏豐富之較。具體之共相只能從本體
上說。抽象之共相則必須從萬物上說。後者須以辨解之理解
（人心者）遇，前者則須直覺之冥契以通之。故具體共相，
在本體上，都是滲透交融而不可孤離之抽象之以爲一定之概
念者。神智神意神理神性皆具體之共相，故總爲一事。彼既
爲具體之共相，無層級之別，無貧乏豐富之較，故說一時即

說一切，說一切時亦即說一。說大，則充塞宇宙，彌綸六合；說小，則退藏於密，孤總於一：而在此，一即是宇宙，宇宙即是一；小即是大，大即是小；而本體不虛懸，蓋未有不充塞宇宙者，所謂退藏於密，孤總於一，亦姑妄言之耳：是故可說小即是大，大即是小也。〔若自工夫上說，譬如盡心知性知天，則具體共相可逐漸擴大，愈擴大愈豐富，直至與天合德，則其豐富即充其量，而與本體爲合一，同爲充塞宇宙者。自此言之，似有層級之別，然亦與抽象共相之層級愈高則愈貧乏者不同。若自本體言之，則此擴大之層級亦不可說。自工夫言之，固亦有即工夫即本體之義，但此自質上或內函上說如此，而工夫之擴大，人格之深遠，總不可謂無也。〕

2.33　神智自知即知一切，神意自意即意一切，故神理自呈即呈一切。此自呈即呈一切，亦爲超然地言之。適言本體不虛懸，則超然地函攝一切亦未有不內在地主宰一切也。本體之力量無不達，一切現實存在不離本體而自存，故智及意及，理亦及。神理亦爲實現原則。至乎理及，則「邏輯之理的系統不能得最後圓滿」者至此即得其最後之圓滿。而邏輯之理的系統，因智及意及，至此亦轉化而爲道德之善的系統矣。而凡存在即被知（觀念性），凡存在即現實（現實性），凡現實即合理（合理性），至此亦得其客觀而形上之極成。

2.34　本體之爲理，大之則充塞宇宙，一呈一切呈，非言萬萬個體之所以爲個體之理盡在本體中，如桌子之理、樹木之理等等，盡在本體中。蓋如此，即破裂本體之單一性。神智自知

即知一切，亦非將桌子之理、樹木之理等等，於自知知一切中，帶進本體之體性中。蓋如此，亦必破裂本體之單一性。本體之體性，所有具體共相既盡滲透交融而不可離，則言神理中即無樹木之理亦無不可。本體中既無個別的個體之理，何以言一呈一切呈耶？何以言自知即知一切耶？此蓋可如此說：即，本體為實現原則，是則一切現實存在皆不離本體之貫注與主宰，依此，本體之為理必為最基本而普遍之理：萬物皆在此理之條貫中而後可自足，而後可理解。然就此而言一呈一切呈，乃除本體自身及萬物必依本體之最普遍的意義外，別無所知。而萬物個體之為個之理仍不得在本體中盡知也。於此，若進一步，則如此說：個之為個之理雖不在神理中，而個之為個之理，以及此個理中種種特殊之理，要能如是如是為個之理，如是如是為個理中種種特殊之理，亦必待神理之貫注而始然。然此所言仍是萬物必待於本體貫注之為條件義。是則一呈一切呈，自知知一切，所呈所知者仍是此最普遍之條件義也。若於此仍不滿意，則須進而如此說：神智知一切，神意意一切，而神意自意，則本體為至善，至善之傳播放射乃不容已：萬物分殊，皆由至善之傳播，是則彼彼個體皆非現成置於此而待將其個理如何融於神理中，而是彼彼個體皆為至善之放射，統於本體之創造中。至善必傳，則神意必意。神意淵然有定向，向之所在，智亦及之。智之知必有可理解性為其所知，所知所在，神理赴之。意與善及之，智與理定之。猶如匠人之造器具，其心中靈感起處即為其所造物之理：個理之在匠人心中，只是其心中「妙用之方

式」。而種種妙用之方式之在匠人心中，並不破裂匠人心靈之單一性，然而萬萬個理悉由此出。假若現實世界解之為統於本體之創化中，則創生萬物之本體，其函藏萬萬個理亦猶妙用方式之在匠人心中也。惟在人心則有造作，而在神心則無造作，為如如的。（雖如如的，但既為心，總不免一動。此動為神心之動，非人心之動也。鄧定宇云：畢竟天地也多動了一下。此語可助一解。）依是，萬萬個理，乃至個理中種種特殊之理，一是皆由神意神智神理之妙用而放出：是以自知知一切，自呈呈一切，而亦並不破裂本體之單一性也。惟其妙用方式一經落下而成個理，如樹木之理，則不復可言藏於本體中也。若知此萬物之本體論的根原，則自眼前認識心之所對而言，則凡已成之個體亦可說其皆模倣神理之妙用方式而成，其個理皆為妙用方式之固定化。（若云：本體何以不憚煩，動出如許之方式，則曰：吾人解析現實宇宙必須推至本體，則自本體方面說，本體只是如是如是動，因其如是如是動，故有現實世界中如是如是之個體。此只可說到此，不必再問矣。）此種本體妙用而為個物之理，可自王陽明良知之發為意，意之所在為物（行為）而明之。如此則不難索解矣。惟在此則只是邏輯地言之。如此而言，則必須善會至善之傳播性，萬物統於本體而在本體之創生中，本體之體性不只理而且亦是心，不只靜，而且亦是動（純動、靈動）。惟此單自本體方面言，只是從理上作形式的陳述。若落實際，尚須其他之根據。此當在〈宇宙論的構造〉中言之。

2.40　本體是靈明的，故可言心。以言心，故可言動。此動爲神動。以動，故可言能。此能爲神能。（《易經》言乾以易知，坤以簡能。乾坤分言，不免落於陰陽分工。或至少分成兩個不同的原則。順良知教，言乾坤知能，則未分成兩個對立之原則，只是一個天心之知能：知能合言，不分言也。此處亦合言。順此下去，所須順正者甚多。）以能，故可言氣，此氣爲神氣，亦曰心氣，或靈氣，非物氣也。前言材質的，或物質的，或潛能的，皆言物氣也。此處則言心氣。神能神氣，純以神動定。此動不與靜對，故亦不可孤離而抽象之爲代表一定概念之共相。神能神氣亦然。能只是本體的體性之全幅爲主動性。西人說上帝爲不動之動者，即依此義而說神能。神氣則只是本體的體性之全幅的靈明之鼓舞與渾圓之韻節。《易繫辭》曰：「鼓之舞之以盡神。」即依此義而說神氣。本體即是其自己之能，其自己之氣。此能此氣亦不可孤離之而作抽象之共相。其與神智神意神理神動俱爲滲透交融而爲一事之「具體之共相」。此皆即是本體之自己。

2.41　此滲透交融而爲一事之「本體之體性」，若可以陰陽言，則心爲陽，理爲陰，意爲陰，智爲陽，知爲陽，能爲陰，動爲陽，氣爲陰：但皆可反之，陰即是陽，陽即是陰，而究不可以陰陽論，更不可陰陽分言也。以動靜言之，亦如此。總之，此是本體上事，非生滅中事也。

2.42　言神氣正明本體非死體，亦明其爲具體。物氣有質礙，神氣無質礙。孟子言浩然之氣爲配義與道，至大至剛，集義所

生，非義襲而取。此固指吾人之修養言，然其為氣配義與道，至大至剛，則即氣與道融，即道即氣矣。在本體而言氣，亦如是。本體為至善，善必傳播而放射。神氣即實現其傳者。神智與神意為本體靈光之照射，為實現原則，而神氣則成功其照射，成功其為實現原則者。本體之理統貫一切，而神氣則將其統貫送達者。自本體本身言，神氣使本體為具體者。此氣為永恆而普遍之氣，與理智意同其為永恆而普遍者。神氣周流潤徹於本體之體性中，則本體始為真實無妄之本體。然適已言之，此氣無質礙，實不可視之為一抽象之共相。故此氣亦就是本體之自己。融於一而言之，則本體即如一瑩徹之露珠。因而肫肫其仁，浩浩其天，淵淵其淵，溥博而時出，故可達之彌六合。

2.43 此氣與朱子言理氣之氣異，蓋此處所言之神氣只屬於本體本身而成就此本體者。亦與朱子承周濂溪而言太極有陰陽，太極動而生陽，靜而生陰，一動一靜，互為其根，云云異。朱子由此而言至五行，純為宇宙論的演化者。吾言本體之神氣，雖成功至善之傳播，乃至亦言溥博而時出，然皆屬本體自身者，不函宇宙之演化義。由太極而陰陽而五行，迤邐而化生萬化，此純為流出之宇宙演化論。此義甚壞，吾所不取。吾義詳陳，見下〈宇宙論之構造〉。

3.00 本體不但是單一不可分，而且是獨一無二的。因為吾人順現實世界向後翻，只能翻出如是如是之本體。在所翻出之本體一方面不能有交替。其所以不能有交替，因吾人所認識之由之以翻之現實世界之特性，在認識心之接遇而控制下，只能

是如此而不能是其他。現實世界可以完全變個樣，但正因其可以變，而吾人即就此變而翻出一不變。現實世界在吾人感性知性之外，也許是另一個樣，但既在吾人感性知性之外，吾人即不能知其是什麼，因而亦不能說什麼。而不能說什麼之現實世界（此詞無意義）實不是吾人之現實世界，而與之相翻之本體（此詞亦無意義）亦不是吾人所要求之本體。依是，認識心及其所接遇之世界是吾人唯一之標準。而若吾人之世界繫屬於認識心之接遇，世界不能離認識心而妄言，則吾人即以如是如是之認識心為標準。而如是如是之認識心暫時即是邏輯之必然的。所謂邏輯之必然，即衡之以矛盾律，它不能不如此。如其不然，它便不是吾人之認識心。如是如是之認識心而不是如是如是之認識心是自相矛盾者。所謂暫時者，此種邏輯之必然須有一形上之必然以保證之，即認識心自身並非形上的必然者。蓋知性感性亦是現實世界中之存在，它很可以不如此。在未說形上之必然前，吾人只說暫時的邏輯必然性。假若暫時的邏輯必然性一旦變而不必然，則吾人即根據另一種知性感性向後翻。假若另一種知性感性不足以使吾人向後翻，則即無根據可以翻而不翻。假若並無另一種知性感性出現，則根本不用說。然而無論如何變，吾人總有根據（除不用說）以判斷吾人之本體。眼前之認識心可以為根據，足使吾人向後翻，則眼前之認識心即是唯一之標準。既是唯一之標準，則由是而翻出之本體不能有交替。依是，本體必一。

3.10　假若由此標準而翻出之本體有兩個，則可問曰：此兩本體有

別無別？假若有別，必有一個不是本體。因吾人所翻出之本體，其特性皆窮盡無漏滲透交融而為一者；假若有別，必為一窮盡無漏，一不窮盡無漏，而彼不窮盡無漏者，如來布尼茲所說之上帝善性不必然，較差一點亦可能，則本體為偶然而不復是本體。如為偶然而非本體，則彼仍為翻出本體之根據。是以本體不能有別而必是一。假若無別，而全相似，則既為本體，吾人即無充足理由以安排此兩全相似之本體，而若有充足理由以安排之，則有更基本於彼者，而彼不復是本體。是以假若無別，則不能有二。二者只空名耳，並無實義。

3.11　就無別言，此即來布尼茲「無異同一性原則」之應用。無異同一性，在本體方面，是邏輯地必然的，即邏輯上不能有兩個全相似之本體。假若有之，則本體不是本體而自相矛盾。根本乃在本體不能有二。

3.12　無異同一性，在現實世界上，無邏輯必然性。根本乃在現實世界可以有兩滴水，兩個人。而兩滴水完全相似並不矛盾，因而很是可能的。但依來布尼茲，正面雖無邏輯必然性，而負面卻有形上必然性。即假若有兩滴水完全無異，則上帝無理由單如此安排之，而不如彼安排之。此意函說：兩滴水完全無異乃根本不能實現者。從現實存在方面說，現實地不能有兩滴水完全無異，雖邏輯地可以有。假若本體為實現原則，則在本體所統馭之世界中，無異同一性是形上地必然的。然而人心之邏輯思考總可獨自馳騁其遊戲，而決定出一純為非存在之邏輯域，以及此域中之邏輯可能。此邏輯域以

及其中之可能，只繫屬於人心，不繫屬於本體。其所以繫屬於人心，單在人心所接遇之現實世界有綜和命題。其所以有綜和命題，則因現實世界不只有理，且有現實的事。理可以爲「非存在的」，無時間性，而現實的事則不能不有存在性及時間性。綜和命題去不掉，邏輯域亦去不掉，而無異同一性總無邏輯必然性。

3.13　若自本體至善之傳播言，則現實世界之綜和命題正由於本體之創造性。依是，人心之邏輯域乃爲本體之創造性所啓示，或云：本體之創造性經由人心之曲折，遂倒映出一邏輯域。是以邏輯域乃本體之創造性經由人心所投射之影子。本體自身無此影子。而此影子亦終古不退。然彼決無實性。是以決不可爲此尋覓充足理由。來布尼茲於此名曰可能偶然，而與現實偶然等量齊觀，因而且就之以言其充足理由，誠爲謬誤。〔關此，將詳言之於下〈宇宙論之構造〉中。〕

3.20　本體是獨一無二的，所以亦是必然的。惟獨一無二有邏輯必然性，而其爲必然的，則隱指其形上必然性言。然順邏輯之表，則只有邏輯要求上的形上必然性，而尙無直覺構造中之「形上必然性」。所以此形上必然性，在認識心方面，只是邏輯地如此說。

3.21　因爲獨一無二，又是邏輯地「形上的必然的」，故本體不是一「個體」。因爲不是一個體，故本體是無限的。

3.30　無限的本體是無體的。無體之「體」指物質的氣之「糾結」言。凡有限物皆有體。爲一切有體物之本體只是一虛靈的無限之本體，而此本體自身不能再有體。如其有體，它便爲一

有方所之個體，而不足爲萬化之原。

3.31　無體的本體，總上所述而爲一，只是一個「意義」。其自身
　　　旣爲一實現原則，亦是一意義。萬有依他而有意義，而可理
　　　解，而其自身不復再依他，故其本身即是意義，即可理解。
　　　以其本身即是意義，故本體只是個理，與心合一之理。

3.32　凡其自身爲理爲意義者，皆不能再依他理或他意義以說之。
　　　此即其自身如此如此，再無理由可說者。依此，本體是最後
　　　的。凡了悟最後的皆用直覺。即其自身爲「意義」，而吾人
　　　知其爲意義，此「知」是直覺的，非辨解的。譬如邏輯之理
　　　是自足而最後的，其自身即爲一意義，非如一知識命題因特
　　　殊內容而有意義。吾人之了解此理而知其爲如是如是之理，
　　　此知亦是直覺的。凡純形式知識，因其無體，無內容，起腳
　　　落腳只是一個理，皆須以直覺遇。依是，了悟本體亦如了悟
　　　邏輯之理、數學之理。〔案此言直覺尙非吾人所言之「本體
　　　之直覺構造」。不可混。本體之直覺構造本書將不涉及，此
　　　須一部道德形上學以明之。〕

第三節　由邏輯要求而邏輯地所表之本體不能證明

　　以上只爲由邏輯要求而來之對於本體之邏輯構造。邏輯構造本
身雖可以無邏輯之弊，而邏輯要求不等於證明。而且由要求而表之
本體亦永不能有吾人通常所意謂之證明。經驗命題只有證實，而無
所謂證明。本體並非一經驗命題，故亦無可能有經驗事實以證實之
或徵驗之。形式命題如數學幾何或邏輯中者，有所謂證明，而本體

亦非此類之形式命題。數學或邏輯系統中之命題皆為步步推演而得。假若吾人想證明一該系統中可證明之命題，則只須將其所需之相當推理步驟填滿即可：逐步填之，直填至所欲證明之命題，而所欲證明之命題至此即已被證明。此已被證明之命題，其構造性或形成性以及妥實性，與其所根據以被證明之先行之命題同，其真理性並無差別，可謂純為同質者。是以在一純形式系統中，凡所可能出現之命題，皆可由邏輯推理步步逼得之，而逼得之即是證明之。是以凡此系統中已有或可有之命題皆為同質者：並無何者較確定何者較不確定之別。但是此種證明，已有謂其只是一種申明，凡所可有者，無論如何遙遠，皆是已有者，皆已含藏於最基本之命題中：故吾有云卷之則退藏於密，放之則彌六合之喻。但吾人由現實世界以至本體，則無此種步步逼得之特性，因而亦不得謂之為證明。蓋從現實世界到本體乃純是異質者。若順現實世界走，則步步必總是經驗命題，因而必須有經驗事實以證實之，因而必須為經驗事實或經驗命題之同質的層疊，而永不能至異質之本體。然而本體必須為異質者。依是，吾人有經驗命題之同質的層疊，此須步步證實，亦有形式命題之同質的層疊，此須步步證明。在吾人認識心範圍內，只有此兩串系，而並無一第三者。而由此兩串系皆不能達到本體，故對於此本體之證實（假若可以說某意之證實而不可以說證明），則必須有一第三者之串系。然而在第三串系未發見以前，由邏輯要求所得之本體是既不能證實亦不能證明者。

　　西哲所作之「上帝之本體論的證明」實不是證明，而只是套套邏輯之表示。此種表示實函二義：一、上帝（本體）不能證明；二、在套套邏輯之表示中實函有直接冥契之直接呈現。然而此直接

冥契之直接呈現之根據西人從未弄明白，遂使此證明外在化而被視為理論之徒然。因外在化而被視為理論之徒然，故亦可進而積極地以概念與存在之分而駁斥之。實則本體論之證明不如此之無聊，言者實有一種精神生活上之虔誠為根據而裝飾之以此本體論證明之外衣。然而其所根據之虔誠並未能在原則上建立起，故亦不能顯其用。

　　宇宙論之證明，則落於邏輯之要求，不可謂證明。凡順可理解性問題以要求本體者皆不得視為證明。來布尼茲由預定諧和作證明亦只是一往是邏輯的分析之哲學系統中之邏輯要求，亦不得視之為證明。而且其邏輯要求又根據其特殊之心子理論而來，又不同於宇宙論證明之起於經驗，故雖為要求，而由預定諧和之方式所成之要求則尤無必然性。斯頻諾薩之神（本體）亦只是內在地置定之而使世界成為一可理解之理性系統。此只是滿足邏輯理性者，故一定一切定，因而亦只成功一同質而削平之形式系統。此與宇宙論證明所顯示之邏輯要求不同，與吾所謂向後翻所成之邏輯要求亦異。它只是為理解上之邏輯要求而內在地置定之，故不得謂證明。雖在其要求上有邏輯之必然性，而形上學究非只是一邏輯系統者。故斯氏之本體只是如是如是地需要之，如是如是地置定之，因而亦如是如是地根據之以推演。固不能認為證明者。是以邏輯要求有二方式：一、順經驗而超越地要求之，二、徹頭徹尾自理上而內在地置定之。前者有經驗的限制，為批判的；後者無此限制，為獨斷的，這乃是康德所謂自物自身而邏輯地整個如是把握之。自康德以後，第一方式乃必然者。而由此亦可達到第二方式之所欲。

　　如只是邏輯要求，則無超越背反可言。因正題所陳，只是順可

理解性問題而來之應有之要求，而不視之爲證明，則反題所陳，只是此要求之否定。其所以否定之，蓋以爲旣不能證明，則即不必要求之，世界之可理解不可理解訴諸經驗而已。如經驗事實終於不可理解，則亦安之而已。蓋反題方面並非遮撥其要求，但只遮撥其所要求者之證明。而若知其不可證明矣，則背反即不存在。依是，我要求我所應當要求者，而彼之不要求亦終於無形上學。固無矛盾可言也。

第二章　宇宙論的構造

第一節　宇宙論的構造之擔負

　　由上章本體論之構造，吾人可推至純邏輯的宇宙論之構造。蓋本體不虛懸，必盡其責：一為成就現象，一為生化現象。在生化現象中，世界繼續不盡，無量無邊。在成就現象中，世界有條有理，範圍天地之化而不過，曲成萬物而不遺。依是，一、於變化無常中如何見真常；二、於邏輯之理的系統不能得最後之圓滿者如何能得最後之圓滿；三、於只是一主觀意義之無限如何可得一客觀意義之無限：三問題，即由此宇宙論之構造而得解答。而凡存在即被知，凡被知的皆現實，凡現實的皆合理，三主斷亦因之而極成。而此三問題三主斷實繫於以下四超越的先驗綜和命題之建立：

　　1.原因與結果之超越的先驗綜和。

　　2.天爵與人爵之超越的先驗綜和。

　　3.世界的永恆繼續不滅性之超越的先驗綜和。

　　4.世界的存在性與價值性之超越的先驗綜和。

前二命題，吾人可名之曰第一序命題；後二命題，吾人可名之曰第

二序命題。第一命題自自然因果方面說，第二命題自意志因果方面說。假若如此分開說，則自然因果是從被知之現實事實方面說，意志因果是從實踐理性方面說。假若自然因果之超越的先驗綜和須依本體而建立，而意志因果由吾人之實踐理性說，而實踐理性亦即因本體而建立，亦即本體之透露於人心而為實踐理性，是則意志因果之超越的先驗綜和亦依本體而建立，如是，則兩種因果即合一，同由一根而發出，表現於吾人之意志因果同時亦即表現於自然之存在因果。首先表現於吾人之當然之理而平鋪者，同時亦即表現於自然之當然之理而平鋪者，平鋪之而為存在之理。意志因果與自然因果，自末上分開說之，為兩不同之領域，然自本上說之，既由同根而發，則本體處之超越的先驗綜和實亦即是意志因果之肇始與最彰著處。是以自本體上言，自然因果之理性的根據實即意志因果之超越的先驗綜和。自意志因果言，為創發的，自自然因果言，為平鋪的。而如果意志因果之創發性繫於本體之神意，則其創發即是神善之傳播之不容已。如其不容已，則世界之永恆繼續不滅性之超越的先驗綜和命題即得其先驗之建立。而不容已是神善之傳播之不容已，故世界之存在性與價值性之超越的先驗綜和亦得其先驗之建立。

此種先驗之建立，自本體上言，不自理解上言。故曰超越的先驗綜和命題。康德所說之先驗綜和命題，除數學外，都當轉而為超越的先驗綜和命題：然後再問是否可能，如何可能。作此問時，即表示本體亦即超越形上學是否可能，如何可能。提此問時，不但對於本體只有一邏輯之構造，而且須有一直覺之構造，須是能真實實現之。本書肯定超越形上學已可能，而且將明其如何而可能。如吾

人不能作至此，則一切超越的先驗綜和命題無有解答之可能。

　　知識對象之可理解性以及價值對象之價值性乃至存在與價值之合一性，在中世紀甚至古希臘之哲學家視之，都當依靠一超越本體而可能，都當歸宿於超越形上學解答之。超越本體必須擔當現象世界之支持者或主宰者。在西方，此本體為上帝；在東方，此本體為心性。依是，中世紀之態度實為可取。惟一困難者，即在其將上帝擺在外面而假定之，從形而下推比以設定之，而不知如何能明其真實可能性。故戲論百出，而無必然。而形上學之是否可能尚成問題，遑論其如何可能耶？然，雖如此，而彼等所認識之問題之解答處，卻無可疑。康德欲以理解範疇保證物質不滅及有因必有果。吾人以為此過也。其解答之範圍有錯置。首先吾人認為此兩命題是綜和命題，但如果理解自身不能保證其必然，則其在知識範圍內，吾人只說其是經驗綜和，不說其是先驗綜和。然吾人對此經驗綜和之無保證總不能認為滿意也，而其保證又實不能在理解自身乃至經驗中獲得，故必須轉出去在一超越本體中獲得之。吾人轉出去，從超越本體中獲得其保證，即意在將此經驗綜和命題轉而為一先驗綜和命題。「先驗」一詞之提出，惟當此經驗綜和命題要求一必然的保證時始可能。必然保證可以自理解得，而不必自理解得。如理解自身不能負此責，則必須向超越本體中求得之。而向此求保證亦是使該經驗綜和為先驗綜和者，惟此先驗繫於本體，不繫於理解。故曰超越的先驗綜和。因果關係實為綜和關係，然既曰經驗綜和，則在經驗中必可覺知因果一事實，惟不能得其理之必而已。正因不能得其理之必，故要求一理性之根據以為其必然之保證。若經驗中全無因果之事實，而只為主觀之聯想，或分位之假法，則亦無需乎保證

矣。保證之，實只是無中生有也，實只是製造也。休謨所首先提出者，只在明其無必然，故云：當事物偕其關係以呈現於感官前，吾人名此爲知覺，不名之爲推理。是則彼亦承認感覺中有關係，惟無與於思想之推理而已。所謂名之爲知覺，實只表示此關係只是事的，而非理的。因非理的，故無理之必然。是則其所遮撥者，只爲理之必然而已。然而後來予因果以正面之解釋時，始進而提出習慣之原則，純認爲主觀之聯想，儼若全無因果矣。若眞全無因果之可言，則理之必然之要求亦不可言。康德繼休謨之義，頓時即視因果爲先驗之範疇，由理解自身攜此範疇以成功構造之綜和，則必然誠得其理之必然矣，而由經驗綜和以要求理之保證之義亦全失。是以先驗一詞如必對一必然保證之要求言，則首先必須承認在經驗中可以覺知一因果之關係。如完全不能覺，則亦許只是主觀之假法，假法無保證之必要。如完全不能見，純出於範疇之構造，則亦無要求保證之可言。本書隨休謨只遮撥「理之必然」一義而要求其理性之根據，此不能自理解範疇之構造言，而理解自身實亦不能提供此根據。故其要求爲「先驗綜和」必須轉出去而自超越本體以言之。

吾人根據此義，將由本體方面而作宇宙論之構造。此步構造以說明以下四域而完成：

1. 知識世界或曰命題世界。

2. 道德世界或曰繼體世界。（繼即繼之者善也之繼。）

3. 美學世界或曰圓成世界。（成即「成於樂」之成。成於樂故曰圓成。）

4. 本體之彰著於人性，由之而開爲天心與識心，天心直繼本體，識心則天心之自己坎陷而攝取命題。由此自上而下之一串可以

彰著人性。由彰著人性而尊人性。尊人性即尊天道。盡心知性知
天，因此可以逆自上而下之程序返而實現「本體之直覺構造」。此
步實現名曰自下而上，所謂逆而反之也。自上而下是形式之陳述，
仍為邏輯之構造，此屬於此第四域之正文。自下而上是工夫之逼
進，遠離戲論，故屬直覺構造。此兩來往皆不屬本書範圍者。

第二節　知識世界之宇宙論的形成

　　吾人於認識心之限於經驗而有所知，即對於經驗對象而作命
題，即表示吾人已顯露一知識世界矣。在構造本體並因之而作宇宙
論之構造中，惟此世界為吾人所已由認識而可清晰地把握者。惟此
世界，吾人對之已有認識上之清晰概念，故可以作為構造本體之根
據。今由本體之構造而說明此知識世界之宇宙論的形成，便只是對
於認識心所已顯露之如是如是之世界而予以極成與安頓。是以此種
說明對於如是如是之知識世界並無所增益，亦無所改變。而且此種
說明必為與此知識世界恰相對應者，因而必可以落實而無虛幻者。
是以此步說明只是對於已知之所與而予以形上之完成。故此步說明
乃有已知上之著落者（其他三域並無此便利）。然，雖有已知者為
其落實處，而本體之建立只是邏輯之構造，而由如是構造之本體以
作宇宙論之構造，亦仍是邏輯者。如只是邏輯者，則由本體下降至
已知之世界，即此步過渡之構造，仍只有形式可能性，而無真實可
能性。是以其著落處雖已確定，而由本體過渡至其著落處，則無真
實之確定。但若本體之構造為必然，則由此本體而來之過渡之構
造，即宇宙論之構造，亦必有必然。惟此必然為形式的，即吾人但

知理當如此而已。此形式之必然，如欲得其眞實之可能性，則必有
賴於直覺之構造以徹頭徹尾證實之。

　　此步過渡之構造，除上章所述之如是如是之本體外，在所已知
之現實世界方面，吾人須提練出一概念而肯定之。此概念，吾人將
名之曰「物質的氣」。此概念必須承認之，而不能追問其所自來。
然首先必可從現實世界中抽繹出。因知識世界中現實之所以爲現實
正因其爲有體，因而必有潛能，必有物質之成分。吾人即由此可以
直接分析出此「物質的氣」。一言氣，則物質成分必不只是抽象的
純物質，所謂絕對的料，因而此具體之物質其自身必含有物質的
力，否則，現實世界不能有「變化」一事實之呈現。此物質的力即
由變化一具體事實而直接抽繹出，此並無形上之意味，亦不可視爲
形上之假設。乃純爲物理事實也。物質而具之以力，吾人即名曰
「物質的氣」。此爲不能化歸者，亦不能由本體之神理神氣而演化
出。蓋本體既爲純理純型，而神理神智神意神氣是一事，自不能由
非物質者而演出物質者。故「物質的氣」必須承認其爲一「所與」
也。

　　吾人所以必須承認此概念，乃因其可以接受本體之純動純能神
心神氣之感發，因而亦可以表示本體之創造。本體即心即理，因而
至動亦至靜。神意必及，神智必徹，神善必傳，而神氣必達。然而
此只是本體自身之流行。而本體自身之流行至寂至靜，亦至如如，
因而亦無所謂流行，此則爲不流之流，不行之行，因而亦爲不動之
動。是則徒由本體自身決不演變出現實世界也。本體創生萬物，推
動萬物，非云由本體自身中可以演變出萬物也。本體自身無物氣，
亦不能由其自身漸演而成物氣，何能演變出現實萬物耶？即黑格爾

之辯證發展亦爲範疇之發展，或所以解析萬物之理之發展，而非言
具體萬物之生成發展也。自希臘早期之自然哲學結束以後，即由宇
宙演化所以成之「物因」轉而爲解析上之「理由」。凡理由皆自本
體論上由超越之分解而建立，非自宇宙演化上直接追溯「物因」如
地水風火或種子或原子之類也。本體爲解析上最後之理由，非可直
接由之以生出萬物也。是以物質之氣必須承認。物氣爲異質之駁
雜，因而可以糾結爲萬物。而吾人既必須有本體，則由本體以說萬
物之宇宙論的形成，只須明物氣之如是糾結或如彼糾結必繫屬於本
體之神動。本體之神動妙用指導之，推動之，扭轉之，因而使其從
己。天下無一成不變之物，無一定不變之「糾結之局」。物氣自身
含有物力，故必能變會變，而能變不必善變，會變不必如理。本體
之宇宙論之作用只在就其能變者而使之爲善變，就其會變者而使其
變之必如理。一切「糾結之局」（此即爲一具體之物），其所以爲
如是或如彼，究極言之，皆由於神動之妙用。神動不能產生物氣，
而可以指導、鼓舞、扭轉、善續物氣。指導之即爲神理之妙用，指
導物氣而使之爲如是如是之糾結，其如是如是即是此「糾結之局」
之形相，亦即所謂此物之理（曰物理）。此物之理即由神理之妙用
指導物氣之變而然。成爲物氣之如是變，即成爲一物之如是相。在
物只說相，而不可說理。說理，則必說其爲物理，而物理即物相
也。種種抽成之共相而可以名之以一定概念者皆物相也。物氣之糾
結，脫離本體之指導，即成死局或定局。物氣本身雖有力，而因其
爲物力，故有物質之墮性。脫離本體，則物氣即歸於墮性而不復能
成變化，其所成之局爲死局，逐漸乾枯而歸於毀滅。故物氣之變必
不可脫離本體，必賴本體神氣之鼓舞。鼓之舞之以盡神，雖是盡

神，亦正所以成物氣之變也。自物理學言之，宇宙爲機械之定局，毀不毀全視熱力之窮否。一旦熱力散盡，則宇宙可以乾枯而毀滅。如眞可以毀滅也，則科學即順機械之定局而無可如何也。然自本體而觀之，則宇宙有變而無毀，有潤而不枯。神氣之鼓舞物氣也，猶如酵母之發酵，提供其墮性而成變。故有神理之指導，神氣之鼓舞，然後可以扭轉物氣，善續物氣也。物氣之永恆善續，生生不已，由於神氣之永恆如如之不動之動不流之流。神氣無限保證物氣之無限。此之謂本體之創生萬物。

本體之創生萬物自理上說，不自時上說。本體爲世界之元因亦不是時間的元。有本體之元不必有時間之元。所以世界起始問題，不能以時間爲標準而論之。說世界在時間上有起點，在空間上有範圍，寔爲不能成立之陳述。而由此以言本體之元則更謬。若自認識心範圍內而言之，則世界永恆存在或不永恆存在，俱不能說，而時間上有無起點亦不能說。但若自本體而言之，則世界必永恆存在，而在時間上則無始無終，在空間上亦無限制無範圍。蓋本體旣永恆而無限，而其神善之傳播又不容已，則現實之物氣之變即不能說自何時起，至何時止。時間上無自止，空間上自亦無限制。現實世界隨本體之無限而無限，永恆而永恆。然時間空間俱表象物氣之變，不表象本體者。物氣之變旣無限，則時空自身必亦無限。凡有物氣之變處，即有時空。凡時空所表之處，即知識所至之處。知識所至即有命題。依此而言知識世界或命題世界。命題世界亦無限。

西方中世紀諸正宗神學家，主上帝造世界。造者從「非有」到「有」之義。上帝從無到有創造世界。然此中之「從」並不表示其從一物質因而單加之以形式之創造，乃只表示一種承續：即承非有

而爲有。「從無而造」意即「不是從某物而造」。如從一先存之物質而造，則是從某物而造也。此則違反上帝之創造義。（柏拉圖之創造是預定一先存之物質，非基督敎之創造義。）上帝之智知一切有，是故造一切者。質材他亦造，無有在其外而先存者。（從自無而有之創造以言上帝之偉大，固可籠統如是說。）然由此創造義而來之問題，即爲「世界是否永恆存在」之疑問。所謂永恆存在，即世界亦如上帝之無始無終。但世界旣被造，是否能無始？如有始，不能說永恆存在。世界不是早已存在者。上帝意之造之，即固定一個起點，並指定其延續之範圍以及其空間之範圍。復次，如果上帝之造不是從無而有，而是利用已有者而造，則其造前，必已有一種存在矣。如有一種存在，則實是已有宇宙矣。由此，世界早已永恆存在。然上帝旣是從無而造，不利用已有者，則「世界早已永恆存在」即被否決。依此，若言創造，則世界不能永恆存在，因而必有始。然而復有問題：世界不早已永恆存在，有時間中之起點否？此函說：上帝在何時造？在何時造，已函有時間矣。如是，必承認有一無窮的潛存的永恆時間。但上帝在此無窮的永恆時間中何時造是不能知者，而且如果在何時造，則世界必不能與無窮的時間相應一，如是，無世界亦可有時間。如是，時間必與上帝同爲無限之潛存體。時間不與世界相應一，而與上帝相應一。但上帝無時間性，不與時間爲同伴，只有世界與時間爲同伴。但世界旣與時間相應一，則時間必爲一永恆之潛存體。此則爲不可能者。依此，不能說在何時造。旣不能說在何時造，則世界之起點亦不能說。起點旣不能說，則世界或者全爲非有，或者永恆存在。若上帝必造，則即「不永恆存在」，因而與「永恆存在」爲矛盾。此種困惑，使神學

家對於上帝之創造不能有如理之說明。或者曰：上帝造世界，不函時間為一無限之潛存體。上帝未造之前為非有。非有，不但世界非有，時間亦非有。但即在造時，世界自此始，時間亦自此始。世界之有即是世界之起點，而時間自此始，則亦可說世界之時間上的起點矣。依是，世界仍不永恆存在，而無所謂矛盾也。但此亦不可通。蓋「不永恆存在」，或以時間為標準，或不以時間為標準。若以時間為標準，則必可問在何時造，因而必函「時間為一無限之潛存體」此不可通已如適說。若不以時間為標準，則「不永恆存在」即不能說，從無而造，不但遮撥「從利用已有者而造」，亦遮撥「不永恆存在」之義。是以雖言創造，不函「不永恆存在」之必成。「不永恆存在」之否決，固然不必即為永恆存在。但至少在此，「一言創造即必函不永恆存在」一思想之否決，依是仍有「不永恆存在」一詞之自相矛盾。永恆存在可有二說，一、只為「世界亦如上帝同為無始無終」；二、在上帝以外永恆存在而不被造。神學家以言創造，故必否定此第二義之「永恆存在」。但否定此第二義之永恆存在，不必即否定第一義之永恆存在。而上帝造世界亦不必因否定第二義而即否定第一義。雖言創造，而世界仍可無始無終永恆存在。此則為以往神學家所不能極成者。而吾人則可由本體而來之宇宙論之構造，純邏輯地推得之。〔惟在吾人思想中，則承認物質之氣為所與。〕

　　吾人以為，即使上帝全造，從無而造，「有」只是承「非有」而為有，而非有不是一階段。此只是從理上說，不是從時間上說：此即所謂必然隸屬於上帝之意志也。此是一邏輯關係，非時間關係。如非時間關係，則上帝雖自無而造，亦不以時間為記錄之標

準，亦不函在上帝以外而有永恆存在不被造者。如是，隨「自無而造」，吾人可說有一道體之始，即形而上之元。但道體之始，只表示世界從上帝出，而世界與上帝既排斥又窮盡：上帝以外就是世界，世界以外就是上帝。今世界既由上帝造，則世界之起點（元）除上帝以外無起點。既以上帝爲始，自不以時間論。如以上帝爲元，則世界隨上帝之永恆而永恆，隨上帝之無限而無限。因爲世界必繫屬於神意神善，而神意必及，且爲如如地及，神善必傳，且爲如如地傳。此即說上帝必然要造，而且爲如如的必然。既爲如如的必然，則上帝之創造無間歇。上帝之創造同其自身之無限而無限，同其自身之彌漫而彌漫。因此，世界不能不永恆。若不永恆，即表示世界可以造，亦可以不造。若可以不造，則上帝之創造有間歇，而上帝可孤離，此則大違其神善與神意。世界若非無限，他畫一個範圍而圈定之，則上帝之善與意與智受限制，而且表示其有保留，有曲屈，此亦違反其體性。依此，世界必無限而永恆。其所造之世界可變。從其可變而言之，世界可以隨時完，然隨時完，依上帝的神善之擴張不已言，即隨時有。人類可以完，太陽系可以完，而整個之宇宙不能完。其特定之面相可以變，而其全體則是一個不息之流也。時間空間是表象世界者。世界既以上帝爲元，時空亦以上帝爲元。時空亦無限，隨世界之無限而無限，永恆而永恆。上帝不已其傳播，故世界無有時之始空之限，因而時空自身亦不能有一定之範圍。時間本身無時間性，空間本身無空間性。

　　以上所述，是自上帝全造言。然在吾人則承認物質之氣爲所與。此亦不礙本體之創造性。吾人只順形式方面（包含神理、神意、神智等等）說明本體（乃至上帝亦然）之創造即已足，不必再

順物質方面（質材或材料）復言本體亦造物質，或言由本體演化出物質。言造物質，在言上帝者，似可說實不可說。似可說者，以言上帝偉大，造則俱造，不必言理由。然此必籠統無實義。不可說者，歸於實義，則只能就神之體性（如智意、理善等）而言創造。神之創造函於其創造性中。其創造性亦就是其自己，亦即同於其神理神智神意神善。是以不能外乎其體性而言神之創造。神之創造即由其體性直接分析出。而若其體性一切皆如如，則其創造亦如如。其體性中無物質之成分，而物質成分之特性亦無助於其創造性之成立或理解，則言神之創造只有順形式方面即順其體性方面而言之。此為如如之必然。順此必然而言，則不復可言「亦造物質」。蓋凡其體性中所無者，而言其亦造之，則此造即為違反其體性，違反其如如之創造，因而不復是神造。是以言「神之創造是順其體性而造」，此為分析命題，而若「亦造物質」，則即賦予之以綜和命題，因而神之創造性為偶然，而神亦偶然。是以神之創造只為實現義、推動義、指導義、鼓舞義、扭轉義、善續義，而不能言其「亦造什麼」也。順此創造義而言，則現實世界中之形式方面者可以溯原於上帝，而物質之氣便不能溯原於上帝。故即在言上帝者，亦實不可說造物質也。吾人言本體，則更不可說。至於由本體演化出物質，乃至世界，則在西方名曰流出說，此為正宗神學家所不能承認者。吾人亦斷然擯棄之。〔中國思想中，關於此方面，亦常含有流出說之義。然其言多渾圓，又多譬喻詞，故亦不能概念地決定其即是如此也。然衡之儒家究竟義，可斷其決非如此，亦不應如此。〕

　　本體如是所創造之現實世界即是吾人認識心之知識世界或命題世界。每一在本體創造所呈現之「物質之氣」之變中所成之「糾結

之局」即是一命題，或一聚命題。認識心是以命題之態度看此現實
世界，因而即只見此命題世界，而此命題世界所由呈現之本體創造
則不復見。命題世界亦曰科學世界。因此科學可定為一組命題或一
命題之系統。在命題世界中，概念都是決定之概念，因而亦是邏輯
思考所行之世界，因而亦是可說之世界。此世界，吾人已知其為永
恆為無限，然而吾人之認識心則不能一起把握之或綜攝之。假若吾
人認識心所接觸及者名曰現實經驗，則此永恆而無限之全部命題世
界即可盡概之於「可能經驗」一詞下。現實可能只在人心有此分，
而在本體之神心則無此分。在本體，則都是現實之呈現。本體神智
之知此世界乃是直覺者，非辨解者。因而亦無吾人認識心之理解格
度。因此，在神心方面，此永恆而無限之現實世界，亦不須有時空
形式以表象之。時空形式亦只在認識心之了別此世界上說。時空格
度之建立乃直接建立者。當其初次直接建立，即康德所謂原始表
象，雖是獨一而無限，因此名之曰直覺而非概念，然此獨一而無限
之時空格度卻不能自始即客觀地平鋪之於該永恆而無限之現實世界
上而與其等量齊流同為客觀之存在。此永恆而無限之現實世界可以
接受時空之記錄，但時空不能離開吾人認識心而獨在。本體神心既
無時空可言，則當其創造不息而呈現為現實世界時，並不賦之以時
空而與現實世界相粘著同為永恆而無限之存在。現實世界永恆而無
限，而吾人認識心不能一起把握之，故有「可能經驗」一詞之立。
現實世界無限，可能經驗亦隨之而無限，依此，時空格度亦隨可能
經驗之無限而為無限的記錄。前云：時空亦無限，隨世界之無限而
無限。此陳述，在此，當有限制：即必繫屬於認識心之可能經驗
上。可能經驗既包括現實世界之全體，則邏輯地言之，凡在可能經

驗中者，皆可表之以時空。可能經驗無限，則時空之表象自亦必無限也。然時空終無客觀實在義。此為自來布尼茲將時空從存在背後翻上來而視為關係，視為程態，隸屬於心，經過康德將此屬心義予以充分發展後，所必至者。〔然在康德，此無客觀實在義尚未能全部透出。本書則已作到。〕

　　現實世界為命題世界，本體為非命題世界。吾人上章關於本體所說者皆不可作命題看。然本體雖非命題，而卻為成就命題世界者。命題世界中之命題得以形成，得以有意義，皆因非命題之本體使之然。從本體之創造性，經過一創造之活動，而呈現為命題世界：此一全歷程之綜和名曰「超越的先驗綜和」。此綜和，假若可以名之曰命題，亦非命題世界中之命題，即實非一命題，而乃一原理也。經由此原理為根據，而後命題世界乃可能。〔康德所說之一切先驗綜和判斷皆此類意義之原理，實不可視為命題（判斷）也。〕

第三節　道德世界之宇宙論的形成

　　命題世界是本體創造之下落。本體之創造活動，溥博源泉而時出之。此自創造之為一整個而言之。而創造實只為推動物質之氣之生成。此生成因為物氣之生成，故亦為物氣所限。每一物氣之生成即為一段物氣之糾結。而每一如是如是之糾結即是一現實之存在。命題世界即自此現實之存在而言。故命題世界即表示此現實存在之原子性，因而亦即表示本體創造之落下，亦即平鋪下而為原子的現實世界也。但道德世界則必直承本體之創造本身而言。本體之創造

是如本體之創造性而爲創造。但在本體，創造性與創造是一，即其體其用是一。是以「直承本體之創造本身而言」，即是剋就本體創造之純自動性而言。吾人已由本體神意之自意而明本體自身爲至善。但本體自身即是純自動性，故此純自動性亦即是至善。但此至善即爲善之自己：衆善之源，萬善之標準。而此善之自己非是吾人所說之道德世界。道德世界由至善之賅括而成。而至善之賅括即是至善之發用，此亦即是至善之創造。但所創造而平鋪者爲命題世界。道德世界不自此所創造出之平鋪者言，而必自將此平鋪者提起而隸屬於創造之自身言。是以道德世界不是順本體之所創造者而置定之，而是逆此所創造者而觀本體之提起與扭轉。假若只有平鋪之置定，而無提起與扭轉，則世界即脫離本體之創造而墮落而乾枯而斷滅。然本體之創造本時出不已。正因時出不已，故平鋪而不終於平鋪，置定而不終於置定。即依此義，而說提起與扭轉。依提起與扭轉而說道德世界。但提起與扭轉即是本體創造之不已，亦即至善傳播之不已。但若自本體自身言，則雖動用不息，而並不能顯出此處所言之道德世界，故必自「所創造處之提起與扭轉」所顯示之創造不已而言道德世界。

　　道德世界亦曰繼體世界。本體自身即動即靜，於穆不已，而無所謂繼不繼。惟自所創造者之提起否而言繼不繼。不提起而墮落而乾枯而斷滅，則不能顯本體之創造，亦即世界不能繼。不繼則不能見善之傳。故必有提起與扭轉，然後始能繼。世界相繼，然後善見其傳。故在繼之關節處而言道德世界。繼非繼本體：本體自身於穆不已，無所謂繼；世界與本體爲異質，無可言繼。繼者只世界不斷滅而永恆相生耳。是以繼只從所創造處言。但所創造處之所以能

繼，不在其自身，而在本體之提起與扭轉。故繼體世界必是由「所
創造處之不終於平鋪而攝所以從本體之能而反歸於本體之創造」而
見。如此而言之道德世界，名曰道德世界之宇宙論的形成。此種形
成是由本體之創造之提起其所創造者而顯示其創造不已而形成。故
云道德世界必直承本體之創造本身而言也。

　　本體之創造之提起其所創造者名曰本體神意之如如的命令。由
此如如的命令而見本體之神理。此神理名曰本體之如如的當然之
理。此如如的當然之理名曰道德世界之內容。此如如的當然之理只
是神智神意之無限的妙用，但對所創造者之下落或平鋪而提起扭轉
之使其繼體不息言，名為如如的命令，當然之理。此當然之理只是
至善之必傳。因為其必傳，故必提起其所創造者之平鋪而使之繼。
但繼起者亦必為物氣之變，而其變之成為如是如是之糾結，即是依
照至善之傳所具之如如的當然之理而成為如是如是之糾結。自其依
照當然之理而為繼起之變言，名曰接受如如之命令。因接受此命令
而繼起，即謂此命令所具有當然之理之引生物氣之變。故道德世界
之內容胥由此繼起或引生而見。但此內容繫於本體之純自動性。依
此純自動性，而言本體性分之自由。故此道德世界即以此自由與其
所發之當然之理或如如之命令而形成。是故命題世界為下落，表示
創造之所創造，而道德世界為上昇，表示創造之能創造。前者，因
物氣之異質故，故有種種確定的命題或自然之概念。後者，則因順
承本體之能造言，故為單純之同質，因而只為一單一之當然之理。
神智神意雖有無限之妙用，然而只是一諧一，並無橫撐豎架之雜多
散立於其中。故妙用無限，而只是一令平鋪者繼起之當然之理。故
道德世界之內容只為一單純之理，並無多理。自此而言，則道德世

界乃爲直承本體創造而建。

　　種種確定的命題或概念，固爲物氣順承神意之當然之理而糾結成，然當然之理之指導而一成爲物氣之糾結，則自此糾結所呈之形式言，即不復爲當然之理，而爲自然之理，即自然存在之相，命題或概念所表示者。種種特殊的自然律皆自然存在之相。依此而言，當然之理不即存在之相。然存在之相所以爲如此如此，卻由當然之理之運用而使然。是則當然之理正是存在之相所以存在之理。每一存在之特殊之相即是一特殊之物氣之變，而特殊之物氣之變皆依當然之理之指導而爲如是如是變。是以物氣之如是如是變，皆依當然之理而現實，即成爲如是如是之現實者。吾人不言物氣之變實現理，單言當然之理實現物氣之如是如是變。蓋物質之氣，若離開創造之當然之理，即只爲潛能之墮性，若終於離開創造之當然之理，則必乾枯而斷滅。只爲潛能之墮性，何足以實現理？若乾枯而斷滅，則亦無從而實現理。是以不能以物氣爲首出而言其實現理也。只能以當然之理爲首出，而言其實現物氣之如是如是變。物氣之如是如是變，不是實現一當然之理，而是當然之理實現之，使其所呈之存在之相足以爲當然之理之影子。是以每一存在之相皆爲當然之理之象徵。存在之相之生息不斷即象徵本體之創造不已。吾人亦不言：理氣合而成存在之物。存在之物由物氣之糾結而成。有如是之糾結，必呈爲如是之相，而如是之相並非即創造之當然之理。是以現實存在之物並非理與氣合，乃是相與氣合。而相與氣對創造之當然之理言，俱爲被動者。物氣爲被動，因本體創造活動之感發而發酵。發酵即是順創造之當然之理之指導而爲如是如是變，因而有如是如是相，故存在之相亦爲被動者。惟如是如是之存在相可以溯其

源於當然之理之指導，因有此指導，故成爲物氣變化之脈絡（即存
在之相）。人將當然之理凝縮之於物氣之變中而爲構成一存在之物
之成分，遂以爲理與氣合而成物。實則創造之當然之理乃爲不能凝
縮而爲存在之相者。當然之理乃爲不能固定化於任何特殊存在者。
由存在之物可以分析出存在之相即種種共相或確定之概念，亦可以
分析出物質之氣，但不能分析出創造之當然之理。此當然之理爲
一，實現任何物，而不固定於任何物以爲其構成之成分。朱子之理
實當如此確定之，而只因其言有理有氣，遂使近人以爲物由理氣
合，故由存在物所具之種種相以言理，而此種種共相之爲理不能
一，亦無所謂善，更亦無創造義，故遂否決朱子所言之理之一切函
義，而形上學亦不復可能矣。復次，吾人亦不言：未有天地以前，
畢竟亦有是理。朱子此義，雖足以加重理之尊嚴與先在性，然而實
不可如此說。蓋本體之創造不容已，實不容有此曲折也。故本體無
限，世界無限。理必指導氣，引生氣，扭轉氣。唯如此而後極成
「有理必有氣」。蓋神意所發之如如的當然之理與吾人心所發之當
然之理不同，亦與由存在物而抽成之種種共相不同。故創造之當然
之理必創生世界也。故雖理先（形上的先）而氣後，而有理必有
氣。然吾人卻不因此而即直接說：有氣必有理，亦不說：氣之曲折
宛轉即是理。有物氣之變，必有其變所呈之相，而相不是理。氣之
曲折宛轉是相不是理。相單表示氣變順理之指導而變，因而呈如是
如是之順理而然之相。有氣必有理，虛說可，實說不可。理凝於氣
變中爲實說，氣不斷因理而然爲虛說。

　　道德世界因自由與當然之理而形成，而此兩概念即表示由本體
而發之「如如的目的性」，此即康德所謂「目的論判斷」也。此如

如的目的性即是「宇宙秩序」之所由成。宇宙秩序自所造之存在言。命題世界爲一有秩序之世界，因而形成一命題之系統。所有命題皆表示物氣之變之糾結，而此糾結實爲一一相聯無始無終之系統，而此系統之爲現實的系統實由創造之如如目的性而使其爲如是之實現。自此糾結之爲此糾結言，固一一相聯，無始無終，此只表示因本體無限，故世界無限，然而自此糾結之所以然言，則每一步糾結皆有其超越之理由，因而隨時可以始，亦隨時可以終。自糾結相聯之串系言，一一相待，無有可以自足者，然自其超越之理由言，則每步皆自足。故其超越之理由，即如如目的性，乃實現物氣之糾結而使之爲一系統者。一棵樹，一枝花，皆爲一糾結之系統，而如如目的性實現其爲如是之系統。自糾結串系之橫面言，只是如此聯結於一起，似無必然之理由，所謂偶然者即依此而言也。然自超越理由之縱貫的引生言，則其如是如是之聯結於一起皆有形上之必然性。或者說：本體之創造不息，則世界之奇變無窮，依是未來之出現究爲何全不可預測，則因果律無效，知識因而不可能。故如言因果，即不可言創造，今雖言超越之理由，而此理由爲本體之創造，則因果律即不能自持，遂亦因之而無效。關此，則如此答：本體之創造之引生物氣之變也，非無中生有突然來臨之奇蹟，亦非本體自身之憑空變把戲，乃爲就物氣之變而引生，而亦唯由物氣之變之不斷而顯其創造性。物氣自身雖不能自動，然本體創造之引之動，亦必就物氣自身之潛能而成就其步步相聯之變化，因而使其變化成爲一現實之系統。如如的創造並不能逞其興會從物氣之變中忽然無中生有也。如如的創造只是一種鼓舞之引生，使潛能之物質之氣煥發其光彩，而成爲現實之萬有。依是，此花此樹很可不爲如是

之糾結，砒霜與人身亦可不爲如是之糾結，而且在創造過程中，其可能之糾結可有無限之路數，然每一出現之可能糾結必不能與其所由承繼而來之物氣之變全脫節，此即示：任何可能之糾結，其出現也，必於前此之物氣中有根據，而於本體之創造中有超越之理由。吾人即以此超越之理由保證物氣之變之因果。而如此所保證之因果，爲創造過程中之因果，非機械因果也。是以雖言創造，不礙因果之有效。〔機械因果只是物氣之變之平鋪，爲靜態之暫時的，非永久的。〕

　　自本體之創造而言「道德世界之宇宙論的形成」，但在此宇宙論之構造中，並無罪惡世界之形成。根據本體之創造，對於罪惡並無正面之概念可給。罪惡只能從所造之存在方面說，而存在若在創造中，則亦無罪惡之可言。存在若離開本體之創造，則即歸於墮性、乾枯而斷滅。及至斷滅，則本體之創造即不能顯，而至善之傳播即中止，是即等於阻礙至善之傳播，此則爲大惡。但離開本體創造之存在是假設之詞，事實上無有者。依是，罪惡是一消極之概念，而自宇宙論上言，則並不能正面提供罪惡之概念，因而形成罪惡之世界。復次，假若有一負面之存在，如撒旦，專以阻止至善之傳播爲能事，則罪惡即是積極之概念。但撒旦實不存在者。依是，自宇宙論上言，實無罪惡世界之形成。人心可以陷溺日甚，而趨於墮落、乾枯，而毀滅其自己，是謂大惡。然自宇宙論上言，則無離開本體而自毀之存在。是以罪惡只可自人心上言，不可自天心上言。

第四節　美學世界之宇宙論的形成

命題世界是自所造方面之爲一現實存在言，道德世界則自本體之創造不已之帶現實存在之繼言。前者是自然，後者是自由。自由爲主，而實現自然。本體創造之如如的當然之理實現一切存在，爲一切存在所以然之性。此性非個體之定義之性。定義中之性實即相。故如如的當然之理既引生一切存在，又徧普於一切存在。其引生與徧普皆爲如如的。故此兩界本貫通而不隔。然分別言之，則有此積極之兩面。今自其貫通不隔而言和，是謂圓成世界。此圓成世界並非客觀地外置於外而有一定內容或曲屈之一特別界，乃只是自本體創造處之如如的綜觀或靜觀。此嚴格言之，當爲一種境界，而不可曰世界。道德世界與命題世界皆爲有向者。此所謂向，若特殊化之，即是有一定之內容或曲屈。因爲有向，所以皆表示本體之凸出與岔裂，因而有界可言，本體本身無所謂凸出與分裂，因爲如如故。但自其所成與外現言，則有此不平之丘壑。故道德命題兩界皆爲積極的也。今言圓成世界，則融有向於無向，即將其向反而融之於本體之自身，而單自本體之如如處以言和。此和即圓成。立於禮，成於樂之謂也。萬物皆在理（當然之理）中立，皆在樂中成。成者圓成也。

圓成以二義成。一、理徧普於一切存在，理與存在不離，不離則理爲充實之理，是謂理之充盈。存在皆因理而然，則存在不退脫，不退脫而盈於理中，則存在只是理，不是物，是謂物之瑩徹。二、不但理與存在盈，存在瑩徹於理中，而且理是創生不息之理，

存在是繼續不斷之存在。依此，理是具體的於穆不已之理流，即靜即動之如的非流之流，而存在亦是具體的雲蒸霞蔚之氣化的流，（言命題時是原子式的，此時是連續式的，）而氣化的流有理流徧徹於其中，則氣化之流是瑩徹之理流，理流有氣化之流以充實之，則理流是飽滿之氣流。依以上兩義，而言圓成。

　　但此圓成並不由本體放射出而孤離本體，而乃將其所創造者反融於本體而言之。命題世界由本體之當然之理之創造而（理）凝固於存在中，表現爲自然律，是則命題世界即表示本體之賦與存在以規律。道德世界則表示自然律其根源上皆有道德之函義，是即表示本體賦予存在以意義。但是圓成世界則不表示對於存在之任何賦與，單只表示本體對於其所創造者之內在地欣趣或靜觀。依是，圓成之和並非由於一種物事如一定之律則將彼兩界綜和之而成就。蓋若如是，則本體必另有所湧現，另湧現一定之概念或律則以賦與於存在，依是必又別成一界，而不得謂最後之圓成。即或不別成一與彼兩界分立之界，而謂依此一定之概念或律則足以綜和彼兩界，猶如甲與非甲之綜和於第三者，因而綜和於一較高者，則亦非最後之圓成。蓋既有所湧現，則湧現之每一概念或律則皆爲固定者，因而皆有一定之範圍，是則邏輯言之，必有外或封域，而自其所綜和以成者而言之，雖爲較高，亦仍有外而爲相對。是則非此處所言之圓成之和。是故圓成之和並非依一定之律則而成之綜合。因爲非綜和，故其爲圓成可爲最後者。因其非綜和，故無所賦與也。或可問曰：然則被兩界究需要綜和否？如須綜和，則須於圓成義外當復言綜和。曰：不需。蓋彼兩界實非「甲」與「非甲」之兩項，而需綜和之以成一整體。命題世界只是截斷其創造上之根源，而單靜態地

就其爲一現實之存在而是其所是地而觀之。如是而觀之，吾人注意其「是什麼」，自無價值意義之可言，因而名之曰自然，此就是吾人知識之對象。然就本體之創造言，存在之創造上之根源實不可截斷。一切現實存在之如是如是「是」，實由於其在本體之創造中而然。一歸於本體之創造，則即歸於如如的當然之理之流行，因而自然者亦即是當然者。自本體之創造處言，此兩者是一。蓋本體創造之當然之理實無一刻空懸者，而無時不在成用中，亦即無時不在成爲自然中。惟自本體以外之所創造，分別地而言之，則現實存在之是什麼爲命題世界，而是什麼之存在之歸於本體之創造中即爲道德世界。此實是兩種意義之分觀，而在本體之創造處原本合一也。今反其向而融於本體之如如的創造中，則即是一種最後的圓成之和。此圓成之和惟自本體之如如處言。本體之如如的創造，成自然，而自然同時亦即是當然，是有向，同時亦即是無向。有向內在於本體之自己而爲無向之向。是即所謂圓成之和。是以圓成之和非綜和，而彼兩界亦不需言綜和。或又問曰：兩界有罅隙否？須溝通否？曰：自本體之創造處言，現實存在本爲當然之理之直貫，故無罅隙，亦無須溝通。圓成之和亦並非一第三者，藉以爲彼兩界之媒介。乃只是依據本體之如如的創造，融其向而歸於無向，所成之最後之境界。設自認識之能上，先由認識之心，譬如理解，依其特殊之限制與機能，而釐定一自然世界，復由道德之實踐，依康德所謂理性而釐定一表示自由之道德世界，而此兩界絕然異質，而吾人之認識之能又各止於其分，絕不相通，夫如此始顯出須有一第三者爲媒介而使其溝通爲可能。惟依本書之系統，即在認識之能上，亦不如康德之所論。自認識之能上，由認識之心所見的命題世界，與由

形上的心所見的道德世界，亦如自本體之創造處言，並非隔而不通者。吾人將視之為形上的心（即天心）之貫徹過程中之曲折，而一是皆由天心以貫之，此卻並無一媒介足以溝通之。溝通之者不是一第三者之媒介，而是**天心之貫徹**。若不自天心之本源處言其貫，卻向何處憑空尋一第三者以媒介之？若不自天心之下貫言，則所尋以溝通彼兩界之媒介，若非只有工巧之價值，亦必為虛懸而不能實現者。吾之如此言，意在使康德所言之「自然之形式目的性原則」全部透出來而建基於天心上（自認識之能方面言）與本體上（自本體之創造方面言）。

康德在其《判斷性批判》一書中引論第四節末段云：

> 依是，「自然之目的性」是一個特殊的先驗概念，它只在反省判斷中有其根源。因為我們不能將任何像「把自然牽涉到目的」這類東西歸給自然之成果，我們只能用這個概念（即目的性概念）去反省自然之成果，所謂成果是在自然中的現象之結聚方面言，而此所謂結聚是依照經驗律則而定的。復次，這個概念完全不同於實踐的目的性，如在人類技術中或甚至道德中，雖然無疑它有隨此類比而被想。

此即是說，在自然之成果上，吾人不能積極地為之規定一目的而賦予之，但只能用目的性概念（主觀的或形式的）去反省自然。依是，此為反省判斷而設的目的性概念是虛的。它不同於道德的目的，亦不根據於道德的目的。它著落在何處，尚未決定。而且依康德之系統將始終不能決定也。但是，它卻要盡媒介之責。此如何而

可能？如果在經驗律則之變化多端方面，不能全由普遍律則（為理解所先驗供給者）來控制，還須要有一個目的性概念即超越原則以諧和而統一此變化多端之經驗律則（在自然之結聚的成果方面說），則實是想立一最後的統一原則以諧和此自然，而此統一原則或在神，或在基於天心而顯之普遍的道德目的性。如果在此兩者，則此統一原則是有實指的，亦有其落實處，雖然時下只是邏輯地如此說。如果有實著落，則自然在客觀方面即有其諧和之根據，而此統一原則亦不只是主觀的，雖然時下只是邏輯的要求，要求之以諧和此自然。即在康德的系統說，反省判斷是要求此超越原則的。因為反省判斷不能積極地規定之，故只在為美的判斷之可能上而要求之。然康德偏不將此超越原則予以實著落。是以此原則如不基於神或道德的目的而建立，則自然之客觀方面的諧和便不可能。如不可能，則理解在自然中固不能有歸宿，而美學判斷亦無由獲得其具體而真實之實現。或說；美的判斷之成，不在自對象之客觀方面說，而但在自對象之與主體中諸認識之能（想像與理解）之契合上說。因此，美的判斷只是主體方面自身之融洽以及其對於自然之無所規定無所立法之無間的幾應。但須知，順康德，此種無間之幾應，亦必須客觀方面已有諧和的統一，或已有此統一可能之根據，然後吾之無間的幾應始能安然洒然而成或可能成其為具體而真實之美的判斷。美的判斷雖於對象無所事事，而只欣趣，或只快感，然亦必須客觀方面有諧和的統一方可。（不惟客觀方面須有諧和的統一，即在主體方面亦須有足以實現美的判斷之真實根據。而此兩方面說到最後實即是一事。然康德實未能作至此。現在暫只從客觀方面說。）諧和的統一雖不由於美的判斷而成，而必為美的判斷所根

據。不由之成，故它對於自然無所事事；爲其所根據，故它始能安然而欣趣。自此而言，康德實必歸於以一個有實著落之超越原則爲諧和統一之根據，然而他不如此作，他亦不能眞實地客觀地建立此原則。他是將美的判斷之本性上的無所事事，說成一個爲美的判斷所必假定的一個形式目的性。實則此形式的（主觀的）目的性只是美的判斷之無所事事，只是主體中諸認識之能之諧和以及其對於自然之無間的幾應。然而此只是美的判斷之本性。（此本性，展開言之，即爲康德所說之四義。）而不是它的一個超越原則。康德開始是想建立一個超越原則。但因他不能將此超越原則歸於道德目的或神，所以他又不能眞實地建立之。康德以爲道德目的基於自由之概念，而自由之概念是超感觸的，又爲理性所規定所供給，而康德心目中卻要想這個超越原則只是反省的，不是決定的，因而只是爲美的判斷的，所以他說這個目的性不同於道德目的，因而他不能將此原則落於道德目的之上。然而他不知美的判斷之原則若植根於道德的目的（以此爲根據），亦並不妨礙美的判斷之成立（實則不惟不妨礙其成立，而且其成立必因此而可能）。而道德目的之爲決定的，亦並不妨礙美的判斷之只爲無所事事的。蓋根據於道德目的而後有此諧和，而後可以成爲實現美的判斷之轉關，此是必然不可移者。道德目的自是決定的，但它在吾人主體方面具有扭轉超升之作用，假若此目的能頓時即普而爲萬有之基，它的決定性即是它的貫注性、生成性，因而可以利貞萬物之性命。經此扭轉與超升以及其利貞萬物之性命，則美的判斷之無所事事，以及其中之無有決定作用的目的性，即可有具體而眞實之實現。此一轉關，對美的判斷言，乃不可少。然而康德不能作至此。康德之美的判斷之超越原則不能

基於此而建立，所以此原則是虛的，不能負自然諧和之責，亦不能
負美的判斷之實現之責。如不能負此責，則自然之和諧即不可能，
即無根據，而美的判斷亦不得而實現。又因為不基於此而建立，所
以只將美的判斷之本性上的無所事事，投射出為一原則而虛立之，
在一種偽裝下而生出，因而其開始所想建立之超越原則亦終不得而
建立。關此，康德是在以下之論辨中進行其推理：自然在其經驗律
則之變化多端方面須有一個目的性原則以為美的判斷之根據（即超
越原則），而美的判斷是無所事事的，所以此目的性原理也只是形
式的主觀的（無所事事的）。此推理，衡之以條件義，顯有漏洞。
美的判斷本身無所事事，而其所根據之目的性原理不必無所事事。
此以美的判斷之本性混為其原則也。目的性之美的表象是主觀的，
但目的性原理本身不必是主觀的（形式的）。由此而言，他是以目
的性之美的表象混為美的判斷之超越原則。（如若不然，則目的性
原則既未真實地建立起，何來此目的性之美的表象？）

　　或曰：若如上所言，美的判斷之超越原理必植根於道德的目
的，則美的判斷必只是一種後果，而不足以為溝通兩界之媒介，其
自身亦不能獨為一領域，自其自身含有一些先驗原則而成其為一獨
特之領域。然而康德則見到，除理解與理性外，判斷自身亦有先驗
之原則。此則可獨立地而言之，即單因考察判斷自身即可發現美的
判斷之超越原理。此則有二利：一、美學自身有其構造之原則（雖
是對自然而言只為軌約的）；二、美的判斷可獨立於一切實際目的
或道德觀念，而欣趣之禪悅亦實如此。若必植根於道德目的，則美
的判斷即失其獨立性，而必限制於道德之善，而為其委。康德論反
省判斷之超越原理先不作此積極之肯定，而只就美的判斷本身之所

須，以為唯此主觀或形式目的性即足夠。如此，似可保留彼二利
處。曰：此雖可以如此說，而實不可以如此說。蓋依康德系統，美
的判斷之超越原則實負溝通兩界之責。但若此原則只是主觀的，則
不能盡此責，蓋其在對象方面無所事事故。（一個虛的原則何能盡
媒介之責？假若自由之概念不能貫下來，則雖有此主觀或形式目的
性，彼仍自若也：彼仍不能貫，而此亦不足以溝通之。）假若客觀
方面已實成一諧和統一之系統，而與主體中諸認識之能絲絲入扣，
妙合無間，因而引起吾人之快感，則所以能如此者必有其根據，而
此根據卻不在康德所立之主觀目的性。依此，主觀目的性既不能實
現客觀方面之諧和的統一，亦不能實現美的判斷之為具體而真實之
判斷，而所謂快感亦只虛說而不能實現也。假若此原則只為對於自
然之反省上如此立，而不必視之為有客觀之決定，而美的判斷亦實
表象一種諧和之快感，因而其所依之目的性原則即可以使自由之概
念轉到自然之概念，因而可以溝通兩界而為一，則吾人如此說：即
此種虛的目的性原則，實是該本體上或道德上之實的目的性之投
射，而美的判斷之實足以表象對象之與主體之妙合，亦實只是該實
的目的性之下貫，因而有此無所事事之欣趣，而並非該美的判斷之
超越原則即主觀目的性足以溝通之。依是，康德所立之主觀目的性
原則實只是自然之目的性之美的表象，或美的判斷之本性上的無所
事事，而不可視為一原則。否則，此主觀目的性既不能實現自然之
諧和的統一，亦不能實現美的判斷之必然為實有；而美的判斷既不
能為實有，則如何可以盡溝通之責耶？就不能實有之美的判斷而只
邏輯地或形式地為之虛擬一超越原則，則就美的判斷言，只說明其
形式的可能性，不能說明其真實的可能性，因而就兩界言，亦不能

盡其溝通之責。此所謂不能盡溝通之責，非謂只是形式的，而不是
真實的，乃謂根本不能盡媒介之責也。依此，美的判斷或只是虛懸
而不能實現，或必是一種依據一根據（即真實的目的性）而轉出之
後果。依此，美的判斷必須從其媒介地位轉出去而為一最後之圓
成，因而其超越原則必須是一實的根據。而其無所事事之表象與其
所以可能之原理並不可混為一事。此則必賴實的根據之下貫。康德
唯不能作到此直貫，故憑空別尋一第三者以溝通之，而以美的判斷
為居間之媒介。實則美的判斷並不可作媒介也。美的判斷誠可表示
事理之圓盈，而又無所事事。但此與居間媒介義迥別。蓋此實乃最
後之圓成也。若問康德何以不能識此直貫義，則總因其一、不能了
然識心（認識的心）本心（道德的天心或形上的心）之義用，形上
天心轉不出；二、其所說之自由概念中所含之道德目的性不能頓時
即普而為萬有之基，因而亦不能真實而客觀地決定或建立此普遍的
自然之目的性；三、未能認識最後之問題乃在超越形上學如何能全
幅被實現之問題，因而不能知唯有自本體或天心處始可言美的判斷
之真實可能。

　　自由之概念雖是超感觸的，然此只是了解其本性，就對其本性
之認識而云然，並不能因此即謂其不下貫、不指導或主宰氣質之自
然。吾人可全不從感觸經驗上論自由，論道德之天心，但亦不能因
此即謂其不下貫、不指導、不扭轉感觸之自然。此譬如範疇亦為純
理智者，超感觸者，然並不礙其下貫而構造地綜和吾人之經驗。範
疇可以下貫，何以自由及其特殊因果性不能下貫耶？或曰：範疇既
為純理智的，其自身本亦不下貫，故須有「規模」以通之。規模之
溝通範疇與直覺，亦猶判斷之溝通理解與理性也。曰：規模之為媒

介實不同於判斷之爲媒介。而何況其專以時間爲論規模之關鍵亦不能盡媒介之責。實則只是範疇之直貫，而以超越的想像以具體化之而已。若徒自時間論，則實無如此多之屈曲，備於此而與範疇相應也（此義在此不能詳論）。判斷之爲媒介，又不若規模之爲媒介，是以更有難處也。（蓋規模尙可自實的超越想像而論之，因而規模亦可有實指。而美的判斷則不具備此特性，故爲虛的也。）如其道德天心能下貫，則美的判斷必轉出去而爲最後之圓成，而不可視爲溝通兩界之媒介。

美的判斷是具體而現實者。是以必就其爲可以實現而論之。依是，一、必須有實的根據；二、必須超越於諸認識之能之上而自一「依據本心而現」之心境以論之。依是，美的判斷終必轉出去而自道德的天心之圓成處以言之。一、旣不可自其爲媒介而言之，二、又不可自主體中之諸認識之能之妙合而言之。諸認識之能是識心，而美的判斷則必須基於天心。大樂與天地同和，則亦莊亦美。吾之自圓成世界而言美，正爲此兩步超轉而設也。

美的判斷必須是能實現者。吾於本節所言之宇宙論之形成，亦不過只是邏輯地而言之。然亦足示其必轉出。若論其實現，則必須轉至天心之呈現（此步不在本書範圍內）。康德所以不能實現美的判斷，正因其不能使天心全部透露出（而彼亦實未見到「必須基於天心美的判斷始可能」一義）。天心是全部自然界之基體。而康德對此基體始終隔著一層簾幕，從此簾幕中隱隱約約略露端倪。且也不是從那基體方面說其略露端倪，而是從吾人主體中諸認識之能方面說約略可以指點或逼近那個基體之端倪。其《判斷性批判》中〈引論〉第九節第二段文即表示此超感觸之基體由三方面而暗示，

而皆未能使之全幅實現，即無一能使之成為完全決定者。知性只決定自然為現象（即只作為現象被認識），雖可以暗示自然有一超感觸之基體，但完全不能使之成為決定者。理性，因其實踐的律則，對此同一物事即超感觸之基體，固能先驗地給之以決定。（實則亦並不即是決定，只因自由概念為超感觸的，故使吾人更易接近該基體之函義，實則在康德系統中，實踐律則所提供之自由概念是否能頓時即普而為萬有之基體，或即具有普遍之涵蓋性而可為宇宙萬有之基體，亦大有問題，康德實未能作至此。）但其所提供之自由之概念以及由此而逼近或指點之基體並貫不下來，其自由之概念亦未能頓時即普而為全部自然界之基體。（雖即形式地如此建立彼亦未作到，假若此步能作到，則其立場必更積極而顯豁。）因此，理性因其實踐律則所提供之自由之概念及其特殊因果性並不即等於目的論判斷所估量者，即是說，並不能即由之而可建立（雖是邏輯地或形式地）普遍之自然目的性，縱或由此可以接近而指點之，然亦不能使此普遍之自然目的性可以直貫下來而完全成為實現者，同時其本身之自由概念亦如此，是以尚須有待於其他第三者去迎接之，溝通之，而把它拉下來。由此可見，理性對此超感觸之基體，既不能積極地建立之（縱然是邏輯地），亦不能完全滿證地實現之。最後，自然之目的性固亦有其邏輯的表象，即目的論判斷所表象者。但「目的論判斷並不是一種特殊之能，但只是一般的反省判斷，依照概念而前進，其依照概念也，亦但是在關於自然底一定對象方面而依照概念以前進，並且隨從特殊的原則而前進，而所謂原則亦就是那『只是反省的而不能決定對象』的判斷之原則。」（《判斷性批判·引論》第八節末段中文。）依是，目的論判斷亦只是反省

的，彼雖以知性及理性估量自然之目的性，但亦只是估量，而不是
決定也。所以康德說：「在另一方面，作為目的論地使用之判斷則
指定一些決定的條件，在此條件下，某種東西如有機體可以以其順
從一個自然底目的之概念而被估計。但是從作為經驗底對象看的自
然之概念中，並無原則可援引，援引之而賦予之（此之字代表目的
論判斷）以權威，使其先驗地將『事物之涉及於目的』一義歸之於
自然，或不然，亦只是不決定地預定此種目的，從現實經驗中不決
定地預定之。所以如此之理由是：要想在一定對象中能夠只是經驗
地去認識客觀目的性，許多特殊經驗必須集合起來，而且須在其原
則之統一下被觀看。」（同上）可見目的論判斷對於客觀的真實的
目的性亦並不能客觀地決定之，也只是一種虛擬，更不必言實現
之。其自身亦不能自足地有使用目的一概念於自然之權利，而反因
「自然的美」即主觀目的性之表象，即美的判斷所表象者，而逼
出。即「在《判斷性批判》中，討論美學判斷的那部分在本質上是
相干的。因為單只是它含有為判斷完全先驗地所引出的一個原則，
以此原則作為它的對於自然之反省之基礎。此就是自然的形式目的
性之原則，為我們的認識之能在其特殊的經驗律則方面所設的一個
原則。此原則，若沒有它，知性便不能在自然中有歸宿：而同時為
什麼自然必有客觀的目的，即為什麼自然中的事物必是只有當作自
然的目的看才是可能的，這並沒有理由是先驗地可指給的，當然亦
不能有從當作經驗底一個對象看的自然之概念（無論在其普遍的方
面或特殊的方面）而來的一個顯明理由之可能性。但在上面那個超
越原則早已預備好知性去應用一個目的底概念於自然上（至少在形
式方面之自然上）以後，只有判斷（其自身在此方面亦不曾先驗地

有一原則），在現實地出現的事例上（屬於某種成果之事例），含
有一個爲使用目的概念（在理性底興趣中使用）之規律。」（同上
第八節第三段）。依是，目的一概念之使用，其關鍵全在美的判斷
中。由美的判斷所含之主觀目的性才引吾人去作目的論判斷之估
量。然而美的判斷所依據之超越原則，又是虛的，因而美的判斷並
不能成爲眞實地實現的。由此可見美的判斷亦不能充分決定而實現
該自然之目的性，即超感觸之基體。是以康德承上所引文又說：
「但是，那超越原則，（因此原則，自然之目的性，在其主觀的涉
及於認識之能中，是被表象在事物之形式中而作爲對於它的估計之
原則，）對於以下之問題是全不能決定的，即：在什麼地方，在什
麼情形中，我們能估量對象是一種依照目的性原則而成的成果，而
不把它看成只是依照自然底普遍律則而成的成果，此問題是完全不
能被決定的。它把決定『這成果（在其形式方面）對於我們的認識
之能之契合（作欣趣問題看）』這一工作歸給美學的判斷」（同上
第八節末段文開首）。但吾人已知，如果美的判斷之超越原則不能
決定而且實現自然之目的性，則美的判斷自身亦不能獲得其眞實之
實現（此義稍後即詳論之）。

　　由上所述，康德對此超感觸之基體，即自然之客觀而眞實的目
的性，是全在一套虛的交關中，即虛虛相關所成的一套虛幕中，而
窺測之。他並不能完全透露而實現之。感性之能及其成果是實的，
知性之能及其成果是實的，理性之能及其成果亦是實的。凡此皆是
限於吾人主體中諸認識之能一焦點上而言者。由此一小的焦點而窺
測那個超感觸的宇宙萬有之基體，他乃把握不住矣。可是也奇怪，
他既以本體爲中心，爲何把不住？（正因天心未透故。）若不以本

體爲中心，他何以能窺測那個基體定是目的性的？他既由本體爲中心而窺測其定爲目的性，他何以不能全幅把握之？以本體爲中心是也。以主體爲中心而不能瑩徹於天心，此其所以不能把握之之故也。

我必須揭開這個虛幕而直透天心。夫如此而後能建立自然之眞實目的性，而後能實現美的判斷之具體的眞實性。我決不以美的判斷爲媒介。康德實欲以美的判斷彰著自由概念中之目於自然中，此即其所謂媒介或溝通。但美的判斷既不能眞實實現，則所謂彰著亦落空。且問題又不在只是如此溝通而已，且須使自由概念中所函之實踐目的性頓時即普而爲萬有之基體，即目的論判斷所估量者。但康德並不正面求此步工作之實現，而徒斤斤然以溝通兩界爲事，則亦未能握住問題關鍵之所在。夫自由之領域尙未能與自然領域等量者，即等其外延者，而徒欲如此溝通之，則亦必參差而不能相應也。自然與普遍之目的性（目的論判斷所估量者），方是等量相應者。然康德對此目的性尙未邏輯地眞實建立起，而只爲依美的判斷之原則而引吾人去如此估量之，即依知性與理性而估量之，然則所謂溝通者，謂之實未溝通，亦無不可。是以問題可不在兩界之溝通，而在自由概念中所函之實踐的目的是否能頓時即普而爲萬有之基體，而爲整個自然所依以實現其爲如此之自然之眞實目的性。此問題之解答，全賴對於基體之本體論的建立同時亦即是超越的建立。此則全賴天心之如何呈現。（康德如能於此著眼，則必不以美的判斷爲媒介。）而吾人現在自本體創造處言美的世界亦只是邏輯地如此說，其全幅實現必有待於直覺的構造。然就是此邏輯的構造亦足示美的欣趣之應當依何分位而言之，依何根據而可能。吾人先

如此轉出來，亦足盡形式的批判之責任。形式的批判與邏輯的構造相應。除此以外，還當有眞實的批判，而此與直覺的構造相應。批判與構造永遠是相因而生的。

康德對於感性、知性、理性三者之能與成果，俱已盡眞實的批判之責任，惟對美的欣趣則只遊蕩於形式的可能性中而措辭，不惟未至眞實的批判與直覺的構造，即形式的批判與邏輯的構造亦未能自其恰當之分位而立言。其故即在對於美的判斷之眞實根據未見到。此蓋爲西方人所難至者。儒者之學亦正於此而有其所獨闢之天地，而所關亦甚大。

康德因爲對於超感觸的基體，即自然之眞實目的性，目的論判斷所估量者，不能眞實地建立起，故無法自本體處以言美的判斷，而彼亦未能細審美的判斷究當依何分位而言之，依何根據而可能。是以根本未想到美的判斷只有依據本體始可能。因未想至此，故亦不能轉至本體之眞實建立一問題。他不惟不依據本體而言美，反只因美的判斷而始能隱約地預定自然之目的性。但美的判斷究是具體而眞實的，它必須實現於眼前之眞實心境中，不只是一形式的概念而可以懸空形式地討論之。它既不能依據於本體，它必有所依，必有其落實處。它的落實點，客觀方面，是對象之形式，即自然成果之形式方面，主觀方面，則是主體中諸認識之能。徒此兩方面尚不足。且必須是「形式與諸認識之能之諧和」。此諧和就是當作對象之形式目的性而被表象者。依此，此諧和即顯示一種只是主觀的或形式的目的性。「主觀的」者，即對象之適應於諸認識之能，而單在主體中覺有此舒坦之諧和，遂覺自然儼若有此目的性。故此目的性只在主體方面有意義，決不能是對象底一個概念，故亦不能率爾

即加之於自然，故在客觀方面是否實是如此則不得而知也。因其只在主體方面有意義，故對自然言亦只是形式的，而不是真實的。康德以爲只此形式的便足夠，而且亦惟此才是反省判斷所能先驗地爲其自身而規定的一個超越原則。故惟美的判斷方是依照規律（不依照概念）而估量的一種特殊之能。現在，其落實點之「形式方面」且不說（其主觀目的性原則之不盡責已論之於前），單說諸認識之能之妙合而應是否可爲言美的判斷之具體的真實根據。康德不能將美的判斷之根據置於本體或天心，故只好置於諸認識之能。因認識之能至少亦是具體而真實的。但，一、認識之能是無色的：前向有取（決定判斷），後返無取（反省判斷），俱是識心。二、識心在普遍條件下是必然的機械的，在特殊的經驗律則下發見一種諧和統一，是巧遇（偶然的），是快慰，但此快慰是有待（雖然它不給自然以物事），而其巧遇無實據（雖然它由此可以預定一客觀目的性）。（特殊與普遍之分在康德系統內是否能成立尚不必說）。三、依是，它有待於外，而且待一不能落實之原則。（假定所待之原則落實，而即以此落實之原則爲本以言快慰，則可無礙。但關此康德並未作到，彼亦不想自此說美說樂。）四、吾人自可以欣賞目的性爲美，但是對象方面不能各正性命，保合太和，即目的性不能真實實現，則客觀方面之美的對象即落空，而識心亦不能變爲天心。依是，識心之快慰只是一種幸運，機遇之幸運，而不能說是一種美的判斷，亦不能說是一種樂。幸運的快慰並非即美也。識心亦並不能因巧遇而即變質。依是，五、當一個人偶然間遇著一種新奇幸運的事，如「偶然間錙塵京國，烏衣門第」，此自是可欣賞的，亦自可有一種無名之快慰，但納蘭性德並不以此爲美。可見此種美

全無根據。識心不能變質，萬物不能利貞，美的欣趣是無必然性的，縱或有之，亦可轉為一種蒼涼之感。（陶淵明之沖淡以及魏晉人之風流皆有美趣，而背後實是一種蒼涼空虛之感。以其無本故也。）無趣之趣，就「美的判斷」本身言，是如此，但不能處於識心而言之。六、如果識心不轉，性命不各正，則美的判斷之普遍性及必然性是沒有根據的。在識心中可以有類乎美的欣趣之例子，但不足以為實現美的判斷之必然的根據。康德固有「主觀目的性原則」為根據，但此原則是不能實現的，是虛的。因其是虛的，未能實現的，故識心亦不能轉。（康德所言兩種美，如只就美的判斷之是其所是而言之，則全對，但就主體中諸認識之能言，則不能使美的判斷有真實的根據，而只是一種形式的論列。然美的判斷之形式構造與真實構造不能分開。此其言心不足也。）七、康德所言美的判斷之普遍性並不極成。他以經驗判斷為例，雖是經驗的，亦期其普遍有效。但在康德，經驗判斷之有效，乃因有普遍條件故。而美的判斷之為經驗的，則因其超越原則並未實現，而識心亦並未轉。（此兩者吾將預定其為一事，自一根而言之。）故亦無保證。此即普遍性未能實現之故也。普遍性未能實現，則必然性，目的性，以及無趣之趣，亦因之俱不能實現。其關鍵皆在識心之未轉，性命之未各正。

　　普通爭論美的判斷究係主觀的抑係客觀的。主觀論者自是經驗的心理的，限於識心而言之，自無普遍之必然性。客觀論者則以為美在客觀之形式，如柏拉圖即就理型而言美。美的判斷固不離其所欣賞，但徒自客觀的形式言，並不足以說明美的判斷。此種爭論，如不能轉至天心而據之以言美的判斷，則萬世不得決，且亦無意

義。康德由反省判斷而建立「判斷性」之超越原則（即主觀目的
性），由之以論欣趣之四性，固是高一籌。但因其超越原則為虛
擬，且亦有二混，（一混美的判斷之本性上的無所事事為原則，二
混對於目的性之美的表象為原則。如前所述。）其所著落之歸宿即
主體為識心，則其所論列之美的判斷之四性亦不能有真實之實現。
美的判斷之四性乃至其客觀性，必須依據於「識心之轉為天心」以
及「自然目的性之全幅實現」。欣趣判斷固不離其所欣趣，但所欣
趣必在目的性之貫徹潤澤中。而貫徹潤澤「所欣趣者」之目的性同
時即是形上天心之所發。天心處於其自己中而如如地欣趣其所發，
即謂美的判斷。依是，其判斷也根於天心，其所判斷也即此天心之
如如地觀照。此為徹裏徹外而為一的即寂即照，此即美的判斷之所
呈現。依此，四性以及客觀性（此客不與主對）乃為必然而不可移
者，決無其他之變端可以出現。

　　依此，欣趣判斷，自主體言，只是天心之寂照（即寂即照），
自客體言，則亦不必單割裂而言其形式方面，乃實是一事理圓融之
圓成世界。如是，則亦莊亦美。（關此，本書不深論。）

　　須知目的性原理不但通於對象，且亦根於本心。惟本心呈露
（透頂），則目的性原理頓時即普，而識心亦轉。如是方可言美的
判斷。此豈媒介說之所能至乎？如是，則一、美的判斷必自媒介地
位轉出去；二、本體必下貫。此為吾書所必至者。孟子曰：「反身
而誠，樂莫大焉。」又曰：「充實之謂美，充實而有光輝之謂
大。」此皆自天心處而言美言樂也。《易坤‧文言》曰：「君子黃
中通理，正位居體，美在其中，而暢於四支，發於事業，美之至
也。」此亦據本心而言美。陽明曰：「樂是心之本體」。二程語錄

載：「昔受學於周茂叔，每令尋顏子仲尼樂處，所樂何事。」（不能定是明道語，抑伊川語。）又載云：「顏子簞瓢，非樂也，忘也。」（亦不定誰語。）又載云：「鮮于侁問伊川曰：顏子何以能不改其樂？正叔曰；顏子所樂者何事？侁對曰：樂道而已。伊川曰：使顏子而樂道，不足爲顏子矣。侁未達，以告鄒浩。浩曰：夫人所造如是之深，吾今日始識伊川面。」此實是一種禪悅，理境甚高，本不能作固定的答覆。故只云「所樂何事」。又云：「忘也」。又云：「使顏子而樂道，不足爲顏子矣。」此即是一種「即寂即照」之美的欣趣。詞亡慮喪，洒然自足。此例固可說其單就心境而言，而於對象方面之有無目的性可全不注意。但即使只就「心境」言，此心亦必融化諸認識之能而自諸認識之能中超轉而爲天心。隸屬於此天心之主體而洒然自足而無所事事，以成爲那名爲「欣趣判斷」之「通體是一眞之呈露」，此猶之乎由反省判斷而言對象之只涉及於主體中諸認識之能以成功康德所謂之美的判斷或自然目的性之美的表象。但此中有大不同者，前者所隸屬之主體是天心，即由此天心爲根據而成功欣趣判斷；後者所隸屬之主體是諸認識之能，而卻並不能即以此爲根據而成功欣趣判斷，此所以康德不能實現欣趣判斷之故也。（彼只是形式地如此說而已）。隸屬於天心之主體，則以天心爲根，由之而顯而發，故欣趣判斷乃眞實而必然者。此將美的判斷由諸認識之能中自其媒介之地位轉出來而基於天心之說也，進一層矣。非是從外面牽回來而只成爲虛的之說也。既以天心爲據，若由此進一步而至形上之陳述，不只限於心境而言，而且由此可以將天心中所含之道德目的性頓時即普而建立爲萬有之基體，以成爲普遍之自然目的性，則於對象亦有所關涉矣。而

此關涉，在欣趣判斷中，亦只是在「對象之涉及於天心主體而爲天心所如如地觀照」之方式下關涉之。欣趣判斷對於對象無所增益，自必極成。依此吾人亦可言此是自然目的性之美的表象。但呈現爲欣趣判斷之「天心之寂照」同時亦即爲貫徹潤澤而實現萬有者，此即是客觀而眞實之普遍的自然目的性之實現。依是，康德爲判斷而立之主觀目的性一超越原則，在吾人說統中，即廢棄矣。依是，吾人只有形上天心之如如地生化與如如地寂照。自如如地生化言，曰道德世界；自如如地寂照言，曰圓成世界。自如如地生化之「所生化者之現實的存在」言，曰命題世界。〔關於圓成世界，本節所言只表示美的判斷之自媒介地位與諸認識之能之識心處而轉出。正面陳說將見他書。〕

附　録

時空為直覺底形式之考察

本文為拙稿《認識心之批判》中之附錄。可以單獨發表，藉以為了解康德之一助。本文之後，繼之以〈時空與數學〉，亦為疏解康德之思想者。此兩篇原為一文之兩節，故行文有相啣接或貫通處。又為拙稿之附錄，故行文中有所謂「本書」云云者，即指拙稿一書而言也。本文12345五條為《純理批判·超越感性論》中幾個普通概念略解。678三條為正文所在，多批評士密斯處。

1·**直覺與感覺**：「直覺是吾人之知識由之可以直接與對象發生關係者。」依是，直覺是直接覺知一對象。「對象」是指感覺內容言。如紅或冷，皆為直覺之直接對象。「一對象之影響於表象之能上曰感覺。」此句中之「對象」與直覺所直接知之「對象」異。此或可曰物自身，亦可曰引起感覺之原因。「表象之能」隱指「心」言。吾人亦可說：一對象之影響於吾人之生理器官而有感曰感覺。依是，感覺是自感而覺，從外至內。直覺則是自覺而去覺，從內向外。前者是生理感，後者是心覺。「直覺經由感覺而直接知對象曰經驗直覺。」

2·**「心」**：此為認識的心，非形上的心。或實際即等於「表

象之能」。康德所謂「諸認識之能」是也。如直覺、理解、理性、想像，皆認識之能。

3・「**表象**」：此字康德無定義。或作動詞用，或作名詞用，從開始起即使用之，而從未予以準確之表示。其用之或有專指，或只泛用。譬如：「經由吾人為對象所影響之方式而接受表象之能（即能接受性之能）曰感覺性」。此為「感覺性」之定義，而此定義中「接受表象」中之「表象」即名詞，有專指。其所指者蓋即感覺內容也。依是，內容或對象亦得曰「表象」。又如前界說感覺時所云影響於「表象之能」，此「表象」在文法上雖亦為名詞，然實指「心能有去表象之能」言，此實表示「心之作用」也。又如：「如在一切表象中無有屬於感覺者，吾名此表象曰純粹表象。」此亦為名詞，有專指，譬如對於時空之表象是。有時亦泛用。如：「對於屬於一概念者作一清楚之表象，即曰解析。」此表象即詮表也。又如某書某文中所表象者，此實即表示也。依是，「表象」一詞實動名兩兼：一函有去表示義，此是「動作」；二將「去表示」客觀化而即以所表之對象曰「表象」，此是「名物」。此實為康氏行文時心目中所意謂者。然此字所關甚大，而康氏卻屢用之而不加解，亦怪事也。吾依「動名兩兼」之義，代康德作一界說如下：凡經由主體（不管何層如覺如思）而示出或推陳於外者曰表象。依是，「表象」必有「所表象」。康德或未意識此分別，而實不能不有此分別。最基本之「所表象」曰「感覺內容」，此即「生理感中心」中之事象。康德將「去表象」客觀化外在化而為一「表象」，復將「表象」與「所表象」同一化而不分，視之為一事，此實其整個哲學大廈所由以建之基礎混擾。世人或視之為無關重要也，而吾

則以爲所關甚大也。今略爲申述如下。且就空間爲直覺之形式而言之。吾人前言，感覺爲自感而覺，從外至內；直覺爲自覺而去覺，自內向外。一是生理感，一是心覺。兩者顯然有別，而亦實爲不同之兩層。（雖然有時對理解或思想言，兩者有同一之取用，即同用之爲供給雜多之所在，然此同並不礙其兩者自身間之差異。）生理感引起一事象而爲一給予，直覺直接去覺之，而其覺也又帶有內出之形式如空間。帶有空間去覺之即帶有空間去表象之。康德云：「藉賴外部感覺（此爲吾心之一特性），吾人將外於吾人之對象表象給我自己，而一切如此表象之對象，皆無例外，一切皆在空間中。」依是，空間爲直覺之形式實即直覺「去表象對象給我自己」之形式。空間內出，爲吾心所建立。說其爲直覺之形式，其最多而且直接之函義不過說：空間是「覺之」之方式或條件，再進一步亦不過說：直覺依照空間之方式或樣子或路數去覺知，甚至去表象。依照此方式去表象，自可說一切對象皆在空間中，且可說皆可表之以空間。然「去表之」之方式非必即「所表者」之方式。開始不過謂「依照此方式去覺之，」然此命題並不函「所覺者亦依照此方式而可能而成其爲所覺者」。依照此方式去覺之或表之，此是「去表之」之條件，尚內在而未外出；然如此去表之之時，此方式即附著於對象，而將對象表之於如此之方式中，此時此方式（空間）即外在化，已自內而外出，且外出而外在，依是吾人說所如是表象之一切對象皆在空間中。然須知此是將「依照此方式去表象」整個客觀化外在化而成之表象層，非即「所表象層」。兩者實有間隙。「表象層」乃「所表象層」之影子。依照此方式去表象即將「所表象者」納於虛映中。是以「表象層」是一虛層，非實層，乃永虛映於

半空，而永不能放下而落實。依照此方式去表象，不過將所表象者納之於內出之一定方式中，且將此內出之一定方式附加於其上。然須知所謂「納」，亦是心納而非「手納」；所謂「附加」亦是虛加，而非「實加」。此乃永不能接觸者，而實心覺之「執」也，執即「著」，而「著」亦虛著而非「實著」。故其表象層終於為虛層非實層。空間只能為「去表之」之形式，同時亦為因「表之」而成之「表象」之虛層之形式，然而不能為實層之形式。因而亦不能為現象可能之條件，而只能為虛層中「虛象之可能」之條件。康德固云：只有表象之於空間中，始能為現象，始能屬於吾而為吾人認識之對象。此意即函物自身不在空間中不能表象給吾人，因而亦不能為現象。然而吾豈不能說：只有現象始可為所表象（康德所說之物如並不能為所表象），始能表之以空間，始能為吾認識之對象。如不表現出來而為具體之事象（即現象），吾豈能表象之耶？吾豈能表之以空間耶？吾豈能認識之而視之為吾認識之對象耶？然而如其如吾所說，則即有虛層實層之別。是以「只有現象始可表象之」，與「只有表象始可為現象」，實大不同。而「只有表象始可為現象」亦不同於「只有能表之於空間中者始得為現象」。嚴格言之，後語康德實不能說，而在吾則能說。在康德，表象與現象為一。康德如分別之，則必有實層虛層之別。因而空間亦不能為現象可能之形式，只可為虛象可能之形式。（所謂虛象非謂有一虛象在此，吾人以空間去成之。乃實因以空間之方式去表「所表者」，將「所表者」提而起之，因而形成一虛象。此虛象實是在表象歷程中所成之幻結，虛映於半空中，而為「所表者」之影子。既是一虛映於半空中之幻結，即可將此幻結解消之。依此前進，將有許多可能之推

述）。爲此虛象可能之形式，而對實象言，則只有限定之作用。依空間方式去表之去覺之，實即帶空間方式去限定之。依是，吾人實可說：即因帶此空間方式去限定，遂提起而成一虛象或幻結，所謂虛映於半空中而爲「所表者」之影子是也。此空間完全不能鋪於「實象」上以爲其形式，以本不爲實象所固有，故不能爲其形成之形式也。空間內出而爲吾心所建立。既不屬於「彼」，何得爲「彼」之形式耶？外加於其上，非彼所固有，此外鑠，彼可不受也，彼即受之亦只視之爲暫寄，非能融於其自身之血肉中而爲其常德也。是以康德由空間爲「直覺之形式」率爾即謂其「現象可能」之形式，實爲一滑過之推理，未經愼審也。若空間只爲直覺之形式，只爲「去覺之」、「去表之」之形式，則只爲內在之工具或架子。若只爲內在之工具或架子，亦可以依照之，亦可以不依照之。縱在人類感觸直覺上必依照之必帶有之，而吾人亦可說即使在人類（不必說及神或其他有限存在），若超越此直覺，亦可不依照之不帶有之。是以吾人既可以單獨默想空間之自身而無對象，亦可以單獨默照事象之自身（仍然是表現出來）而無空間，乃至無時間。康德云：「吾不能表象空間之不在給自己，但很可以想空間而無對象。」此句中，後半句甚清晰，前半句不明顯。吾人可視之爲「吾人不能想像空間之不在」，或視之爲「吾人不能表象對象而無空間」，或視之爲「吾人不能想像對象而無空間」。若爲第一可能，則大不然，蓋吾很可以「想像」空間之不在也。不但有此可能，而且可以實現此可能。若爲第二可能，則雖與該句中之後半句相對應，而說話之標準不一致：後半句說：可以「想」空間而無對象；而此第二可能則說：不能「表象」對象而無空間。一是「想」，一

是「表象」，標準不一致，自可以有軒輊。蓋直覺去表象必依照空間之方式，自不能無空間。而「想」則是單獨之默想，自可以無對象。若爲第三可能，則兩相對應，而標準亦幾近。一說「可以想空間而無對象」，一說「不能想像對象而無空間」。想與想像爲幾近，至少皆非「直覺之表象」。然而果如此，即不能有軒輊。蓋既可以想空間而無對象，亦可以想像對象而無空間也。且不但有此可能之想像，有時大可以實現此可能，康德說該命題，本爲證明空間之先驗性，此則吾不背。然其中所函之「空間可以離對象，對象不能離空間」之軒輊實不成立也。惟此軒輊雖不成立，而其先驗性仍無礙，康德由證明「空間之先驗性，居於一切外部直覺之下而使之爲可能」，復進而說「必視之爲現象可能之條件」，又說：「它是一先驗表象，且必然居於外部現象之下而使之爲可能。」此則實爲未經慎審之滑過，而不知其中有深深之委曲，有深深之複雜也。關此略如上判。「表象」一詞，窺其脈絡，所關甚大。故疏解如上，不覺言之重也。

　　4・「**現象**」現象或表現，英文爲「阿皮亞爛斯」，德文爲「愛爾仙努」。其意指一直覺中未決定之對象。此即作爲「給與」之感官內容或直覺對象也。雖在直覺表象中，亦曰未決定者。當此未決定之對象經由範疇而被解析，或云範疇化之，則即成爲「客象」，或云「客觀現界」，西語爲「斐諾米那」。「表現」不離生理感之中心，此純爲主觀者，私有者。云主云私，皆指屬於「生理感之中心」言，不指屬於認識之心言。然雖主雖私，卻是我所謂實象。時空化之，進至於範疇化之，已成爲已決定之對象，名曰客象或客觀現界，此雖客雖公，而自吾觀之，實爲虛象，或表象層。然

康德固不承認其如此也。蓋其所謂時空以及範疇，一往皆欲其應用於現象或表現而平鋪於其上以為其可能之形式；自不視其為虛層。在康德，自表現之為主為私言，曰主觀論者；自客象之為客為公言，曰客象論者。惟在行文中，即範疇化之者，亦常云現象或表現，「斐諾米那」（客象）一詞不常用。此詞比較專，若與「諾米那」（非現界或本體界）對言，則必用「斐諾米那」也。

5・「**現象之雜多**」：此云現象，自指生理感中心中之事象言。此種事象，作為「給與」，即形成一「雜多」。亦常云直覺中之雜多，或云經驗的雜多。言雜多即表示綜和之不可少。是以言雜多不必即混亂而無序。其意在表明統一中之「多性」，是以「多」必歸於統一與系統，即必歸於綜和也。在康德系統中，雜多不能離開綜和而言之，離之是抽象，乃表說之權變。多之不亂而有序，即多之不能離開綜和也。蓋康德之綜和歷程即是構造歷程，固應如此也。然若實層與虛層必有別，則綜和不必即構造，而生理感中心中之事象之為多亦不必即混亂而無序。此則必別有解說矣。讀完本書者當可了然。

6・「**現象之形式**」：關此可仍就空間言。且欲對斯密士之疏解有批評。直覺帶其形式去覺現象，因而遂將此現象條理於形式中，即表象於形式中，因而遂成功一表象。即剋就此表象言，直覺之形式遂外出而鋪於現象上以為現象之形式。是以所謂「現象之形式」者即彼使現象之雜多可以條理於一定關係中者是，而此「者」所代表之物即形式，原即是直覺之形式，為吾心所建立，在直覺覺物時外出而附加於現象，遂即名曰「現象之形式」。依此，形式與質料（即現象之雜多），其本性與起源俱是不同。一是先驗，一是

後驗。一是早已存於心中，一是來自感覺。此稍讀康德者類能知之，不煩重述。士密斯云：「康德亦謂：形式，因其特自之起源，可離一切感覺而被默想。凡此諸義皆基於一未表明之預設，即：感覺無任何空間之屬性。感覺自己只有強度量，並無廣度量。康德之預定此預設毫無疑問，亦從未想證明之。在康德早期作品中（一七六八年）視之為一自明之原則，而在《純理批判》則視之為辨論之前提，而非一需要證明之陳述。…一有擴延對象何以不能給出有擴延之感覺，康德對此並無證明。他全不知：『形式關係可以在感覺中而給予亦可以同著感覺而給予』之可能。如果吾人感性（自對象之活動於感官上之結果言），能產生『質之感覺』，則如萬興格所疑問：為何必反其亦能產生『量的形式性之印象』（在同一原因之結果上）？自康德觀之，感覺如其說是出於物，不如說是出於心（比較偏於為心之所產）。然則，空間自身為何不可以說是感覺的？自經驗科學之觀點言之，感覺之量的形式性方面之因與果與質的方面之因與果同樣存在，兩者間並無嚴格之區別。…如果『感覺』一詞只限於感官性質，即只限於內容或材料，而且視為離開一切形式關係而存在，則該形式成分自不能是感覺的。但是此種限制之合法性即是問題之所在。此並不能因一隨意之表面區分即可決定。」（參看士密斯《純理批判解》85至88頁。）士密斯此段話甚不得康氏意。渠為此言，一在表明：「感覺無形式關係性」及「形式即空間必為先驗，不由感覺來，而且可以離開一切感覺被默想」，兩命題之互為前提，又互為結論，而皆無有證明，亦從未想予以證明一事實。一在表明：「感覺實有形式關係性，形式可以是感覺的」，一事實。而在宣示前一表明中，屢屢引述康德言以為

證。此實康德所正面執持者，人皆知之，不煩興辨。在宣示後一表
明中，則復或引他人之言以證明康德正面之執持，或又引他人之言
以證明康德所執持者之非是。吾不知一註解康德意之註疏家之士密
斯，其為此言，是何用意。彼將為此以否定康德之執持乎？果爾，
則成哲學系統之爭論，而非註疏家所應有。抑只欲說明「感覺亦有
量的形式性」，「空間可以是感覺的」，一事實乎？果爾，則彼又
未計及此義是否與康氏義相違背，如不相違，則彼亦未論及其如何
可以相融洽。抑或只提示其他不同之意見以備與康德義相對照而期
讀者之領悟乎？果爾，則彼不應對康德興疑難，而只為材料之供給
即可耳。是則士密斯之出此甚無謂也，徒滋惑耳。試就士密斯意而
衡其將有若何之後果。

　　士密斯想自感覺之擴延性證明感覺亦有空間的屬性，亦有量的
形式性，而不只是質的量，因而復欲說空間亦是感覺的。對象活動
於吾人之感官上可以產生質的感覺即強度量，為何不能即在此同一
因果中（對象活動於感官之因果）亦可以產生「量的形式性之印
象」（廣度量之印象？）此士密斯所引萬興格之疑問。須知此皆非
是。士密斯且責康德全不知形式關係可以在而且同著感覺而給予。
此責亦大違康氏之說統。吾人須知：一、感覺之擴延性並不即空
間。擴延以前譯廣袤，而即在以前之哲學家，廣袤亦不必與空間
同。今云「擴延」又示非以前之「廣袤」義：前者具體，後者抽
象；前者動，後者靜。是則擴延尤與空間不必同。二、空間的屬
性，量的形式性，亦皆非即空間。三、如以此等性即空間，而云即
在感覺而且同著感覺給與此等性，因而復說空間亦是感覺的，則與
康德所說「空間屬心」之義違。蓋空間既在感覺中而給予，而且同

著感覺而給予，則感覺自身作一整個看即是一事之流（與料流雜多流），如在此事之流中而給予，則空間屬事（物）不屬心，因而與康德「屬心」之義違。而且空間如是感覺的，則即是經驗的，或因在感覺中而給予，則由此而抽出，因而亦即是抽象的，此又與「先驗」之義違。四、感覺亦有此等性，如以此等性為空間，則感覺亦得有空間。然而「感覺亦得有空間」，與「空間是感覺的」並不同，與「感覺能產生此等性」亦不同。「感覺有空間」：如感覺同於直覺，則康德固云空間為直覺之形式，是則直覺有此形式，感覺自亦有此形式，而此並不礙此形式之屬心及其先驗性；如感覺不同於直覺，則感覺為生理感，其所帶之內容為與料，直覺攜其形式起而覺之，即起而表象之，是感覺亦得有空間，以空間必為現象（感覺或與料或內容）之形式故，然此亦不礙空間之屬於心及其先驗性。是則感覺無論與直覺同不同，自某義而言之，且限於康德之說統，吾人皆可說感覺有空間，然而不能說空間即在感覺中而且同著感覺而給予，且亦不能說空間即是感覺的，亦不能說感覺產生此形式即空間。然而士密斯及萬興格之意則似在以「空間是感覺的」說「感覺亦得有空間」，因而說「感覺亦能產生此形式性」，且欲云反之而亦然。須知此大謬。而何況此等性並不即空間？五、士密斯固云：依康德，感覺與其說出於物，不如說出於心，即感覺比較偏於為心所產出。彼欲以此證明「空間亦是感覺的」，而期不違「空間之屬心」義。然須知感覺比較出於心，亦不過「自感而覺」言，言其為心之情態，而感覺仍只是感覺，仍為「自外向內」之歷程，仍為只是生理之感受，而非「自內向外」之「心之覺」。即自其「自感而覺」為心之情態言，而心產出此感覺，亦同時自建一空間

以賦與此感覺以為其形式，此亦不能說「空間即是感覺的」、「感覺亦能產生此形式」，等命題。是則仍不礙空間之屬於心及其先驗性，乃至其可以離開一切感覺於默想。

　　以上五義，所欲辨明者：一、擴延性與空間的屬性乃至量的形式性並非即空間，此為士密斯所不了。二、如以此為感覺自身所固有，而視之為空間，則與空間屬心之義違，而亦失其先驗性，此亦為士密斯所不了。三、如此等性不必即空間，而空間之屬心義及先驗性仍保留，則雙方如何可以相融洽，亦為士密斯所未顧計及，甚至根本亦未想及此。而且在康德系統內是否允許兩者之區別與並存，彼亦無所知。自吾觀之，第二、第三兩點決非康德所能許。而第一點則由作為先驗形式之空間之賦與感覺而表現，依是決不承認感覺自身可以離開先驗形式之空間而特自有其空間的屬性，量的形式性，乃至擴延性（如即是空間的屬性義或廣袤義）。然而由此仍可區別空間與此等性之不同，惟須知後者之來歷及無獨立性始可。而於吾之系統中，則承認第一點與第三點，而不承認第二點。依是，康德義應為：

　　　　時空為現象之形式，因而感覺之空間的屬性全由先驗空間之為現象形式而始然。兩者非一，而非獨立並存。否則「現象之形式」成為床上架床矣。

而在吾，則為：

　　　　時空不為現象之形式，但只限定現象，而為限定之形式。依

是必承認感覺有擴延性（非廣袤義），而擴延非即空間；承
認有空擴的屬性，然而亦非即空間。依是，空間乃就生理感
之擴延性而爲吾心所建立，著於事而限定之，因而賦予以空
間性。擴延關係爲生理感之現起自身所自具：爲具體的，爲
物理的，此可以客觀承認之，不因時空之限定而始然，但時
空可就而限定之，因而賦予以時性與空性，而康德所謂強度
量與廣度量亦因此賦與而決定。而時空性以及強度量與廣度
量則爲形式的，亦爲數學的。擴延性與時空性兩者非一，不
礙並存，而其融洽則因時空只爲限定之形式不爲現象之形式
而得解。

是以在康德系統內，解者要不可於先驗時空外，復說感覺自身
亦單獨具有形式關係。以如此說便與康氏義相違。然而感覺自身實
有其自身之擴延關係，或至少亦有一擴延之歷程，而此亦大可說爲
感覺的。是則吾義爲必然成立者。須知近代說擴延實爲一動之觀
點，乃是一條具體的終始線（歷程）。康氏之感覺是休謨之感覺，
只注意其點性、多性，及孤離性。解者欲於此而復沖之以擴延之形
式關係，則非衝破康氏義，即歸於吾義矣。蓋於此一言擴延之形式
關係，即函有「生理感中心」中之事象之實在論及生成論，此即吾
所欲立也。

7・「現象之形式必須早存於心中」：時空之爲現象之形式由
直覺攜此形式以表象而然也。故時空本爲直覺之形式，而直覺必將
感覺內容表象於時空中，因而時空可爲現象之形式。康德云：「藉
外感，吾人將外於吾人之對象表象給自己，而且一切無例外，皆在

空間中。因其在空間中，故其形狀、量度，以及其互相間之關係，始能被決定，或可被決定。藉內感，心直覺其自己或云直覺其內部之情態。然內感實不能給出對於靈魂自己（作一對象看）之直覺。然縱然如此，亦有一決定之形式即時間，只有在此形式中，內部情態之直覺始可能，是以凡屬於內部之決定者皆表象於時間之關係中。時間不能外在地被直覺，一如空間不能視爲自內直覺之。〔案：此兩句意即時間不能從外感上講，一如空間不能從內感上講。原語實不恰。〕然則，何謂時間與空間？時空是眞實存在乎？抑附屬於事物而只是一決定或只是事物間之關係，甚至不被直覺亦如此？抑或只是直覺之形式，因而只屬於吾心之主觀建構乎？」《純理批判·超越感性論空間之形上解析》開首文）。此段後文三問，表示三義：第一隱指牛頓之絕對時空論；第二隱指來布尼茲之時空論；第三隱指康氏自己之主張。前兩義，吾人可不問。第三義爲康氏所執持。依此義，時空爲直覺之形式，因而爲現象之形式。然此形式，一必內在而爲主觀者，二必屬於心以爲直覺之形式。關此內在而屬心之形式，吾人當有三種解析：

　　一、時空之起源之解析：此當說明時空之根源，吾人由此根源可以自其眞實所在處獲得之，而且可以使之歸於實（即落實，不徒只對之作一邏輯之陳述）。此或可名心理學之解析（此名實不恰而有誤會）。

　　二、時空之形上之解析：此則決定時空之本性，亦即示其爲一先驗之直覺。視之爲一先驗之「有」而領悟之，就其爲一現成之「先驗形式」而昭示之。此可曰時空之「有」之解析，而其解析則爲邏輯者。即所謂從「理」上言之也。

三、時空之超越之解析：此則表示，如形上解析所看之時空，如何能使綜和的先驗知識之可能為可理解。此即時空之「用」之解析，自其對他之關係而言之。所謂「用」，素朴言之，即應用義；沖而言之，即功能或機能義。故吾亦常名超越之解析為功能之解析。用之表示有二方向：一為直覺表象之形式，應用於現象，因而為現象之形式。二為應用於數學，使數學命題之必然性為可能，亦即為可理解。此種用之解析亦可出之以邏輯的言詞而邏輯地說明之。

此三解析，吾意實無一可缺。康德只有後二解析，而於前一解析，則只有線索上之暗示，或只於行文時而論及之，並無特標明舉。即以此故，解者惑焉。須知形上之解析可視為一中點，向內必函一根源上之解析，向外必函一超越之解析。此為自三義而陳辭。蓋必如此，對於時空始有完盡之說明。此非對於時空之解析有矛盾，亦非為自相矛盾之解析。然而士密斯不能識此也。渠以為康德關於「時空為先驗之形式而且早存於心中而為一純直覺」之主張，「早期後期頗不一致。演至後期，漸趨一致。然要不可以後期之意支配前期。超越感性論是早期之思想，吾人須獨立以觀之。早期後期，其間之差異即在早期視空間幾專為一心理學上之先在，而邏輯之先在則是後期超越分析內之思想。如其如此，則在超越感性內，關於空間直覺之心理的本性，可以追溯出一極不同而且矛盾之觀點。一、空間先行於經驗前而作為一現實的、完整的、自覺的直覺看。二、空間先於經驗只作為一潛能的傾向看。解康德者多不知第一觀點，遂責康氏用詞之不恰。…」（案：此後兩語恐不然。該兩觀點亦並非所謂矛盾者。見下自知。）

「此兩觀點可以顯明程式之。第一觀點直而無晦：空間早存於心中，即不能是後起者。甚至前於感官經驗而存在，作爲一『自覺的直覺』而存在。以此之故，空間可以離開一切感覺而被默想。當一切感官內容被剔除時，空間仍然可以存留，而且亦不只是一『形式』，蓋感觸的雜多外，尚有其自己之『純粹的雜多』。第二觀點亦明而無晦：空間前於感官經驗，只作爲一吾心之『經常賦與』而存在。在此第二觀點，關於獲得『空間之自覺』之可能路數，復可再列如下：

a・因反省心在經驗構造中之活動，此可以給出一純粹雜多之直覺。因此而獲得『空間之自覺』。

b・因反省經驗之『空間賦與』的成果而獲得『空間之自覺』。此步反省復可顯示：

b 之一：純雜多不同於感覺之雜多；

b 之二：空間是感觸雜多中之形式。

依此，關於第二觀點，有三不同路數可以發展。a 路是一七七〇年 *Dissertation*，一七九〇年答覆 Eberhard，以及來源甚早之《純理》第一版範疇之推述中之部分，所有之觀點。b 之一則表示超越分析中最後之立場。b 之二則表示時下流行之觀點，然而在康德所發表之著作中，無有承認此義者。至在超越感性論，則康德之說法完全帶有第一觀點之色彩。吾人可起自一七七〇年 *Dissertation* 中相反之主張而進至超越感性論中之主張。該相反之主張，如上所示，實與第二觀點中之 a 路相合也。依此主張，康德說空間旣不是內在而固有的，亦不是從感官經驗而獲得者。其辭如下：

時間與空間之概念確不因自對象之感覺中作一抽象而獲得。
因感覺只給材料，不給吾人認識之形式。但自心自己『依照
某種不變之律則而整列其感覺』之活動中而獲得。空間或時
間，如其所是，皆表象一不變之基型，所以能直覺地而知
之。感覺可引起此種心之活動，但不能供獻出直覺。〔案：
即直覺地知之之直覺。〕除心中此種律則外，再無一物是內
在而固有者。依照心中之律則，在一定樣式下，心可以將自
某對象之存在而引起之感覺連結之。（ *Dissertation*， §15，
coroll·尾。）

此觀點如何能與『空間不只是直覺之形式而其自己且是一純直
覺』之意思相融洽，康氏並未說清楚。對於心之活動之反省可以給
出『作為形式之空間』之表象；但如何亦能給出一先驗之內容即純
粹之雜多，則頗難解也。」（案：此並不難解。依士密斯意，此段
所述之觀點，空間既非內在而固有，亦非自感官經驗而獲得。此為
固有與自外獲得之問題。不自感官經驗而獲得是也。然亦非內在而
固有，則吾不知其何所據而云然。須知內在而固有與反省心之活動
而獲得，兩義不必相衝突。而況此文明云除心中此種不變之律則
外，再無一物是內在而固有者。然則此內在而固有之律則是何物
耶？自吾觀之，即是空間與時間也。士密斯如謂非是，請有以語我
究是何物？空間與時間，自《純理批判》中之一般表現上言，大都
不視之為律則。然即使如此，吾人亦常見時間之關係，時間之規律
等言詞。又須知此段是早期之文字，其用「不變之律則」一詞固應
隨文取義也。故即照所引此段文字言，所謂「不變之律則」實即指

時間空間而言也。故云「空間或時間皆表象一不變之基型，故能直覺地而知之。」不變之基型同於不變之律則，而此即爲內在而固有者。又此「不變之基型」可以直覺地而知之，此即表示「空間不只是直覺之形式，而其自己也是一純直覺。」依此，士密斯所云「此觀點如何能與空間不只是直覺之形式而其自己也是一純直覺相融洽」之問題亦無問題矣。蓋「純直覺」不過二義：一可以直覺地而知之，在一切現實知覺前而被知，即因此故名曰純直覺。二自其爲經驗直覺之形式言，經驗成分抽去單言此形式之自己，亦可曰純直覺。康德云：「感性之純形式其自己亦可名曰純直覺」，即此意也。前者自純直覺地而覺之以得名，後者自其爲形式而得名。依是，何以不能說「空間亦爲一純直覺？」士密斯又云：對於心之活動之反省可以給出「作爲形式之空間」之表象，但如何亦能給出一先驗內容即純粹雜多，則頗難了解。（案此爲純雜多之問題，士密斯本不了此。下文明之。）

　　士密斯繼續云：「康德在《純理批判》內，並無一處曾直接討論空間之表象是固有抑是獲得之問題。但有時因涉及範疇亦有關此之暗示。（即有時亦云空間之表象是得自經驗中『空間賦與』之對象。然此實例外。）但在一七九〇年，答覆 Eberhard 時，復又採取早期之 *Dissertation* 中之觀點。在此答覆內，康德說：《純理批判》並未允許有固有之表象。無有例外，一切皆是獲得者。但關於某種表象，卻有一根源上之獲得。其根據是內生者。自空間方面言，此根據即是心『依照其主觀構造而得到感覺』之特殊能力。其文如下：

此第一形式根據單是內生的，而非空間表象之自己。蓋因總有需於印象始能將『知識之能』決定到一對象之表象上。（此對象之表象在任何情形總是心自己之活動。）因此決定，才發生形式的直覺，此即吾人所名之空間，此是在根源上一獲得之表象（即一般外部對象之形式）。而此形式（即空間）之根據（作一只是接受性看），恰正是內生於心的，而關於此形式之獲得則是早先於依照此形式之事物之『決定概念』之獲得。

此段末句頗增混擾。康德似不能說：空間之表象是先於感官經驗而獲得，但只能說：因為心因反省其自己之活動而得到之，故空間乃首先被攝取者。假如事物之決定概念以後才來者，則其抽象如純空間者之決定概念亦必尤是以後才來者。依是，此段文字只是重述 *Dissertation* 中之主張，而並無重要之修改，故仍可引起相同之反對。…」

案：士密斯此評極無理。吾人須知：固有義與自外獲得義相衝突，但與「自反省心之活動而獲得」之獲得義不衝突。而「自反省心之活動而獲得」亦不必即函「空間只是潛能之傾向」此即云亦可至「空間亦為一自覺而完整的直覺」。吾意此中實含有兩種解析：固有義是形上之解析，獲得義是根源之解析。「固有」一詞即笛卡兒所云「固有觀念」之「固有」，此為當時之流行語。而在康德則當曰「先驗」。然康德在早期或與人辨論，則從俗藉用亦未嘗不可。「固有」依笛氏義或不必即同於康氏之先驗義，亦容許有誤會。然先驗義亦總函主觀義與內在義。設以此三義定「固有」，則

固有義亦無礙。而云「一切皆獲得」，如所謂獲得不是自外獲得，而是「自內獲得」，則吾不知獲得義何以必與先驗義固有義相違背？何以說獲得即不可以說固有？《純理批判》內誠不見有「固有」之字樣，而「先驗」一詞，則滿目皆是。「康德謂《純理批判》並未允許有固有之表象」。吾不知其否決此「固有」之心境爲如何，然云「一切皆獲得」要不能衝破其先驗義、主觀義、內在義。既不能衝破之，則獲得義即是根源之解析，解析此先驗形式之根據及其實落處，而士密斯適所引之一段文亦即就根源處而立言。此何礙於空間之先驗性耶？亦何礙其先於「事物之決定概念」耶？蓋事物必依照此形式始能有決定之概念，故其決定概念乃後來者。士密斯於此致疑可謂愚矣。依是，固有義與自內獲得義不衝突。（假若固有義有誤會，則用先驗義。）而「自內獲得」義雖可函「潛能傾向」義，而亦可至爲一完整之直覺義。

士密斯續上又云：「依是，當康德在一七七〇年及一七九〇年堅持『空間之表象不是固有』時，然而在此兩年間之期間，如超越感性論中所表象者，則確又執持與此相反之觀點。在超越感性論中則說：空間不只是潛能之傾向。自其爲一自覺之表象言，空間是早存於心中。然則有何原因迫使康德歸此較佳之觀點，而採取此個顯然相反之立場？答覆必須是猜測者。但在其他主要意義上或可尋出一線索。在全部《純理批判》康德主張空間是一『接受之形式』。空間是給予在心上（是一給予）。它與自發性或理解並無關係，所以不能因反省任何心之活動而被獲得。它亦不能自外面獲得，因其是先驗故。是以空間總不能是獲得。但是，如果是給予，而不能是獲得，則空間自其爲一表象言，必須早存於心中。因此種推理之逼

迫，遂使康德視空間爲一完整性之給予。⋯」

　　案：此亦無理。士密斯之理解有其線索由「反省心之活動而獲得」函「空間是潛能之傾向」，由「潛能之傾向」函「空間不是一完整性之給予，不是一自覺之直覺，不是早存於心中」。吾不知其如何想「獲得」。由「反省心之活動而獲得」非謂空間即爲後起者後得者。吾意，由反省而得之必須函其爲「本有」。否則「反省」不可解。是以獲得義即是如何把握此本有，從何處顯示此本有：顯示之把握之即是獲得之。依是，獲得義不礙其爲一完整性之給予。作給予看，是形上之解析。作獲得看，是根源之解析。心依照此形式，康德早期所謂不變之律則，整列其感覺。「整列」是心之活動，徒此活動，非即空間。必依照一形式而活動，此形式即空間。空間之顯示在心之整列活動中而彰著。吾就此活動而反省，由反省而獲得此本有之形式，心之活動所依照之形式，何礙此形式爲先驗爲固有爲主觀爲內在？又何礙其爲一完整之給予？吾反省而得之，單言其自身爲一先驗之形式，本來現成，不假造作，本來在此，非爲後得：此即其給予義，而給予義亦不礙獲得義。給予義爲形上之解析，離開一切感覺，實際活動，而默想其現成之本身。獲得義是根源之解析，就感覺而顯示（由內顯），就實際活動而透露，是即其眞實之著落處，亦即其內在之根據處。豈有不在活動中而空掛於默想中之時空耶？離掛而默想之是抽離之而如此，豈是本來空掛於此耶？否則，超越感性論中之「屬於心之主觀建構」義將何解？然則反省心之活動豈礙其爲一給予乎？（心依照此形式整列其感覺之活動，或心在經驗中「空間賦與」之活動，皆無礙其爲先驗義給予義。〈超越感性論〉中本無根源之解析，但經士密斯之追溯，吾人

卻看出康德實有此解析。此解析實密切連繫於「屬心」義。給形上之解析以切實之著落，而超越之解析亦根於此。根源之解析是「內有所自」，超越之解析是「外有所往」，形上之解析是「居中而立」。此居中而立者必函一「內自」，亦必函一「外用」。而其對於「外用」之關係尤大，以其於此說數學也。此居中而立者可以使吾人說時空爲純直覺，於純直覺說純雜多，而其所以說此亦爲說數學也。然而士密斯對此復茫然莫得其解矣。

士密斯續上又云：「雖然反省於心之活動可以給出直覺之形式，但很難給出一純雜多。康德認識此事實，始歸於超越感性之主張，始重新反省其早期之思想而修改之，始趨於與其系統比較一致之超越感性論。茲有兩路可免此不快之衝突之兩難。一、或者重歸於其早期之主張承認心在空間之構造中之活動。…如一貫地主張空間因反省心之活動而獲得，則必捨棄全部感性論，及大部分析論，不能與其主張之主要趨勢相諧和。〔案：此亦不必。〕二、如對其主張採取另一種不同之修改，則或者可以無有此困難。康德很可以捨棄其『空間是一純直覺』之主張。〔案：此如何其可。〕如果他願意認識直覺底唯一可能的雜多是感觸的，則他必主張：雖然空間是內在而固有的，爲一接受之潛能形式，然而卻只有經由對於感性之『空間賦與』之成果之反省而獲得。〔案：如此反省而獲得並不必即捨棄純雜多，亦不必只有感觸之雜多。〕此種修改之立場之利益如此其顯明，與經驗事實及現代心理學之主張又如此其相諧和，而康德之接觸此中心問題之各段文字又如此其隱晦而難解，是以解康德者皆欲認此即爲《純理批判》中實際之主張。然依吾觀之，似不能作此解。蓋對於數學眞理之傳統的笛卡兒的，半神秘的崇拜，

視之爲完全獨立於感官經驗之偶然，且視之爲根源上絕對不同於經驗科學之知識，此實影響康德之思考，甚至關於數學之主張，康德不同於笛卡兒，亦未能免乎此影響。康德似仍須主張有一種直覺底純雜多不同於感覺底雜多。因此，因其思想上不可免的邏輯，遂迫使之不得不視空間爲內在而固有者，且是一自覺之形式。此自不必是康氏所永久執持之結論，然如果除消之，必引起其純直覺及數學科學之全部觀點之徹底修改，而此徹底修改卻並非康氏之所欲作。…」（以上所引士密斯語，俱係其《純理批判解》88頁至93頁。）

案：士密斯所認之困難全在其不了「根源之解析」。渠開始即提出心理上之先在與邏輯上之先在之不同。並以爲邏輯上之先在則大都表現於後期而比較成熟之超越分析論中。心理上之先在則表現之於〈超越感性論〉，而此則比較屬早期，且亦有其早期歷史之源淵，故彼以爲當單獨而論之，當視之爲一獨立之部分，不當以後期之主張支配此期之解析。以須單獨而論之，遂關於空間之心理本性有兩不同觀點之分疏，並以爲兩觀點相衝突而難解。如是，又有適所述之兩路以避免此不快之兩難。然彼復以爲此兩路徑無一而可與康氏其他主張相諧和。其最後之癥結乃在純直覺與純雜多。然則在康氏系統中，關於直覺形式之問題，始終不能有一諧和之陳述耶？純直覺與純雜多又必爲不可少。然則此兩義將如何與其他諸義（關於空間者）相諧和？抑終不可諧和耶？自吾觀之，關於直覺形式之一支，至少可以有一諧和之陳述。如其可以諧和，則純直覺與純雜多亦必有一適當之認識與決定。士密斯以爲不能諧，必其關於純直覺與純雜多之認識有不足，且對於此兩義外之其他義之認識亦不足。吾意此一諧和之陳述即在關於時空之三種解析，皆爲必要者，

而且必為一貫者。所謂「邏輯之先在」，必表現於超越之解析中，而士密斯所謂見之於超越分析中，實亦即表現於該部之〈超越推述〉中，於此說「邏輯之先在」乃最順妥者。至心理上先在，士密斯所分疏之兩觀點，其一必表現於「根源之解析」中，於此說「因反省心之整列活動而獲得」，或說「因反省心在經驗中之空間賦與之活動而獲得」。其二必表現於「形上之解析」中，於此則說時空為一自覺而完整之純直覺，且於此純直覺而說純雜多，說此以備講數學。士密斯所分疏之困難，即在其認為此兩觀點不能相諧和，並認由第一觀點不能至第二觀點。吾則以為可以相諧和，由第一可以至第二。關鍵即在一、獲得義與固有義不衝突；二、由反省心之活動而獲得可以函「空間是潛能之傾向」，而此「潛能之傾向」亦可以函其為一完整之直覺。凡此俱如上述。吾復以為士密斯所以認為不能諧乃在其對於純直覺純雜多之認識有不足。關此吾將再論之於下條。茲再重申獲得義與固有義之不衝突，以及由「反省心之活動而獲得」可以函「空間為潛能之傾向」，而即視之為「潛能之傾向」亦不必即不可說「空間為一現實的自覺的直覺」。此全為兩種解析之差異，而不能造成嚴重之困難。蓋所謂「潛能之傾向」或「潛能之形式」是何義？此義顯與「反省心之活動」有邏輯之關係，亦與「屬於心之主觀建構」有密切之連繫。假如以「空間屬於心之主觀建構」為第一義，則「因反省心之活動而獲得」，以及「空間為潛能之傾向或潛能之形式」等命題，皆為必至之歸結。此一串命題之流轉皆屬於「根源之解析」。心於經驗中建立空間（及時間）之活動，或心於經驗中之「空間賦與」之活動，究是何種活動，如何活動，康德並無清楚之說明。讀者於吾義有領悟，或能有

清楚之認識。康德有知，自不必同於吾之說，亦不必同於吾如此說對於其他方面之連貫。然單就此處而言之，單就時空爲直覺之形式言，則心之「建構此形式」之活動或「形式賦與」之活動要爲「直而曲者」則無疑，要非屬於理解之創造思考或辨解思考之活動亦無疑。依是，心於直覺之起而建立時空以爲其形式，其建立之活動必爲一直者。此爲活動義之界定，心於直覺起時，攜其所直建之形式，以爲不變之基型或律則，藉以整列其感覺，此即謂「空間賦與」之活動。此爲就具體實際歷程而言之。假若分析之而作一形式之陳述，則當有兩命題：一、時空屬於心之主觀建構，其建構之活動如上所定；二、所如此建構之時空必爲直覺之形式因而復爲現象之形式。設仍就具體實際歷程而言之，則時空之呈用與建立必即在經驗中自內而顯示而透露。因而見其復返而成就此經驗（直覺）。假若無有感觸之直覺或經驗之直覺，或經驗直覺停止其活動，則時空必亦隨之而停止而無有。此義由康德所說之經驗實在性，超越理想性（或觀念性），以及只屬於有限之存在且爲有限人類之存在之「直覺之形式」，諸義，可得一間接之證明。假若此義得以成立，則時空必不能離經驗中之「空間賦與」之活動而空掛，此即言必就經驗之活動而內露之。如必就此而內露，則時空自可說爲潛能之形式或潛能之傾向。潛能義，吾不知士密斯如何想。依吾觀之，就眼前所論之問題言，潛能者似即謂：一有感觸直覺之活動，時空即透露（出現），此活動一停止即隨之而歸隱（隱而不彰或直云「無」亦可）。時空之「有」相望其「隱」而言，即爲潛能。此義之所繫即在其必就經驗直覺之活動而出現。故康德必云其只爲直覺之形式，只爲現象之形式。彼就直覺之活動而出現，吾人即反省此活動

而獲得之，而見其必爲內在而固有，必爲心所建立，必爲先驗者而非後驗者。其「有」望「隱」而言爲「潛」，然當其一隨活動而爲「有」而「出現」，則一「有」永久有，一「現」永久現，一「成」永久成：決非逐漸有，逐漸成。蓋時空只爲一形式，並非一具體物，故其「有」或「現」不爲一「成爲過程」也。依是，如吾人就其爲「有」爲「成」而言之，則時空即是一現實而完整之純形式，自覺之純直覺。是以雖在某時說潛能之形式，亦不礙其爲一內在而固有，自覺而完整之先驗形式或純直覺。依此，說潛能之形式是根源之解析，說其爲內在而固有，自覺而完整之純直覺，是形上之解析。根源之解析是就具體的實際歷程而言之，其爲言也不離而爲盈。形上之解析是上所謂分析之而作一形式之陳述，其爲言也乃離而不盈。〈超越感性論〉具備離而不盈之解析，即形上之解析。根源之解析則缺如也。會而通之，此解不謬。獲得義與固有義不相背，潛能義與完整義不相背，然則又何患於純直覺。吾於此可爲康德作辨訴。即使康德不契此辨訴，然至少自吾而言之，吾不於此刺康德。吾所與康德爭者不在此兩解析，而在超越解析也。吾已言之，超越解析方向有二；一爲現象之形式，二使數學知識爲可能。此兩義皆吾所不契。以下論純直覺與純雜多，即備過渡到康德之數學論。

　　8・**純直覺與純雜多之認識與規定**：時空之離而不盈之解析，即形上之解析，是了解純直覺與純雜多之所在。每一經驗直覺有成就此直覺之先驗形式。單言此先驗形式。即曰純直覺。是純直覺單指時空本身之爲形式而言也。然直覺是心之活動，而爲形式之時空其本身卻無所謂活動，亦無所謂覺。吾人之心之覺有時爲經驗直

覺，有時爲純直覺。此皆指心之活動言。今言時空爲純直覺並非言
時空會覺，此爲顯然者。是則言其爲純直覺，必就經驗直覺抽離而
言之，視經驗直覺爲一所與，抽離其形式，且單就此形式而言之，
遂名曰純直覺。此一義也。或義時空爲一先驗之純形式，吾人可以
離開一切經驗或對象而直覺之，此「直覺之」即爲「純粹地直覺
之」，亦爲心之活動，依此而名時空爲純直覺，此由「心純粹地直
覺之」而得名。此又一義也。康德對於純直覺雖有規定，然並無清
晰之分疏。故略爲解析如上。至對於「純雜多」，則雅言之而並無
規定也。依吾居常對於康德之領悟，關此似並無若何之礙難。蓋其
義似甚顯然也。一、純雜多必對經驗雜多而建立；二、純雜多必就
作爲形式之時空自身而言之；三、純雜多必是屬於時空之中者，即
或許在他處亦可以言純雜多，然此時之純雜多則必就時空言，必屬
於而且含於時空中。此三義似爲不容有疑者。若仍有疑難，則必非
關於純雜多之本身，而在其對於其他方面之牽連。現在吾人有兩問
題須說明：一、純雜多如何出現？二、純雜多有何義用？

關於第一問題，吾人如此說明：經驗雜多指經驗直覺中之所
與，或感觸對象，或感覺內容，而言。此屬於事象者。純雜多吾人
已知其必就時空言，且必屬於而且含於時空中。依是，時空中之時
空部分即是純雜多。此言純雜多之何所是。時間中必有時間部分，
空間中必有空間部分。無論此等部分如何出現，然必有部分則似爲
顯明之事實。此所以言純雜多本身並無若何疑難也。康德行文，隨
帶用及純雜多，似即指此而言之。然則此等純雜多如何出現？此則
康德並無明文規定。然吾人可有一了解之線索。康德云：

空間並不是一辨解之概念，亦不是所謂事物關係之一般概
念，而單是一「純直覺」。因爲，第一，吾人只能將一個空
間表象給自己；而如果吾人欲說不同空間，則只是意謂同一
而統一（或單一）的空間中之部分。第二，此等部分不能先
於該無所不包之單一空間；反之，此等部分只能在此單一空
間中而被思及。空間根本上是一個；而其中之「雜多」，因
而亦即種種不同空間之一般概念，則只有依「限制之引進」
而始然。因此，必有一先驗直覺，而非經驗直覺，居於一切
空間概念之下。

空間被表象爲一無限之既成量。每一一般概念必須視之爲一
含於「無窮數不同的可能表象」中之一表象而想之，而視之
爲此無窮數表象之公性，因而亦即含此無窮數表象「於其
下」；但是卻無有一個概念，吾人能想之爲含有一無窮數表
象「於其中」。然而空間則可以如此想；因爲空間中的一切
部分皆無窮地相共在。依是，空間之「原始表象」必是一先
驗直覺，而不是一概念。（〈超越感性論・關於空間之形上解
析〉第三第四兩條。）

關於時間亦有與此類比之解析。不煩俱引。依此解析，康德意在辨
明：一、空間之原始表象是一而非多，是無限制而非有限制。（其
所謂無限只是無限制或無限定。）二、此原始表象一而非多之空間
是純直覺，而不是一概念。（此爲直覺與概念對言，此義甚重
要。）三、概念是指種種不同空間言，而種種不同空間是多而非
一。依此，說一是直覺，說多是概念，而「多」亦即部分也，上引

康德原文明於此言「雜多」，而雜多當然即是「純雜多」。四、此
純雜多不能先於無所不包之一，但只能在一中而被思。五、此純雜
多只依「限制之引進」而始然，或云只有經由居於其下之單一空間
之限制而可能。然而進一步之問題則又在：此限制如何來？關此，
康德無說明。吾人可作兩方面之猜測：一、就經驗直覺而想之；
二、就原始表象是一非多之空間，純形式地或邏輯地或純理智地而
決定之。

　　就經驗直覺而想之，吾人如此說：時空爲經驗直覺之先驗形
式，因而亦爲直覺表象即現象之先驗形式（此即所謂超越感性之意
也），因此，當說時空自身時，無論吾人謂其爲先驗表象，爲一純
直覺（此兩義必須緊密相關），而每一經驗直覺，因其必經由感覺
故，必表象一感覺對象故，故必有限制有注定，而時空以其爲經驗
直覺之形式，故亦必隨其有限制而有限制，隨其有注定而有限定，
此種限制或限定即將原始表象是一非多之空間（及時間）刻畫之以
條紋，因此條紋之刻畫，吾人即可說種種不同之空間與時間，乃至
說空間部分時間部分，亦即所謂「雜多」也。雜多因現象之雜多而
爲雜多：時空必爲現象之形式，是以因現象之多必亦有時空之多，
而此時空之多即表象「現象之多」之時空關係，因而亦爲其界畫分
明之界畫形式也。此種界畫形式即所謂種種不同之空間。如將此不
同之空間自「現象之多」而抽離之，吾人即名之曰「純雜多」。依
是，現象之多與純雜多兩者雖相應而生，而在概念上要不可謂無嚴
格之區別，而且各有顯明之所指。士密斯屢謂兩者不能嚴格區別，
又屢屢暗示除經驗雜多外並無所謂純雜多。吾知其決定不了純雜
多。彼雖知此必爲康德所執持，然彼個人決定不了也。時空之原始

表象既是一非多，且爲先驗表象，爲純直覺，是以純雜多即多而非一，且爲概念，即所謂種種不同空間之一般概念也。當其爲純直覺，吾人說形式非概念；當其爲純雜多，吾人說概念非直覺。當其爲純形式，吾人說其含有無窮數不同的時空部分「**於其中**」；當其爲純雜多，吾人說其必爲此純形式之純雜多，必有一同一而統一之時空形式居於其下始可能，亦即必經由對於一而非多之時空形式之限制而始然；此即言當吾有雜多時，吾已有時空之表象也。吾人謂時空爲直覺之形式。當說此命題時，依康德之系統，同時即須說「時空亦爲直覺現象之形式」。就直覺之形式言，吾人說此形式爲先驗爲內在，爲一非多，爲純直覺非概念；然因其必爲現象之形式，故就現象方面言，吾人亦可先作一總持觀，而說其爲先在，爲一非多，爲純直覺，非概念。且就此而略言其與「純雜多」之關係。依康德，時空只爲現象之形式，不爲物自身之形式。自現象方面，吾人總持而言之，則說：凡是現象，或是在可能經驗範圍內，皆必須在時空形式下始可能。吾人總持地言現象（經驗一般或現象一般），同時即是總持地言時空。如此而言之時空當有以下四函義：一、獨一；二、整全；三、無限（此只無限制意）；四、是純直覺或云形式直覺。有此四函義之時空當即與牛頓相應之絕對時空。然此絕對時空是依批判形式而建立，不與牛頓之想法同。依此只爲現象之形式，不爲物自身之形式；依此，作物自身觀之世界自身究是有限，抑是無限，吾人不能有積極之知識，因而亦不能表之以時空，而說時空是有限或無限；同時，時空雖爲現象之形式，然而現象界吾人亦不能說其是有限抑無限，因吾人在經驗範圍內，並不能將全部經驗或現象作一究極圓滿之綜和，因而亦不能獲得圓滿

現象之綜體（此圓滿是他動詞）；依此，時空雖爲現象之形式，然亦不能謂其是有限或無限。依是，此絕對時空之「無限」實只「無限制」，而正面所表者只是獨一與整全兩義也。是以絕對時空所示者只是時空爲一純直覺，非概念：此即所謂原始表象也。所謂「無限制」，自內部言，不呈部分象、界畫象；自外部言，不呈限制象、決定象。此即獨一、整全、絕對，而終於爲一純直覺。然而此絕對之時空雖爲純直覺，終必含有部分相對之時空「於其中」。然則，此部分相對之時空與彼整全絕對之時空，其關係爲若何？依康德，絕對者必先於部分者，而且必居於部分下使其爲可能；而部分則必經由對於絕對者之限制而始然；絕對者含有無窮數部分「於其中」，非是代表（康德於此亦云含）無窮數部分「於其下」。故絕對者爲直覺非概念，相對者爲概念非直覺。以其爲直覺非概念，故必先於部分而自成，且不能視之爲由部分之綜和而構成：蓋由部分綜和而成者總是一「有限體」：對於部分之綜和是一歷程，只有各階段之圓滿（即綜和成時之圓滿），而無最後之圓滿，此則與整全獨一絕對諸義皆相違，故知絕對者非由部分綜和而成也。復次，部分者爲概念，其由部分綜和而成者，既爲有限體，仍是一部分，仍是一概念（所謂不同空間之一般概念），此則與「直覺」之義違，故知絕對者非由部分綜和而成也。最後，吾人前言，總持言之，時空爲直覺、爲形式，且爲「現象一般」或「經驗一般」之形式，而現象總不離經由感覺之直覺，此直覺之表象即爲現象，是以爲現象之形式同於爲直覺之形式：就現象言，亦同於就直覺言。此層既勾通而爲一，則部分而相對之時空，即所謂種種不同時空之一般概念，即可得一認識之與規定之之線索。自個個特殊直覺言，乃至自

具體之直覺歷程言，部分時空即呈現。蓋每一特殊直覺必有其所表象，其所表象表之於特殊時空關係中，即是部分時空之出現。此義與以下兩義相通：一、當吾人能將對象表象之外於吾，且表象之於不同地位中，吾人已有空間之表象；二、部分空間只有經由對於整全空間之限制而始然。是所謂因限制而有部分，實即經驗直覺攜其先驗形式以表象事象於時空中因而遂有部分時空也。此部分時空抽離而言之即是「純雜多」。此吾人由康德之純直覺與概念之對言，獲得一了解「純雜多」之線索。

　　就原始表象是一非多之空間，純形式地或邏輯地或純理智地而決定之，吾人如此說：依康德，一般概念（就時空言），只能「代表」無窮數不同表象（自亦就不同時空言，而為其公性，是以一言概念即有抽象概念之意。此抽象一般概念只能「函攝」無窮數不同表象「於其下」（如果可以言「含」時），而不能謂其「包含」無窮數不同表象「於其中」。是以說概念，則其所示者即只是「雜多」也。然而如說「時空包含無窮數不同表象於其中」，則此命題中之主詞即時空所示者即不是一概念，而是一純直覺，是以亦非是雜多，而是一獨一之整全；然而同時其謂詞所示者卻正是部分之雜多。是以命題即函有兩概念，即純直覺與純雜多。此為一綜和之命題。然而如果說概念只能含有雜多於其下，說直覺則含有雜多於其中，則無論如何總有雜多則無疑。說一直覺之整全即必函有部分之設定。此為吾人對於雜多所有之總持地形式之決定。如吾人再進而就「是一非多」之空間，從「限制之引進」再作形式之決定，則吾人可不就「經驗直覺」而言限制，可就理智之活動而言限制。依是，吾人可謂：理智的活動，依照某種規律，可以對於整全之時空

施以界畫之限制，因而給出種種不同之空間，亦即給出不同空間之
一般概念：每一差異之部分時空，吾人可表之以時空概念。蓋理智
依照某種規律而活動，即是概念作用之活動。因此而出之雜多自亦
必是概念者，部分者。譬如對於時間可以分成時間部分，因而形成
時間部分間之時間關係；對於空間可以分成空間部分，因而形成空
間部分間之空間關係。此為對於「雜多」所有之分殊地形式之決
定，亦為對於「限制」之具體的說明。此種說明純為邏輯者或形式
者。依康德之批判哲學，其本人對於任何問題或事物，皆不願作此
形式之說明，或即作之，亦必不只此說明。批判哲學說一概念必須
能落實，而且必須明其如何能落實。只作形式之決定，來布尼茲優
為之，今日之羅素亦喜表現之，而康德則不如此也。復次，吾人於
此尚有一問題，即：此種形式之決定，雖可與純直覺不相背，然而
不必盡歸於康德之時空觀。即，既為純理智之決定，則雖可以定出
與牛頓物理學、歐氏幾何學相應之時空系統，而不必定出此系統，
亦可定出他種之系統。然而依康德則不能有他種之系統。依是，此
種形式之決定時空如何能融納於康德思想中？吾人對此如此答：空
言形式之決定，雖不必定出此系統，然就康德之系統，吾人仍可有
此種形式之決定。依康德，直覺保證此種時空系統為必然，理智活
動只能隸屬於其下而進行，而不能違背之出離之。依是，就理智活
動而說限制所給出之純雜多與就經驗直覺而說限制所給出之純雜
多，必須相一致而不背。亦猶上文所說就其為直覺之形式言與就其
為現象之形式言，兩者必須相同一。

　　以上兩種給出純雜多之方式，以及純雜多與純直覺之關係，雖
為康德之批判形式，而實與牛頓所言之絕對時空以及其與相對時空

之關係恰相應。覆看本章第一節第十條所引牛頓文即可知。蓋康德
對於時空實欲保持牛頓所言之絕對性（直覺即極成此絕對性，藉以
保證數學命題也。惟不視之爲一客觀而潛在之絕對實在耳，故爲批
判形式也。關此參看《純理批判・超越感性論・說明節》。（康德在
此對於來布尼茲及牛頓雙方主張之利弊，俱有說明。）

　　復次，上來所言是純直覺與純雜多之關係，亦即一與多、全與
分之關係，而此關係乃爲一先於多、全先於分之關係。然當康德論
及廣度之量時，則又主分先於全，多先於一。此似爲矛盾，然實不
矛盾。蓋其所論之問題與對象俱不同也。吾人又須知，此處「分先
於全」，「多先於一」之「全」與「一」，俱非原始表象爲純直覺
是一非多時之「全」與「一」。蓋此時所言之「全」是指廣度之量
言，經由部分之綜和而成之綜體，此綜體爲吾人所已綜成者，所已
實現者，且必爲階段中之有限者。然而純直覺之「全」則非一經由
部分而成之綜體。否則，則時空之「先驗表象」義及「純直覺」義
俱不能成。經由部分而成之綜和，一可以決定廣度量，二亦即產生
時間自身之綜和。此第二命題，所謂「產生」實即「復現」。蓋吾
人如此綜和時，已有時間也。蓋時間爲直覺之形式，每一直覺或每
一現象，就此形式方面言，必可先驗決定一廣度量，因而於此先驗
決定中亦即重現時間之自己。此爲「直覺公理」中所述者。然所謂
「重現時間自己」實不能如原來表象之純直覺而圓滿重現之實現
之。此種重現是一歷程，且爲永不能圓滿之歷程，以其受直覺或現
象之限制故。是以如此之綜和，如此之重現，皆不過決定直覺或現
象之廣度量，以及與此廣度相應之時間自身，然此必須知其皆爲有
限者，皆爲吾人所已綜成者。然時間之原來表象則爲獨一整全而無

限，且非一限定之綜體，故云爲純直覺。是以兩者所言決非一事，何來矛盾？決定廣度量之歷程實即呈現純雜多之歷程。然此廣度量之決定既爲先驗決定，則必預定原始表象之時間爲先驗表象始可能。是以原始表象之時間爲純直覺，爲獨一整全而無限制，可以謂其含有無窮數部分「於其中」，且必先於含於其中之部分。依此原始表象，依其爲直覺之形式，依其爲直覺表象之條件，故可直覺或現象中先驗決定一廣度量；而此廣度量之決定必須經由部分之綜和（或齊同「直覺或單位」之綜和）而成立，故必須先有部分之表象，然後始有「有限全體」之表象；依是，先驗地決定廣度量之歷程即是呈現純雜多之歷程，亦即再現時間自身之歷程。全先於分，分先於全，兩者之函義決不相同，而士密斯竟謂康德從不知此兩觀點之衝突謬矣。吾作正面解析如上，士密斯之疏解，不復徵引一一刊正。讀者看其《純理批判解》94頁至98頁，即可知其惑亂無通解。

上來說明「純雜多如何出現」一問題，茲復有「純雜多有何義用」一問題。純雜多與純直覺必須相關而言。其義用即在明數學（幾何與算數）。關此將詳言之於下節。茲略爲提示如左。

1．「時空之原始表象爲一非多，爲純直覺，非概念」，此中「純直覺」義，與「數學命題是直覺的，乃至其必然性及確定性是直覺的」中之「直覺」義不同。前者之直覺，在消極方面，表明其非概念；在積極方面，表明其爲先驗。後者之直覺，在消極方面，表明數學命題非分析者；在積極方面，則表明其爲綜和者，而此綜和即爲直覺之綜和。依是，兩者確有不同之作用。然依康德，或許亦不無相關處。見下第四條。

2‧原始表象為純直覺之「時空自己」並非即數學，但數學必間接地據之而成立，而直接地則據純雜多而成立。（然而純雜多必經由對於純直覺之時空之限制而成立。）譬如根據時間單位之綜和統一而說數乃至數學命題，根據空間部分而說幾何物項如點線面乃至幾何命題如兩點間只有一直線。

3‧上條所述乃為解康德者之通見。然而士密斯則不承認此通解。彼以為幾何是空間之學，亦必須基於空間而成立，就空間而論之；然而算數學則非時間之學，亦不須基於時間而成立，亦不必就時間而論之。渠以為康德並無一處表明算數學是時間之學。依吾今日觀之，且據本書系統而言之，算數學誠不必是時間之學，亦不必基於時間而成立；然試就康德系統而言之，如不基於時間，則將根據何者以明數？此則士密斯並未考慮及。關此下節詳明之。

4‧依康德，空間為直覺之形式，為先驗表象，為純直覺，乃所以說明及保證歐氏空間之必然，乃至歐氏幾何命題之必然。所以康氏常反而辨論說：如空間不是直覺之形式，不是先驗形式，不是純直覺，而是一辨解之概念，或由經驗而來之普遍概念，則將何以說明歐氏空間之必然，乃至歐氏幾何命題之必然？依是，歐氏空間及歐氏幾何乃成為空間所以為直覺之形式乃至先驗形式之理由。依是，空間之為直覺之形式與空間之為歐氏的乃形成一必然之連結；而且原始表象為純直覺之空間，吾人實已直覺地預定其為歐氏幾何之空間，因此空間之原始表象即為歐氏的，故吾人據之逐形成歐氏幾何之幾何命題，而此歐氏幾何命題之必然性與確定性，決非概念之分析所能說明，必須由直覺之綜和而明之；依是，原始表象之空間之為純直覺與歐氏幾何命題之為直覺之綜和亦發生一必然之連結

（此即第一條所說之「依康德不無相關」者。）然依本書之思想，則將打斷此兩層「必然之連絡」。第一、空間之爲直覺之形式並不能保證空間必爲歐氏的，亦不能保證歐氏幾何命題之必然；而歐氏空間乃至歐氏幾何亦不能爲建立「空間爲直覺之形式」之理由：此兩者並無邏輯之必然關係，依此可以打斷之。第二、原始表象之空間之爲純直覺亦並不函其必爲歐氏的，依是，此「純直覺」與「歐氏幾何命題之爲直覺的綜和的」中之「直覺」亦不必有必然之連結，依是亦可以打斷之。關此吾人亦望於下節說明之。

5・吾人將規定直覺與綜和爲同一方面之連帶語（如不是同義語），將規定概念與分析爲同一方面之連帶語。且欲說明此雙方在數學中之切實義用或眞正擔負。

以上五義，尤其後三義，望於下節漸次暴露之。

《牟宗三先生全集》總目